Sagenhafter Alltag

Johannes Stehr, Dr. phil., Soziologe, ist Lehrbeauftragter an der Fachhochschule Darmstadt und der Verwaltungsfachhochschule Wiesbaden.

Johannes Stehr

Sagenhafter Alltag

Über die private Aneignung herrschender Moral

Campus Verlag
Frankfurt/New York

Die Deutsche Bibliothek – CIP-Einheitsaufnahme

Stehr, Johannes:
Sagenhafter Alltag: über die private Aneignung herrschender Moral /
Johannes Stehr. – Frankfurt/Main; New York: Campus Verlag, 1998
ISBN 3-593-35986-3

Umschlaggestaltung: Atelier Warminski, Büdingen
Druck und Bindung: KM-Druck, Groß-Umstadt
Gedruckt auf säurefreiem und chlorfrei gebleichtem Papier.
Printed in Germany

Inhalt

Einleitung

Die Vorstellung, daß Normen & Werte die Gesellschaft zusammenhalten und sich Konformität als Folge der Internalisierung von Normen herstellt, die dann im Sinne eines sozialen Zements Menschen an die Ordnung binden und Abweichung verhindern, erlebt gegenwärtig wieder eine Hochkonjunktur. Sie wird dem Publikum des wissenschaftlichen Diskurses ebenso aufgedrängt wie dem breiten Laienpublikum der Massenmedien. Seit Durkheim ist diese soziologische Erzählung an die Sanktion gekoppelt, an den Glauben, die Sanktion sei in der Lage, auf die Norm eindringlich hinzuweisen, bestehende Internalisierungsdefizite auszugleichen und Konformität trotz (oder gerade wegen) gelegentlicher Abweichung zu sichern. In dieser Ordnungsperspektive gelten auch die Medien als Sozialisationsinstanzen, die soziale Kontrolle ausüben und moralischen Konsens schaffen. So sehen es auch die Massenmedien selbst. Gegenwärtig überschlagen sie sich in der von ihnen entwickelten Aufgabe, als „moralische Anstalten" zu fungieren und Normalitätsabweichungen, Normbrüche, Skandale und die allgemeine Ausbreitung des Bösen zu identifizieren und öffentlich anzuprangern. Kaum ein Tag vergeht, an dem nicht eine neue Gefahr für die Gesellschaft ausgemacht und sogleich die Sanktion als Rettung propagiert und angemahnt wird. Für eine Ordnungsperspektive ist diese Arbeit der Medien unproblematisch und ehrenwert, denn sie hilft, die Ordnung aufrechtzuerhalten.

Die in diesem Buch entwickelte Theorie geht von einem komplizierteren Modell des Funktionierens von Normen aus und sie ist skeptisch gegenüber den behaupteten positiven Funktionen von Medien als Sozialisationsinstanzen. Das öffentliche, massenmediale Moralisieren wird nicht als notwendiges Ritual zur Erreichung gesellschaftlicher Konformität begriffen, sondern als ein Prozeß, in dem Moral-Ressourcen geschaffen und öffentlich zugänglich gemacht werden, die dann vom Publikum verwendet werden können, um mit ihnen seine eigenen Probleme und Konflikte zu bearbeiten. Ich begreife Normen & Werte als eine gesellschaftliche Veranstaltung, die einen *eigenen sozialen Handlungsbereich* darstellt. Diesen Handlungsbereich bezeichne ich als den des *Moralisierens.* Wenn Moral als ein kommunikativer Prozeß verstanden wird, stellen sich Fragen nach den Formen und Strukturen des Prozesses und den Inhalten der Kommunikation. Es läßt sich dann davon ausgehen, daß Moral gesellschaftlich über spezifische Moralisierungsformen konstituiert wird, daß sie durch Moralisierungsstrategien kommuniziert wird, und daß sie aus inhaltlichen *Ressourcen* besteht, mittels derer kommuniziert werden kann. *Moral läßt sich dabei fassen als eine soziale Praxis der Mitteilung von Bedeutungen, die es ermöglicht, Handlungen, Situationen und Personen zu klassifizieren und zu bewerten.* Moral ist ebenso wie andere symbolische Formen und Güter untersuchbar als Prozeß der Produktion, Rezeption und Zirkulation von Bedeutungen. Eine soziologische Antwort auf die Frage, wie Normen funktionieren, muß sich daher mit diesem Produktions- und Verbreitungsprozeß von moralischen Bedeutungen beschäftigen.

Diese Kommunikation wird nicht im herrschaftsfreien Raum praktiziert, sie findet vielmehr im Rahmen von Herrschaftsverhältnissen statt. Moral ist in diesem Kontext eine Möglichkeit, Herrschaft zu legitimieren – hier wird sie zur Ideologie. Sie bietet aber auch die Möglichkeit, Herrschaft anzugreifen und ihre Legitimität anzuzweifeln. Normen & Werte stehen nicht außerhalb von Herrschaftsverhältnissen, sie bekommen im Gegenteil besondere Relevanz – und werden expliziert – bei der Bearbeitung von Herrschaftsproblemen[1]. Damit aber wird ein „rationaler Diskurs" (Habermas) mehr als fragwürdig. Der von Habermas (1992) und Münch (1995) diagnostizierte Bedeutungszuwachs gesellschaftlicher Kommunikationsprozesse läßt auch Moral zu einer wichtigeren Ressource werden, allerdings weniger als Mittel eines rationalen Aushandlungsprozesses, sondern eher als Mittel der Verschleierung und Ablenkung von Strukturproblemen. Moral wird bedeutsamer als ideologische Strategie (Eagleton 1993).

---

1 Luhmann attestiert der Moral ebenfalls eine Verschleierungs- und Ablenkungsfunktion, die besonders im Kontext der Bearbeitung von Strukturproblemen zum Tragen kommt: „Es könnte zum Beispiel sein, daß deshalb in Zeiten des Strukturwandels, der Krise und Orientierungsunsicherheit der Ruf nach Ethik besonders laut wird ... " (Luhmann 1989, S. 443).

Wir haben als Ergebnis eines DFG-Forschungsprojektes zeigen können, daß der öffentliche Moral-Diskurs nicht durch rationale Elemente gekennzeichnet ist, sondern durch diverse ideologische Strategien der Moraldarstellung. Die Massenmedien haben eine Vielzahl moralischer Genres entwickelt, mittels derer von ihnen Normen & Werte angeboten werden[2]. Dieses Angebot ist keineswegs einheitlich und widerspruchsfrei; es wird auch kaum von den Medien selbst entwickelt, sondern von anderen gesellschaftlichen Institutionen, die sich mit ihren Moral-Schemata und Legitimationsfiguren (den Begründungen, warum einer Moral entsprochen werden soll) am öffentlichen Reden zu beteiligen suchen. Die Medien konstituieren den „Moral-Markt"[3] der verschiedenen Institutionen, die mit ihren Moralen in eine gegenseitige Konkurrenz treten und um Dominanz ringen. Wenn in diesem Zusammenhang von der „herrschenden Moral" die Rede ist, dann bezieht sich dies auf Dominanzen in der Konkurrenz verschiedener Moralanbieter, auf die moralischen Schemata und Figuren, denen die größten Verbreitungschancen eingeräumt werden, und auf die sich auch andere Institutionen beziehen müssen. Damit ist aber keine Eindeutigkeit moralischer Schemata unterstellt, denn neben dem offiziellen Schema werden immer auch „untergründige Werte", die sich zum offiziellen Schema in Widerspruch befinden, mittransportiert. Ob nun und wenn ja, auf welche Weise dieses vielfältige und widersprüchliche Angebot von Normen für das private und alltägliche Moralisieren benutzt wird, ist eine empirische Frage, der ich im Rahmen dieser Arbeit nachgehe.

Als Ergebnis eines DFG-Forschungsprojektes zur Bearbeitung von Alltagskonflikten haben wir außerdem festhalten können, daß Sanktionen die Funktion der Normstabilisierung nicht ausfüllen können, da sie viel zu selten praktiziert werden (vgl. Hanak/Stehr/Steinert 1989). Normkonformität läßt sich folglich nicht auf tatsächliche Erfahrungen mit Sanktionen zurückführen. Was aber sind dann die wirksamen Mechanismen, die Devianz verhindern? Ich gehe davon aus, daß die soziale Praktik des Moralisierens, im Sinne der Anwendung von öffentlich konstituierten und verfügbar gehaltenen Normen & Werten als Ressourcen in Interaktionen, Aufschluß über diese Mechanismen gibt.

---

2 Vgl. Cremer-Schäfer/Stehr 1990a, 1990b, Stehr 1989 und Steinert/Cremer-Schäfer/Hancke-Stehr/Stehr 1990.

3 Zu diesem Begriff vgl. Cremer-Schäfer/Steinert 1991; Burger (1989) spricht im selben Zusammenhang von der „Legitimationsbörse"; Best (1990) hat den Begriff des „social problems marketplace" entwickelt.

Das private und alltägliche Moralisieren kann unterschiedliche Formen annehmen. So wie die Massenmedien in der Präsentation ihrer Themen auf spezifische Rahmen und Scripts zurückgreifen (vgl. auch Luhmann 1996), so existieren auch auf der Benutzungsebene „kommunikative Gattungen" (Luckmann 1986, 1989) im Sinne sozial und kulturell vorgefertigter und verfestigter kommunikativer Muster, die die Moral-Kommunikation sozial und kulturell auf bestimmte Rahmungen festlegen: „In unserer Gesellschaft muß man nicht unbedingt klatschen – aber wenn man es tut, unterwirft man sich bestimmten Gattungsregeln" (Luckmann 1989, S. 38). Das alltägliche Moralisieren geschieht innerhalb kommunikativer Gattungen, in denen auch auf die öffentlich konstituierten Moral-Ressourcen zurückgegriffen werden kann. Wenn dies praktiziert wird, dann kann dies den Alltag selbst verändern. Denn im Vergleich mit den spektakulären Medienereignissen sieht der selbst erfahrbare Alltag relativ ereignislos aus. Das Moralisieren mit Medien-Ressourcen kann dem Alltag (quasi kompensatorisch) die Qualität des *„Sagenhaften"* verleihen, wenn der Bruch zwischen Medienwelt und Alltagswelt durch den Prozeß der Aneignung dieser Ressourcen überbrückt wird. Der Buchtitel *„Sagenhafter Alltag"* bezieht sich auf die Effekte eines Prozesses, in dem das Publikum die Medienebene mit der erfahrbaren Alltagsebene zusammenbringt, um dadurch die praktisch bedeutsamen Moralfragen des Alltags artikulieren und bearbeiten zu können.

Der Blick auf den Kontext der alltäglichen Verwendung und Bearbeitung von Moral ist zunächst ein formaler Blick auf das Medium ihrer Vermittlung. Im Alltag wird Moral über *Geschichten* transportiert, Geschichten, die in Unterhaltungen und Gesprächen kommuniziert werden. Mit der Konzentration auf die Untersuchung des *Erzählens von Geschichten* entferne ich mich vom üblichen empirischen Material und von der herkömmlichen Methode der Einstellungsbefragungen und Meinungsumfragen, aber auch von leitfadenorientierten narrativen Interviews, die neuerdings als „Diskursanalyse" und als „Real-Simulierung von Alltagsgesprächen" begriffen werden (vgl.Jäger1992). Mein Untersuchungsgegenstand besteht auch aus „Real-Simulierungen"; allerdings handelt es sich hier um reale Real-Simulierungen, die Teil des gegenwärtigen Alltags sind, und die in ihm als Wirklichkeiten kommuniziert und verhandelt werden. Ich stütze mich bei der empirischen Untersuchung der Formen und Funktionen des alltäglichen Moralisierens auf die von der volkskundlichen Erzählforschung als *moderne Sagen* bezeichneten Geschichten, die als Versatzstücke in Gesprächen dienen und im sozialen Raum zirkulieren. Mein empirischer Zugang ist folglich ein ethnographischer, der sich den Geschichten des Alltags und den Kontexten ihres Erzählens zu nähern sucht, in denen öffentlich verfügbar gemachte Moral eingesetzt und als Ressource verwendet wird. Die hiesige Soziologie hat dieses alltägliche Erzähl-Genre bislang nicht zur Kenntnis genommen. Das von der volkskundlichen Erzählforschung entdeckte Genre der modernen Sagen ist m.E. ein elementares Genre des alltäglichen Moralisierens, dessen Analyse und Interpretation wiederum wesentlichen Aufschluß geben kann über die Verbreitung und Relevanz des gesellschaftlichen Normen & Werte - Repertoires.

Theoretisch gehe ich damit von einem aktiven und produktiven Medienpublikum aus, das sich einen eigenen Reim auf die Welt macht, die Medienwirklichkeit aber dabei zu sich „nach Hause" holt, um ihr eine Alltagsrelevanz zu verschaffen. Wie diese Prozesse als Moralisieren faßbar werden, welcher Logik das Moralisieren folgt und welche Funktionen es hat, das ist die empirische Fragestellung dieser Arbeit.

Im 1. Kapitel entwerfe ich in der Auseinandersetzung mit dem herkömmlichen soziologischen Ansatz ein Modell des Funktionierens von Normen als Kommunikationsprozeß, der sowohl auf der Ebene der Konstituierung als auch auf der Ebene der Anwendung von Moral-Ressourcen stattfindet. Die Entwicklung des theoretischen Zugangs zur Interaktionsform Moralisieren erfolgt über die Konzepte „Moral-Ressourcen", „Moralisierungstriade", „Arbeitsbündnisse" und „Narration". Im 2. Kapitel wird – über die Abgrenzung von Nachbargenres – in das spezifische Genre der modernen Sage eingeführt. Die hier entwickelten soziologischen Annäherungen fügen mehrere Ebenen einer alltäglichen Aneignungs-, Symbol- und Interpretationsarbeit unter dem Konzept Moralisieren zusammen. Dabei wird ein theoretisches und methodisches Verständnis vom Geschichtenerzählen als Moralisierungssituation entwickelt, das in der Lage ist, den Geschichteninhalt, die Erzählsituation und den weiteren sozialen Kontext des Geschichtenerzählens aufeinander zu beziehen. Nach einer systematischeren Beschreibung des empirischen Materials und Vorgehens (3. Kapitel) folgt die Darstellung der Ergebnisse meiner Erzählanalyse (4. Kapitel). Der Sagen-Diskurs interessiert sowohl im Hinblick auf seine Binnenstruktur als auch auf seinen „moralischen Gehalt". Es werden die wichtigsten Sub-Typen vorgestellt und Grundszenen herausgearbeitet, in denen sich die moralischen Bedeutungen entwickeln und über die sie weitertransportiert werden. Im 5. Kapitel wird inhaltlich zusammenfassend die Moral der Geschichten in mehreren Dimensionen herausgearbeitet. Sie wird zeitlich verortet, in Bezug gesetzt zur Dimension der „Sanktion“ und der Lehren, die sich aus den Geschichten ziehen lassen. Im 6. Kapitel stehen die Erzählfunktionen im Vordergrund und werden Folgerungen für die Soziologie von Devianz und Konformität gezogen. Abschließend werden im Ausblick einige Anregungen für das weite Forschungsfeld gegeben, das sich im Anschluß an die Fragestellungen eröffnet, die an dieser Stelle zwar aufgeworfen, aber nicht mehr beantwortet werden konnten.

1 Normen & Werte als Ressourcen des Moralisierens

Zur Kritik des Modells von Normen & Werten als sozialer Zement

Normen & Werte haben in der Soziologie einen seltsam paradoxen Stellenwert. Auf der einen Seite wird ihnen – sowohl von ordnungstheoretischer als auch von herrschaftskritischer Perspektive aus – die Leistung des Zusammenbindens von Gesellschaft zugeschrieben, womit sie die Position zentraler soziologischer Begriffe erlangen; auf der anderen Seite wird dieses Zusammenbinden als Effekt einer Internalisierung von Normen gleich wieder in das Individuum verschoben. Die Frage nach dem Funktionieren sozialer Normen wird somit zur Frage nach dem Gelingen oder Mißlingen von Prozessen der Verinnerlichung normativer Anforderungen. In der klassischen funktionalistischen Soziologie[4] ist die gelungene Internalisierung die Garantie für gesellschaftliche Ordnung durch Normkonformität (die Individuen sind „sozialisiert“); in herrschaftskritischen Ansätzen werden die bestehenden Herrschaftsverhältnisse durch Normen & Werte ideologisch abgesichert (die Individuen werden indoktriniert, manipuliert bzw. als „Subjekte“ konstituiert)[5]. In beiden Theorietraditionen sind Normen ziemlich übermächtig: Mit ihrer Verkündung dringen sie gleichsam in die Köpfe der Individuen ein, werden von diesen (in der Regel) akzeptiert und absorbiert und steuern dann unmittelbar deren Handeln. Normen & Werte werden in dieser Vorstellung zum sozialen Zement, weil sie

4 Vgl. Durkheim 1977 und Parsons/Shils 1951.

5 Zur Verwandtschaft des Denkens von funktionalistischer Soziologie und herrschaftskritischen Ansätzen vgl. Abercrombie/Hill/Turner 1980 und die Rekonstruktion des Durkheimschen Ansatzes durch Garland 1990.

in den Individuen sicherstellen, daß die gesellschaftliche (Herrschafts-) Ordnung akzeptiert und eingehalten werden kann.

In beiden Theorietraditionen werden Normen als eine gesellschaftliche Veranstaltung kaum mehr (oder jedenfalls nur sehr verkürzt) wahrgenommen. Soziale Normen entspringen hier entweder dem Willen des Kollektivs, das sich auf die „gemeinsame Moral" (Durkheim 1977) verständigt, oder sie werden einer „herrschenden Klasse" bzw. einem „ideologischen Subjekt" (Althusser 1976) zugeschrieben, das die Beherrschten mittels einer „herrschenden Ideologie" in ihrer untergeordneten Position festhält. Dem Individuum werden Normen dem funktionalistischen Denken entsprechend über Prozesse der Sozialisation (analog: der Indoktrination) nahegebracht. Das Individuum ist der Ort, an dem sie wirken, ihren Effekt haben: Sie formen das „Bewußtsein", bestimmen die „Einstellungen", prägen die „Haltungen", motivieren den „Glauben". Im nächsten Schritt wird dieser Vorstellung zufolge das Handeln der Individuen durch die internalisierten Normen gesteuert: Sie veranlassen Individuen, (sozial erwünschte) Dinge zu tun bzw. (unerwünschte Handlungen) zu unterlassen.

Im Ideal- und Regelfall werden die Mitglieder der Gesellschaft durch den normativen Leim zusammengebunden, sie werden mit kollektiv geteilten normativen Verpflichtungen und Werthaltungen ausgestattet, die ihre Anpassung an die soziale Ordnung gewährleisten. Normverletzungen, Abweichungen von der Norm, sind dann durch Defizite im Sozialisierungsprozeß erklärbar, die einer vollständigen Internalisierung der gesellschaftlichen Anforderungen entgegenwirken (vgl. Parsons/Shils 1951). Diese Vorstellung vom „übersozialisierten" und „überintegrierten" Menschen[6] führt leicht dazu, Normen nicht mehr als gesellschaftlich hergestellte und kommunizierte normative Anforderungen zu begreifen, sondern sie zu einer Eigenschaft von Personen zu deklarieren. Die „autoritäre Persönlichkeit" (Adorno 1973) ist ein klassisches (herrschaftskritisches) Beispiel für diese Verkürzung des Internalisierungsansatzes. Ein weiteres Problem kommt hinzu: Dort, wo Moral als Form der Kommunikation begriffen wird, ist sie äußerst einseitig konzipiert. Gesellschaftliche Einrichtungen streuen die zu geltende Moral aus; die „Norm-Empfänger" sind wahlweise passiv, weil sie entweder mit den Normen konsent oder manipuliert und daher unfähig zur (oppositionellen) Reaktion

---

6 Zur Kritik vgl. Abercrombie/Hill/Turner 1980, Giddens 1984, Steinert 1979, Thompson, J.B. 1990, Thompson, K. 1986.

sind. Die Verkündung und Vermittlung von Normen wird als einseitiger Prozeß gedacht, als ein Monolog, in dem die Rezipienten normativer Anforderungen zu „Reaktions-“ bzw. „Moraldeppen“ werden.

Es war vor allem Durkheim (1977), der gezeigt hat, daß Moral – als Oberbegriff für die in einer Gesellschaft geltenden normativen Anforderungen – eine gesellschaftliche Praxis darstellt, daß Moral sozial hervorgebracht und kommuniziert wird, und daß sich die Gesellschaft immer wieder über die Geltung von Normen verständigen muß. Dieser Verständigungsprozeß wird bei ihm getragen vom „Kollektivbewußtsein“, das sich in der punitiven, sanktionierenden Reaktion auf Normbrüche wiederherstellen muß, soll die Gesellschaft nicht auseinanderbrechen oder „moralisch kollabieren“. Für Durkheim besteht das Grundproblem der Vergesellschaftung in der Einbindung des Individuums in die Gesellschaft. Kollektive Rituale der Moraldarstellung sind für ihn notwendig, um die Mitglieder mit den normativen Anforderungen der Gesellschaft vertraut zu machen bzw. diese zu bestätigen. Normbrüche sind in dieser Konzeption entweder auf mangelnden Sozialisationsdruck zurückzuführen, der zu einem unzureichenden Vorrat an moralischen Normen führt oder zu einem Vorrat an „falschen“ Normen, denen es an Bindungskraft mangelt, und die die Funktion eines sozialen Zements nicht ausfüllen können. Für Durkheim ist damit die Sanktion ein wesentliches Element im Sozialisationsprozeß: Nicht nur als Druck von außen, sondern auch als verinnerlichte Form des „Selbstzwangs“, der „Selbstdisziplinierung“ und „Selbstkontrolle“. Die Kraft und Übermächtigkeit der Norm ergibt sich bei ihm also auch daraus, daß sie über die „verinnerlichte Sanktion“ in den Individuen Bedürfnisse und Motivationen steuert.

Eine solche psychologistische Sichtweise von Normen ist nicht auf ordnungstheoretische Modelle beschränkt. Ähnlich problematisch sind auch Ansätze, die den „sozialen Zement“ herrschafts- und ideologiekritisch wenden und die Wirkung von Ideologien an den propagierten Normen selbst ablesen[7]. Auch hier wird vorschnell von einer umfassenden Internalisierung von Normen ausgegangen, zu der die Beherrschten keine Alternative haben. Die Rituale der Moraldarstellung, die bei Durkheim die gemeinsam geteilten Normen & Werte zum Ausdruck bringen und für die Gesellschaft verbindlich machen, werden hier zu einer ideologischen Strategie (Eagleton 1993), die das

7 Zu nennen sind hier vor allem Horkheimers und Adornos Konzept der Kulturindustrie (1969) und Althussers „ideologische Staatsapparate“ (1976).

Subjekt betrügt, manipuliert oder gar als solches konstituiert. Am konsequentesten formuliert findet sich diese Sichtweise bei Althusser (1976). Für ihn werden Individuen als Subjekte durch ideologische Anrufung (Interpellation) konstituiert. Wie bei Durkheim ist auch bei Althusser mit der „Anrufung" des Subjekts die Norm zugleich verkündet und internalisiert. Das Individuum kann sich dieser ihr kaum entziehen. Die Anrufung des Subjekts funktioniert bei Althusser deshalb so unproblematisch, weil sie es den Individuen jeweils erlaubt bzw. ermöglicht, sich mit der herrschenden Ideologie zu identifizieren, da sie sich in ihr überhaupt erst als Subjekte wahrnehmen können. „Subjekt werden heißt 'unterworfen' zu werden: Wir werden genau dadurch zu 'freien', 'autonomen' Subjekten, daß wir uns gehorsam dem *Subjekt*, dem Gesetz beugen. Wenn wir dieses Gesetz einmal 'internalisiert' haben, es uns ganz zu eigen gemacht haben, dann handeln wir spontan und ohne zu fragen. Wir beginnen unsere Arbeit, wie Althusser bemerkt, 'ganz von alleine', ohne dabei ständiger Zwangsüberwachung zu bedürfen und verkennen diesen traurigen Zustand auch noch als Freiheit" (Eagleton 1993, S. 171). Althusser zufolge gelingen ideologische Anrufungen „in der riesigen Mehrzahl der Fälle (...), mit Ausnahme der 'schlechten Subjekte', die gelegentlich das Eingreifen dieser oder jener Abteilung des (repressiven) Staatsapparates provozieren" (Althusser 1977, S. 148). Normen funktionieren bei ihm in fast völliger Analogie zur funktionalistischen Sichtweise: Sie kleistern die Gesellschaft durch Anpassung der Individuen an die gesellschaftlichen Anforderungen zusammen – die nun allerdings die Anforderungen der Herrschenden sind. Aus der für Gesellschaft notwendigen Moral ist lediglich die herrschaftssichernde Ideologie geworden. Den Normen selbst wird die gleiche Wirkungskraft und der gleiche Wirkungsmechanismus zugeschrieben. Die Norm kauft sich in das Subjekt durch die Möglichkeit der Subjektbildung ein. Ihre Empfänger können sich selbst sinnhaft in der Herrschaftsordnung verorten und als mächtig definieren; die Subjekte können dem nicht widerstehen, denn einen Willen außerhalb des Subjekts kann es nicht geben. Ebenso wie in der funktionalistischen Theorierichtung wird nicht erwogen, daß ausgesendete Botschaften bei den Empfängern anders verstanden werden können, als die Normsender es sich gedacht haben. „Was wäre, wenn wir den Ruf des *Subjekts* nicht erkennten und nicht darauf reagierten? Was, wenn wir antworteten: 'Ich glaube, da haben sie den Falschen erwischt?'" (Eagleton 1993, S. 170). Die Überdeterminierung des Subjekts bei Althusser läßt auch keine Interpretationsprobleme zu. Der Ruf, mit dem das ideologische Subjekt Individuen an die Herrschaftsordnung bindet, wird in der Regel richtig interpretiert und akzeptiert.

Anders als Althusser beziehen sich Horkheimer/Adorno (1969) explizit auf den Vermittlungsapparat von Ideologie, auf die Medien der Massenkommunikation. Ihr Begriff der Kulturindustrie verweist auf den Unterwerfungsapparat, der den „sozialen Klebstoff“ als Ideologie ausstreut. Horkheimer/Adorno knüpfen mit der Theorie der Kulturindustrie am fundamentalen Bruch zwischen Produzenten und Rezipienten an, durch den die Massenmedien geprägt sind. Sie begreifen diese Kommunikation als einen Monolog seitens der Kulturindustrie. Diese produziert ein (Massen-) Publikum, das nicht antworten kann. Es ist ihnen zufolge gerade ein bestimmendes Moment der Produktionsseite, daß die Rezipienten zur Passivität verdammt werden; sie unterliegen einer Manipulation, einem Massenbetrug. Das Publikum wird bei ihnen zu einer Ansammlung abhängiger und passiver Rezipienten[8]. Für Horkheimer/Adorno resultiert die Entstehung der Unterhaltungsindustrien als kapitalistische Unternehmen in einem Prozeß der Standardisierung und Rationalisierung kultureller Formen. Durch diesen Prozeß wird dem Individuum die Fähigkeit geraubt, kritisch und autonom zu denken und zu handeln. Die kulturellen Güter entstehen ihnen zufolge nicht mehr unter „den Massen“, sondern sie werden für die Massenkonsumption zurechtgeschneidert. Die Kulturindustrie integriert ihre Konsumenten von oben durch die Konstruktion einer passiven Masse sozial isolierter Rezipienten. Das Konsumieren der Produkte der Kulturindustrie dient allein der Bestätigung des Status quo; die Konsumenten werden durch die kulturindustriell vermittelten Normen & Werte (verpackt in Stereotype und Klischees) auf die herrschende Ordnung verpflichtet. Subtile Verführung, Massenbetrug, Manipulation – das sind die Stichwörter, die bei Horkheimer/Adorno die Produkte und die Produktionsstrukturen mit der Rezeption verknüpfen, und die die Konsumenten zu passiven Zuschauern degradieren, die auf die Medienangebote nicht anders als affirmativ reagieren können. Horkheimer/ Adorno schließen folglich von den analysierten ideologischen Eigenschaften, den Formen, Strukturen und Inhalten der Medienprodukte auf deren Rezeption durch das Publikum. Dieses wird durch die Angebote der Kulturindustrie geformt: Die in den Angebotsstrukturen identifizier-

8 Adorno hat in der „Ästhetischen Theorie“ die Determinierungsmacht der Kulturindustrie allerdings relativiert. Vgl. dazu Steinert o. J.

ten Manipulationen werden rigoros auf die Nachfragesituation übertragen. Dem Publikum bleibt nichts anderes übrig, als die Botschaften in dem Sinne zu empfangen, wie sie von den Normsendern kodiert wurden. Auch Horkheimer/Adorno rekurrieren damit – zumindest implizit – auf ein Modell der Internalisierung. Das Vehikel zur Internalisierung ist das den Rezipienten versprochene Vergnügen beim Konsumieren der Produkte. Horkheimer/Adorno besitzen „ ... keine Theorie der Dekodierung, die beschreiben würde, wie Individuen die Medienbotschaften nach Maßgabe ihres konzeptuellen Rahmens, ihrer sozialen Erfahrung und ihrer Interessen dekodieren“ (Kellner 1982, S. 508), noch wird von ihnen wahrgenommen, daß unterschiedliche Individuen und soziale Gruppen auf die Medienbotschaften mit unterschiedlichen Interpretationen und Reaktionen antworten können. Dem Publikum wird die Position eines eigenständigen Akteurs in der Kommunikation, der sich in der jeweiligen Rezeptionssituation auf Medienbotschaften einen Sinn machen muß, vorenthalten.

Zu dem Trugschluß der Internalisierung von Normen gelangen prinzipiell alle Ansätze, die versuchen, die Effekte, Wirkungen und das Funktionieren von Normen allein aus ihrer Struktur und ihren Inhalten herauszulesen (vgl. Thompson 1988, 1990). Die Vorstellung, daß Medienkonsumenten moralische Botschaften beim Betrachten/Lesen einfach „absorbieren“ und in ihr inneres „normatives Repertoire“ aufnehmen[9], ist eine zu einfache Vorstellung, die die Macht und die Eindeutigkeit der Normen, die als „herrschend“ angeboten werden, übertreibt und die den Konsumenten die Fähigkeit abspricht, sich zu den Angeboten aktiv und produktiv zu verhalten. Dem Trugschluß der Internalisierung unterliegen auch diskursanalytische Ansätze, die in der Tradition von Foucault die Verstrickung der Individuen in den sozialen „Inter-

---

9 Dem Trugschluß einer Internalisierung von Normen & Werten unterliegen auch medienkritische Arbeiten zur Konstruktion sozialer Probleme und von Feindgruppen über die Inszenierung „moralischer Paniken“. So entwickelt etwa Cohen (1972) seinen zentralen theoretischen Begriff der „moralischen Panik“ ohne Rückbezug oder Beziehung zum Medienpublikum. Ähnlich begreifen auch Hall u.a. (1978) „moralische Paniken“ als durch die Medien „orchestriert“. Das Konzept der „moralischen Panik“ kennzeichnet somit eine spezifische massenmediale Inszenierungsstrategie; das Publikum wird zu „Moraldeppen“ gestempelt, die wie selbstverständlich in Panik geraten, wenn die Massenmedien gerade eine Panik inszenieren. Zur Kritik dieses monologischen Bildes vgl. auch Tester 1994. Goode/Ben-Yehuda (1994) entwickeln aus dieser Kritik heraus eine differenziertere Sichtweise „moralischer Paniken“, die die Anliegen und Interessen des Publikums miteinbezieht.

diskurs“ empirisch untersuchen. Jägers Analyse des rassistischen Diskurses in der BRD (1992) geht z.B. davon aus, „daß die Individuen gelernte feste Schemata und Modelle oder auch Prototypen (‘Frames’ und ‘Scripts’) verwenden, die nicht individuell sind, sondern sozial und ‘vorgegeben’; sie werden von den Menschen im Verlauf ihrer Sozialisation angeeignet, gelernt“ (Jäger 1992, S. 18). Als Resultat dieses Sozialisationsprozesses sind „die Individuen zu Handlungen bzw. Handlungsbereitschaften (disponiert)“ (S.19). Jäger konstatiert zwar, „ ... daß die Individuen diesen Schemata nicht restlos ‘ausgeliefert’ sind, sondern daß sie sie modifizieren können, sofern die Lebensbedingungen solche Modifikationen von Routinen erlauben (...)“ (S. 18), aber in der Regel würden die vorgegebenen Schemata lediglich durch eigene Erfahrungen konkretisiert. Auch bei diesem Ansatz werden die über den Diskurs verkündeten Normen als sozialer Zement gedacht, der die Individuen derart an den herrschenden Diskurs bindet, daß sie als Resultat des Sozialisierungsprozesses die „Kollektivsymbole“ übernehmen und verinnerlichen. Auch bei Jäger ist das Internalisierungsmodell das Einfallstor für individuelle Zuschreibungen. So gelangen z.B. in rassistische Diskurse verstrickte Individuen bei ihm leicht in den Verdacht, überzeugte Rassisten zu sein. Das Normenmodell von Jäger u.a. gleicht einem einfachen Infektionsmodell: Personen müssen nur häufig genug mit stark ansteckenden Krankheiten in Berührung kommen, dann werden sie letztlich auch krank. Bei Jäger (1992) liest sich das so: „Da Kollektivsymbole ein bevorzugtes Mittel des Mediendiskurses sind, können wir davon ausgehen, daß ihr häufiges Auftreten im Alltagsdiskurs auf die intensive Einwirkung des Mediendiskurses zurückzuführen ist“ (Jäger 1992, S. 256). Es sind folglich nicht die „Normempfänger“ und ihre Interessen und Praktiken, die – in welcher Weise auch immer – zum zentralen Kriterium für den Alltagsdiskurs werden, sondern es ist die Intensität des Mediendiskurses, die darüber entscheidet, ob sich die hier generierten Kollektivsymbole im Alltagssdiskurs wiederfinden oder nicht. Auch bei Jäger wird folglich von den Medienbotschaften auf die Formen des Umgangs mit ihnen geschlossen: Die Verwendung von Kollektivsymbolen im Alltagsdiskurs ist bei ihm Ausdruck der Akzeptanz und Übernahme der in ihnen enthaltenen Normen. Widersprüche sind hier nur denkbar als Konflikte zwischen zwei entgegengesetzten verinnerlichten Normen (z.B. zwischen der rassistischen Werthaltung und der Toleranz-Norm) bzw. als Täuschungsmanöver, bei dem Befragte, die als überzeugte Rassisten entlarvt werden, versuchen, ihre Überzeugung zu leugnen oder zu kaschieren.

Ein differenzierteres Verständnis der sozialen Konstruktion von Bedeutungen findet sich bei Hall (1980). Hall hat in seinem Aufsatz „encoding/ decoding" die Möglichkeit unterschiedlicher Lesarten von Texten zum Thema gemacht. Ausgehend vom Konzept der Polysemie, der semiotischen Einsicht in die prinzipielle Mehrdeutigkeit symbolischer Formen, Zeichen, Bilder etc., geht Hall von mehreren Lesarten aus, die ein Text den Lesern ermöglicht. Hall zufolge steht der Text nicht jeder beliebigen Interpretation zur Verfügung, sondern er sieht in ihm ein Muster eingeschrieben, das Vorzugslesarten („preferred readings") nahelegt. Das mediale Kodieren von Botschaften hat Hall zufolge den Effekt einer Begrenzung denkbarer Dekodierungen. Diesen Vorzugslesarten, die in den Text eingeschrieben sind, stellt er drei hypothetische Dekodierungspositionen gegenüber: a/die herrschende-hegemoniale Position, die dadurch bestimmt ist, daß die Leser den Text auch innerhalb der eingeschriebenen Vorzugslesart dekodieren; b/die ausgehandelte Leseposition, die affirmative und oppositionelle Elemente vermischt[10]; und c/die dritte Leseposition, die als „oppositional code" gekennzeichnet ist, durch eine Lesart also, die der hegemonialen Position mit Referenz auf eine alternative Lesart den Kampf ansagt. Hall distanziert sich mit diesem Konzept zwar von einem überdeterminierten Normenverständnis und entwickelt ein differenzierteres Modell der relativen Autonomie, aber auch er sieht die Rezeption von Medienbotschaften grundsätzlich immer noch durch die Kodierung kontrolliert. Dem Publikum werden durch den Text die Formen der Rezeption nahegelegt, wobei die Norm sich empfiehlt durch die Integration von Momenten des Alltagsverständnisses, des common sense, durch ihre Übereinstimmung mit den herrschenden Formen der Klassifizierung der sozialen, kulturellen und politischen Welt. Während für Hall – der sich hier an Gramsci anlehnt – also auch ausgehandelte und oppositionelle Lesarten möglich sind, liegt das meiste Gewicht doch auf einer herrschenden-hegemonialen Lesart, die durch den Text selbst nahegelegt wird. Bei ihm ausgeblendet bleiben weiterhin die sozialen Kontexte der Rezeption von Medienbotschaften, die Prozesse der Produktion

10 „Decoding within the negotiated version contains a mixture of adaptive and oppositional elements: it acknowledges the legitimacy of the hegemonic definitions to make the grand significations (abstract), while at a more restricted, situational (situated) level, it makes its own ground rules - it operates with exceptions to the rule" (Hall 1993, S. 102).

von Sinn durch ein unterschiedliches Publikum und die Praktiken der Aneignung von Medienprodukten. Auch er versucht letztlich, von den massenmedialen Produkten auf deren Rezeptionsformen zu schließen. Doch ein wesentlicher Bruch mit dem skizzierten Sozialisations- und Internalisierungsmodell ist die Einsicht in die Möglichkeit, daß verkündete Normen nicht automatisch aufgegriffen und übernommen werden, sondern daß sie von den Empfängern der Botschaften infragegestellt und verhandelt werden können.

In einem späteren Text (1989) entfernt sich Hall weiter von der Vorstellung, daß feststehende Bedeutungen bereits in einem Text eingeschrieben sind:

„There is no 'message' that is there in reality, that reality posesses exclusively und unproblematically, that language and other media systems, as transcriptive relay systems, can simply transpose into the blank minds and conciousness of their receivers. Meaning is polysemic in its intrinsic nature; it remains inextricably context bound. It is caught in and constituted by the struggle to 'pre-fer' one among many meanings as the dominant. That dominance is not already inscribed in structures and events, but is constructed through the continous struggle over a specific type of practice – representational practices. These are the objects of the study of communication. (...) Meaning (...) is a practice, not a thing" (Hall 1989, S. 47).

Mediale Botschaften sind vor allem sprachliche Botschaften und können demnach – wie andere Gegenstände auch (vgl. Sabean 1993) – nur in der Beziehung zwischen Menschen mit Sinn aufgeladen werden. Der Sinn medialer Botschaften wird zunächst hergestellt beim Produzieren, beim Kodierung von Botschaften, und er wird erneut hergestellt in der Rezeptionssituation, bei ihrer Dekodierung (vgl. Morley 1983). Die Frage nach dem Funktionieren von Normen & Werten kann daher nur in einem Modell der Produktion, Rezeption und Zirkulation von Bedeutungen gestellt und beantwortet werden, wobei Bedeutungen nicht strikt vorgegeben und eindeutig definiert, sondern immer wieder bearbeitet und ausgehandelt werden. Die Verwendungen und Bearbeitungen öffentlich angebotener Moralen läßt sich dann daraufhin untersuchen, ob sie dazu dienen, Herrschaftsverhältnisse aufrechtzuerhalten, oder ob sie eher dazu verwendet werden, Herrschaft zu entlegitimieren.

„Rather than assuming that a particular set of values and beliefs serves *ipso facto* to bind individuals of all strata to the social order, a more satisfactory approach must examine the ways in which individuals differentially situated in the social order respond to and make sense of particular symbolic forms, and how these symbolic forms, when analysed in relation to the contexts in which they are produced, received and understood, serve (or do not serve) to establish and sustain relations of domination" (Thompson 1990, S. 91/92).

Öffentliches und privates Moralisieren

Das skizzierte „Sozialisations- und Internalisierungsmodell" begreift Normen & Werte als Dinge, die – einmal produziert oder definiert – in ihrer Bedeutung eindeutig sind, so daß sie die Gesellschaft in Gang setzen und halten können. In diesem Modell ist kein Raum für Aushandlungen von Bedeutungen. Ein angemessenerer Blick auf Normen kann zunächst von den Erkenntnissen Durkheims ausgehen, daß Moral gesellschaftlich hervorgebracht wird, und daß es gesellschaftlicher (Darstellungs-) Prozeduren bedarf, um der Moral zu ihrer Geltung, ihrer „Herrschaft" zu verhelfen. Durkheim hat damit das Moralisieren als eigenständigen gesellschaftlichen Handlungsbereich wahrgenommen. Für ihn ist aber das Kollektiv die moralische Autorität, die diese Kommunikation durchführt und damit die soziale Ordnung sichert. Die herrschende, geltende Moral ist an die jeweils bestehende soziale Ordnung gebunden, so daß gesellschaftliche Herrschaftsverhältnisse und Konflikte zwischen verschiedenen sozialen Gruppen ignoriert und vor allem nicht ins Verhältnis zu den kommunizierten Normen & Werten gesetzt werden. Durkheims Erkenntnis in die Notwendigkeit gesellschaftlicher Moralisierungsarbeit verflüchtigt sich im Nebel des Kollektivbewußtseins.

Normen existieren nicht „an sich", sondern müssen gesellschaftlich zur Geltung gebracht (vgl. Bahrdt 1994) und damit erst einmal öffentlich konstituiert werden. An diesem Konstituierungsprozeß sind die verschiedenen gesellschaftlichen Institutionen mit ihren Interessen beteiligt, so daß bereits auf dieser Ebene eine Auseinandersetzung um die Geltung von Normen stattfindet. Wenn Normen den Charakter von Allgemeingültigkeit haben müssen, dann bedürfen sie – unter der Bedingung der „mediazation of modern culture" (Thompson 1990) – der öffentlichen Proklamation durch die Massenmedien. Damit aber ist der Prozeß der Kommunikation von Moral noch nicht vollständig erfaßt. Das Publikum, das bei der Produktion von Medienbotschaften nicht anwesend ist, muß diese außerhalb des Produktionsprozesses empfangen, es muß sie in den besonderen Situationen, in denen es sich jeweils befindet, interpretieren und mit Sinn versehen. „Nur wenn wir die Analyse der Medienbotschaften auf die differenzierten Modi ihrer Rezeption beziehen, können wir mit Erfolg zeigen, wie die durch Massenkommunikation mobilisierte Bedeutung in der sozialen Welt wirksam ist, also hilft bzw. scheitert, Herrschaftsbeziehungen aufrechtzuerhalten" (Thompson, 1988, S. 30).

Das *Moralisieren* findet demnach an unterschiedlichen Orten und vor dem Hintergrund unterschiedlicher Anliegen der jeweiligen Akteure statt. In der allgemeinsten Formulierung läßt es sich definieren als *eine soziale Praxis, die dadurch gekennzeichnet ist, daß Handlungen, Situationen und Personen in bezug auf normative Kriterien beurteilt werden, und diese Beurteilung vor einem Publikum dargestellt und allgemein verbindlich gemacht werden soll.* Das Wesen der „Moral" ist, daß sie nicht als abstrakte Anforderung (oder als Summe moralischer Maximen) in den Köpfen von Individuen sitzt, erinnert wird und quasi immer zugegen ist, so daß sie das Handeln steuern kann, sondern daß sie sozial kommuniziert wird, und daß diese Kommunikation eine beständige, quer durch die Gesellschaft verlaufende, alltägliche darstellt, denn Normen benötigen die Zustimmung und den Konsens von sozialen Gruppen. „Morality must, to some degree, be done or accomplished collectively. In order to know about the moral world jointly, we must moralize together" (Lidz/Walker 1980, S. 26). Lidz/Walker sprechen von *„doing morality"*, was verdeutlicht, daß Moral-Schemata, Begründungsfiguren für Moral und Beurteilungskriterien sozial hervorgebracht und mitgeteilt werden müssen. Das Moralisieren ist ein beständiger Aspekt der sozialen Interaktion.

Es wird angenommen, daß Normen & Werte, also Beurteilungskriterien, Klassifikationssysteme, Moral-Schemata, den Charakter von Allgemeingültigkeit, die Färbung des geltenden, „herrschenden" eher erlangen können, wenn die Moralverkündung öffentlich (vermittelt über die Massenmedien) erfolgt. Ein wesentliches Kriterium einer „herrschenden Moral" ist dann ihre Verfügbarkeit für sehr viele Personen. Da das breite Laienpublikum von der Produktion und der Konstitution der Normen & Werte - Angebote in den Massenmedien ausgeschlossen ist, bleibt ihm nur die Möglichkeit, diese in privaten, alltäglichen Situationen zu rezipieren. Private Moral-Diskurse werden daher kaum Normen in den Rang von geltenden oder zumindest debattierbedürftigen heben können, als vielmehr dadurch geprägt sein, daß ein bestimmtes Verhältnis zu den öffentlich angebotenen Normen eingegangen wird. Die Normen-Angebote sind gleichsam potentielle Ressourcen für private Moral-Diskurse. Privates Moralisieren kann sich die öffentlich verfügbar gemachten Angebote zunutze machen. Über die Rezeption werden dann herrschende Normen & Werte gesellschaftlich weiterverbreitet und bearbeitet.

Die Konstituierung des öffentlichen Normen- und Werte-Angebots: Der Normen-&-Werte-Verbund und seine Moralisierungsformen

Moral-Angebote kommen von verschiedenen gesellschaftlichen Institutionen. Diese sind mehr oder weniger darauf spezialisiert, Moral darzustellen. Institutionen, die diese Funktion wahrnehmen, haben wir als „Normen-&-Werte-Verbund" (Cremer-Schäfer/Stehr 1990) bezeichnet. In diesem Verbund vertreten sind Produktion, Konsum, Bildung, Politik, Kirche, Familie, Medizin, Strafrecht/Recht, Militär, Unterhaltung u.a.m. Den Institutionen liegen sehr verschiedene, auch widersprüchliche Moral-Schemata zugrunde. Moral-Schemata sind die Klassifizierungskriterien, nach denen Handlungen, Situationen und Personen bewertet werden (z.B. Nützlichkeit, Normtreue, Tugendhaftigkeit und die dazugehörigen binären Einteilungen: nützlich - unnütz, gut - schlecht, tugendhaft - sündhaft). Wie die Klassifizierungskriterien differieren auch die Legitimationsfiguren für die normativen Anforderungen, die Begründungen, warum der Moral entsprochen werden soll: z.B. weil Sanktion und Ausschluß oder Verdammnis drohen, weil es im Eigeninteresse liegt, ein Vertrag geschlossen worden ist oder Tugenden oder Werte damit ausgedrückt werden. Da bei vielen Institutionen die Funktion der Moraldarstellung nicht im Vordergrund steht, bleiben die Moral-Schemata und Legitimationsfiguren meist implizit. Doch sind sie jederzeit explizierbar und können Teil des öffentlichen Redens werden, indem Personen, Handlungen und Situationen vor ihrem Hintergrund öffentlich bewertet werden.

Der Normen-&-Werte-Verbund hat keine feste Hierarchie. Es ist von wechselnden Dominanzen und Randstellungen auszugehen, die vor allem abhängig sind von den instrumentellen Funktionen und Kapazitäten der Institutionen[11]. Auch lassen sich Konflikte zwischen ihnen aufzeigen, etwa zwischen den Bildungs- und Wirtschaftsinstitutionen, Familie und Kirche, Recht und Produktion usw. „Herrschend" wird eine Moral im Kontext des „Normen-&-Werte-Verbundes", wenn sie Figuren vorgibt, auf die andere Moralen sich beziehen müssen, sei es in der Form der Bestätigung, der Modifikation, als Abweichung oder gar als Opposition.

---

11 Zur empirischen Analyse über die historische Relevanz und Verschiebung des Verhältnisses innerhalb des Normen-&-Werte-Verbunds vgl. Cremer-Schäfer/Stehr 1990a und Steinert/Cremer-Schäfer/Hancke-Stehr/Stehr 1990.

Die Dominanz von Institutionen wird unter anderem sichtbar an deren Vermögen, die Besitzrechte an „sozialen Problemen" zu erlangen. Das von Gusfield (1981) aus seinen Analysen der Sozialgeschichte „öffentlicher Probleme" entwickelte Konzept faßt die Beobachtungen zusammen, daß von allen gesellschaftlichen Institutionen nur einige über die Macht, den Einfluß und die Autorität sowie über kulturelle Praxen verfügen, die Realität eines Problems zu bestimmen und es als eine öffentliche Angelegenheit zu definieren, in der „etwas getan werden muß". Das den Institutionen eigene Vokabular definiert den „hegemonialen Problemrahmen" und gibt die Reaktionen und Kontrollmodelle vor. Das Besitzrecht an öffentlichen Problemen manifestiert sich an der Etikettierung des Problems und der Festlegung des hegemonialen Rahmens für Reaktionen[12].

Den Institutionen des Normen-&-Werte-Verbunds lassen sich spezifische Moralisierungsformen zurechnen, wobei zwei besonders hervorstechen:[13] die *punitive Moral*, als Form der Moraldarstellung über die Sanktion, und die *Normalisierungsmoral*, die moralische und Funktionalitätskriterien vermischt. Die punitive Moralisierungsform bewertet eine Handlung danach, ob eine Norm verletzt ist oder nicht, sie isoliert Personen als verantwortlich, die moralisch degradiert, stigmatisiert, zur Rechenschaft gezogen und sanktioniert werden können. Impliziert ist eine binäre Klassifizierung von Handlungen und Personen, die z.B. nach folgenden Kriterien sortiert und bewertet werden: legal - illegal, kriminell - anständig, Täter - Opfer, Norm erfüllt – Norm verletzt, schuldig - unschuldig, lasterhaft - tugendhaft usw. Sowohl die Kirche als auch das Strafrecht verfügen über die punitive Moralisierungsform. Über sie wird Moral dargestellt am negativen Fall und unter Anwendung der Sanktion.

---

12 An der Sozialgeschichte der Moralisierung des Trinkens in den USA hat Gusfield im Detail herausgearbeitet, daß Besitzrechte auch verloren gehen und an andere Institutionen übertragen werden können. So zeigt Gusfield, daß die amerikanische Temperance Bewegung lange Zeit erfolgreich darin war, die Definition und Problemrahmung der Kirche durchzusetzen. Nach Aufhebung der Prohibition geht das Problem in den Besitz von wissenschaftlichen Experten und der Medizin über. Mit dem sich entwickelnden Wohlfahrtsstaat beanspruchen ganze „troubled persons industries" (Helfer-Professionen) und die „image making industries" (die Medien) die Besitz- und Definitionsrechte für öffentliche Probleme, die sie nun als „soziale Probleme" konzeptualisieren (vgl. Gusfield 1989). Zu Modellen der Konstruktion sozialer Probleme vgl. auch Best 1990 und Schetsche 1996.

13 Zur historischen Karriere speziell der „punitiven Moral" vgl. Cremer-Schäfer/Stehr 1990a.

Das Strafrecht ist keineswegs die einzige Institution der Moraldarstellung, wohl aber diejenige, die diese Funktion besonders drastisch und dramatisch ausüben kann.

Die Normalisierungsmoral beruht dagegen auf explizit nicht-normativen Einteilungen *und* normativen Kriterien. Expliziert werden Sekundärtugenden in Bezug auf die Anforderungen der Disziplinierungsinstitutionen. Personen werden nicht – wie bei der punitiven Form – nach ihrem Moral-Status klassifiziert, sondern nach dem Maß, wie sie – in ihrem „Charakter", ihren „Eigenschaften", ihrer „Intelligenz", ihrer „Kooperationsbereitschaft" etc. – einer Normalitätsvorstellung entsprechen. Das Moralisieren über die Normalisierungsmoral bedeutet weniger eine moralische als eine soziale Degradierung: der soziale Status wird infragegestellt. Es geht nicht mehr um binäre, sondern um differenzierte Einteilungen, und offene Reaktionen sind impliziert: Möglich sind instrumentelle Reaktionen im Sinne sozialtechnologischer Reaktionen (wie Zwang, Anreize etc.), aber auch moralische Reaktionen. Legitimiert werden sie über die Zuschreibung individueller Verantwortlichkeit. Das Kontrollmodell sieht nicht die Sanktionierung vor, sondern Normalisierungskontrolle im Sinne der Beseitigung oder Prävention von Normalitätsabweichungen. Die Normalisierungsmoral ist die Moralisierungsform vor allem von Bildungsinstitutionen und der Medizin.

Institutionen entwickeln also ihre eigenen Moral-Schemata, Disziplin- und Kontrollmodelle, Legitimationsfiguren und Klassifikationssysteme. Aus diesen Moralisierungsformen werden wiederum Konzepte, Figuren und Bilder geformt, in denen das Moralisieren sprachlich und bildlich eingebunden ist. Institutionen stellen vor allem *Motiv-Vokabulare* zur Verfügung. Darunter verstehen Gerth/Mills (1973) Wörter, die Handlungen oder Personen Motive zuschreiben, die einen Interpretationsrahmen für die Bedeutung von Handlungen umreißen und Personen etikettieren, die „so etwas tun". Institutionen verwalten ein Set standardisierter Motive, die bestimmte Handlungen entweder positiv sanktionieren und fördern, indem eine öffentliche Prämie ausgesetzt wird, oder die durch öffentliche Mißbilligung von anderen Handlungen abraten und sie verbieten. Gerth/Mills begreifen die Verbalisierung von Motiven als eine eigenständige Handlungsform, die als wesentlicher Bestandteil des Moralisierens angesehen werden kann. Ihr Konzept der Motiv-Vokabulare geht vor allem auf Kenneth Burke (1945) zurück. Zwei Schlüsselbegriffe von Burke sind „Grammatik" und „Rhetorik"; beide ermöglichen einen reflexiven Blick auf Sprache. Für Burke ist Sprache kein Muster für Beschreibungen. Die Motiv-Grammatik konstituiert ihm zufolge symbolische Formen, durch die Erfahrung selbst geformt wird. Von Burke kommt auch der Hinweis auf den Doppelcharakter von Sprache: Während sie einerseits kulturelle Erfahrungen ermöglicht, begrenzt sie diese aber gleichzeitig, denn andere Perspektiven und Wahrnehmungen bleiben abgeschnitten. Diese Sichtweise sprachlicher Bedeutungen korrespondiert mit Gramscis Konzept der Hegemonie[14]. Wenn Motiv-Vokabulare als gegeben und für selbstverständlich angesehen werden, sind sie gleichsam hegemonial[15].

Motiv-Vokabulare, Motiv-Grammatiken und -Rhetoriken[16] werden von gesellschaftlichen Institutionen verwaltet. Motiv-Vokabulare, die eine öffentliche Mißbilligung, Verunglimpfung, Verurteilung und Verdammung aussprechen (wie z.B. der Begriff der Kriminalität), lassen sich auch als „soziale Zensuren" (Sumner 1991)[17] bezeichnen. Motiv-Vokabulare, Zensuren, Klassifizierungskriterien und Kontrollmodelle müssen, damit sie gesellschaftlich wirksam werden können, öffentlich angeboten werden. Zur öffentlichen „Bekanntgabe" greifen die Massenmedien (selbst eine elementare Institution des Normen-&-Werte-Verbundes mit Eigeninteressen) die Zensuren und Problemrahmungen der „primären Definierer" (vgl. Hall u.a. 1978) auf und präsentieren sie dem Publikum. Sie fungieren dabei als „Moral-Markt", auf dem die Moralisierungsformen der Institutionen angeboten und damit gesellschaftlich verbreitet und verfügbar gemacht werden. Die Medien vermitteln diese Moral

14 Auf die Gemeinsamkeiten des Denkens von Burke und Gramsci hat besonders Gusfield (1989a) aufmerksam gemacht.

15 Vgl. zum Begriff der Hegemonie Gramsci 1983 und Comaroff/Comaroff 1991.

16 Zur Verwendung des Begriffs der Rhetorik in der Literatur zur Konstruktion sozialer Probleme vgl. Best 1990, Gusfield 1981 und Ibarra/Kitsuse 1993.

17 Sumner verortet die „social censures" allerdings nicht in den einzelnen Institutionen oder in der Konkurrenz zwischen ihnen. Für ihn sind sie Ausdruck und Folge der Konflikte und Kämpfe zwischen Klassen, „Rassen" und den Geschlechtern. Auch Sumner, der auf der einen Seite zwar heraushebt, daß Zensuren sozial umkämpft werden, und daß „stets oppositionelle, alternative oder ausgehandelte Formen von 'censures' existieren" (Sumner 1991, S. 256), erliegt auf der anderen Seite dem Trugschluß einer Internalisierung von Normen, wenn er sagt: „In den Massenmedien verkündet, in Gerichten und Kontrollorganen durchgesetzt und materiell in den herrschenden sozialen Verhältnissen einer Epoche verwurzelt, müssen solche Unwerturteile schnell einen allgemeineren Charakter annehmen, wenn sie von den anderen Menschen internalisiert werden" (ebd. S. 255). Auch hier wird von den Medien-Botschaften direkt auf den Umgang mit ihnen geschlossen.

aber nicht nur, sie strukturieren mit der Präsentation von Moral-Schemata gleichsam die Formen, die das öffentliche Moralisieren annehmen kann. Zur Präsentation von Moral haben die Massenmedien als „moralische Anstalten" eigene Strategien entwickelt. Moral wird in spannende Unterhaltung verpackt, sie steckt aber auch in den „seriösen" und „realistischen" Berichten über „soziale Probleme". Bei der Konstituierung von Ereignisrahmungen bedienen sich die Medien aus dem vorhandenen Fundus an kulturellen Ressourcen (vgl. Best 1991b). Von der Form her setzen sie, leicht variiert nach Thema und Programmsorte, auf moralische Geschichten, in die sie kulturelle Symbole und Mythen einbauen und zugleich weiterbearbeiten[18]. Die Massenmedien entwickeln auf diese Weise wiederverwendbare und ausbaufähige Verdichtungssymbole (wie etwa den Begriff der „Gewalt"[19]), sie porträtieren soziale Typen und konstruieren mythische Figuren, vor allem in der Form von „Folk-Devils" (Cohen 1972)[20]. Selbst die „seriöse" Berichterstattung über „soziale Probleme" erfolgt überwiegend in der Form des „morality plays", in dem der Kampf der Guten und Unschuldigen gegen das Böse aufgeführt wird. Die Moralpräsentationen der Medien sind nicht auf Wörter beschränkt, sie sind in Bilder und Szenen eingelassen, die wahlweise Angst, Entrüstung, Belustigung und andere Emotionen hervorrufen können[21].

Wie aber werden Motiv-Vokabulare, mythische Geschichten und symbolhaltige Bilder zu benutzbaren Ressourcen? Das Publikum steht vor der Aufgabe, in den medialen Angeboten symbolische Ressourcen zu identifizieren, die es für eigene Moralisierungen verwenden kann.

„ ... in drawing upon rules and conventions of various kinds, individuals also extend and adapt these schemata and rules. Every application involves responding to circumstances which are, in some respects new. Hence the application of rules and schemata cannot be understood as a mechanical operation, as if actions were rigidly determined by them. Rather, the application of rules and schemata is a creative process which often involves some degree of selection and judgement, and in which the rules and schemata may be modified and transformed in the very process of application." (Thompson 1990, S. 148/149)

---

18 Zu den massenmedialen Moralisierungsstrategien vgl. Steinert/Cremer-Schäfer/Hancke-Stehr/Stehr 1990. Für die Anwendung von Mythen im Bereich der Kriminalberichterstattung vgl. Cohen/Young 1981 und Higgins 1994.

19 Vgl. dazu Cremer-Schäfer/Stehr 1990b

20 Zur rhetorischen Praxis der Konstruktion von abweichenden Personen-Kategorien vgl. Best 1991, Loseke 1993.

21 Vgl. Loseke 1993, die die Verbindung von Moral und Emotion herausstellt und Emotionen als sozial konstruierte Sprachformen definiert.

Es wird hier von einem aktiven und produktiven Publikum ausgegangen, das die medialen Botschaften in der Rezeption mit Sinn versieht (vgl. auch Gubrium 1993). Bedeutungen werden auf komplizierten Wegen und von Fall zu Fall ausgehandelt. Wenngleich die massenmediale Kommunikation durch einen fundamentalen Bruch zwischen Produzenten und Rezipienten gekennzeichnet ist[22] (entgegen der „echten" dialogischen Konversation, in der die Zuhörer- und Sprecher-Rollen stetig wechseln können, haben die Medienrezipienten wenig Möglichkeiten, in den massenmedialen Kommunikationsprozeß zu intervenieren und einen Beitrag zu liefern), so führt dieser Bruch nicht nur zur Vereinnahmung des Publikums, sondern ermöglicht gerade auch Distanzierungen von den Medienbotschaften. Keppler (1993, 1994), die die Diskussion von Medieninhalten in Gesprächssituationen des Familienalltags untersucht hat, kommt zu dem Fazit: „Die kommunikative Verarbeitung von Medieninhalten im Gespräch zeigt (...), daß der Umgang mit dem medialen Geschehen bei aller Beeinflussung und Begeisterung sehr häufig zugleich ein distanzierter und distanzierender ist" (Keppler 1994, S. 261). Keppler sieht in der Form des alltäglichen Redens über Medieninhalte das entscheidende Kriterium dafür, ob und auf welche Weise mediale Botschaften in der Rezeption zurückgewiesen oder angenommen und angeeignet werden. „Im Guten wie im Schlechten (!) können die Medien ihre Wirkung nur in den *kommunikativen Formen* der alltäglichen Rede entfalten, in denen sich die Menschen einen Reim auch auf den Unterschied zwischen ihrer Wirklichkeit und derjenigen der massenmedialen Darbietungen machen" (Keppler 1993, S. 112). Der fundamentale Bruch in der massenmedialen Kommunikation ist demnach kein Zeichen eines Monologs, sondern Merkmal einer besonderen Kommunikationsform, die zwar nicht durch die weitgehende Egalität der mündlichen Alltagskonversation gekennzeichnet ist, deren Ungleichzeitigkeit aber auf der anderen Seite auch Distanzierungen ermöglicht, die im Alltagsgespräch höchst problematisch sind.

Rezeptionskontexten haben sich vor allem die britischen Cultural Studies zugewandt, nachdem mehrere Untersuchungen[23] zeigen konnten, daß nicht die „Vorzugslesart" (Hall) eines Textes, also dessen Präferenzstruktur, für

22 Vgl. Horkheimer/Adorno 1969, Thompson 1990.

23 Vgl. Radway 1984 und die Beiträge in Scannell 1992, vor allem Moores 1992.

seine Nutzung entscheidend ist, sondern die Bedeutung, die Medienprogramme und -botschaften vom Publikum in den jeweiligen Rezeptionssituationen zugewiesen bekommen. Vor allem das Vergnügen des Publikums im Umgang mit den Texten wurde als zentrales Moment der Rezeption herausgearbeitet. Fiske (1989a, 1989b) etwa geht davon aus, daß das Publikum den (Medien-) Text in bezug auf eigene Relevanzkriterien, die bereits vor dem Text vorhanden sind, bewertet und bearbeitet.

„Pleasure results from this mix of productivity, relevance, and functionality, which is to say that the meanings I make from a text are pleasurable when I feel that they are my meanings and that they relate to my everyday life in a practical, direct way" (Fiske 1989a, S. 57).

Auch Fiske (1989b) sieht die prinzipielle Asymmetrie der massenmedialen Kommunikation. Das Publikum (bei ihm „people" genannt) kann die Ressourcen popularer Kultur nicht produzieren, wohl aber formt es seine eigene Kultur aus den angebotenen Ressourcen. Für Fiske ergibt sich das Vergnügen des Publikums nicht nur aus dem produktiven Akt der Kulturschöpfung, sondern vor allem auch dadurch, daß die geformte „populare Kultur" eine widerständige Kultur ist. In der Rezeption werden Bedeutungen und symbolische Formen geschaffen, die Herrschaftsverhältnisse unterlaufen und sich den Strategien der Disziplin widersetzen.

Fiske und auch andere Autoren[24] stützen sich theoretisch vor allem auf de Certeau und Bachtin. De Certeau (1988) zufolge geben die Systeme der Produktion – z.B. die Kulturindustrie – das codierte System der Kulturwaren als auch das Feld, auf dem sich die Konsumenten bewegen, vor. Doch damit haben die Konsumenten nicht automatisch jede Eigenständigkeit, Flexibilität und Widerständigkeit verloren. Sie können dagegen Formen des Umgangs mit den Produkten entwickeln, die von der herrschenden Ökonomie oder Kultur nicht vorgesehen sind. In der Auseinandersetzung mit Foucaults „Mikrophysik der Macht" sieht de Certeau Widerstände gegen die Macht/Wissensdispositive gerichtet, die zwar als „Taktiken der Verbraucher" im Alltag zerstreut, indirekt und flüchtig wirken, aber doch überall zugegen sind. Ihm zufolge eignen sich die Verbraucher mittels subversiver Taktiken den durch Disziplinen organisierten Raum wieder an. In dieser *Aneignung* transformieren, konvertieren und 'pervertieren' sie die Produkte, indem sie Bedeutungen hervorbringen, die von den Produzenten nicht vorgesehen waren. Für de Certeau ist

24 Vgl. Brown 1990, Silverstone 1989.

der Alltag daher der Schauplatz eines „kulturellen Guerillakampfes“[25], in dem die Formen und Inhalte der herrschenden Produkte/Ideologie/Moral in neuer Kombination und mit neuen Bedeutungen angeeignet werden.

Neben de Certeau wird in den britischen Cultural Studies auch auf Bachtin[26] verwiesen. In seiner Arbeit zu Rabelais entwickelt Bachtin eine Theorie des Karnevals als vergnügliche Gegenkultur zur offiziellen seriösen Ordnungskultur. Vorherrschendes Prinzip des Karnevals ist das *Lachen* als Aus-Lachen der herrschenden Ordnung und Moral.

„Die auf dem *Lach*-Prinzip beruhenden rituell-szenischen Formen unterscheiden sich außerordentlich schroff und prinzipiell von den *seriösen* – kirchlichen und feudalen – Kultformen und Zeremoniellen. Sie präsentierten einen völlig anderen, betont inoffiziellen, außerkirchlichen und außerstaatlichen Aspekt der Welt, des Menschen und der menschlichen Beziehungen: jenseits alles Offiziellen errichteten sie eine *zweite Welt und ein zweites Leben* ... .“ (Bachtin 1995, S. 53)

Der Karneval ist Bachtin zufolge eine zweite Welt, die die herrschenden Macht- und Herrschaftsverhältnisse und deren Moralen durch karnevaleske Strategien der Verkehrung, Hybridisierung und Übertreibung suspendiert. Diese zweite Welt ist eine Lebensform:

„Solange der Karneval andauert, hat niemand einen anderen Lebensinhalt. Man kann vor ihm nicht einfach weglaufen, denn er kennt keine räumlichen Grenzen. Während des Karnevals kann man nur nach seinen Gesetzen leben, d.h. nach den Gesetzen der Karnevalsfreiheit. Der Karneval hat universellen Charakter, er ist ein Zustand der ganzen Welt, ihre Wiedergeburt und Erneuerung, an der alle teilhaben. Idee und Wesen des Karnevals waren für alle Beteiligten unmittelbar spürbar.“ (Bachtin 1995, S. 55)

Bachtins Überlegungen zum Karneval als Gegenkultur enthalten eine Reihe von Hinweisen auf den „popularen“ Umgang mit symbolischen Formen der offiziellen, herrschenden Kultur und Moral. Ihm zufolge bereitet die spielerische Verkehrung und Degradierung der herrschenden Moral unterlegenen Gruppen nicht nur Vergnügen, sie ist auch ein wesentliches Moment des Machtgewinns, weil die Sprache des Karnevals nur verstanden werden kann aus der Position der Unterlegenheit heraus, die mit dem Karneval gleichsam bewußt gemacht wird. Karnevaleske Inversionen sind demnach Strategien der

25 Ähnlich spricht Eco (1985) von einer „semiologischen Guerilla“, die sich angesichts der prinzipiellen Mehrdeutigkeit massenmedialer Botschaften, nicht in den Produktionsstätten wiederfinden müßte, sondern in den Situationen, in denen diese rezipiert werden, also am „Zielort“ der Kommunikation.

26 Vor allem Brown 1990, Fiske 1989a, 1989b.

Aneignung herrschaftlicher symbolischer Formen. In dieser Aneignung werden sie nach Maßgabe des „Körper-Prinzips“ – durch das Auslachen und Bloßstellen – degradiert und egalisiert. Bachtin lenkt damit die Aufmerksamkeit auf subversive Rezeptionsweisen, er hebt die produktive Kreativität und Phantasie im Umgang mit vorgesetzten symbolischen Formen heraus und gibt eine Reihe von inhaltlichen Hinweisen zu den einzelnen Formen und Genres „popularer Kultur“.

De Certeau, Fiske und Bachtin diskutieren *soziale Praktiken*. Der Text oder das Produkt interessieren nur im Hinblick darauf, ob sie für diese Praktiken benutzbar sind. Insofern gehen sie alle über Ansätze hinaus, die bei der Analyse von Texten stehenbleiben, und die vom textlichen Gehalt auf die Rezeptionsform schließen. Problematisch ist allerdings, daß die erwähnten Autoren den Prozeß der Aneignung mehr oder weniger ausschließlich als eine widerständige Praktik konzipieren, als eine Praktik, die grundsätzlich gegen die herrschende Ordnung/Kultur/Moral gerichtet ist.

Anders dagegen Thompson (1990). Für ihn ist der Prozeß der Aneignung massenmedial produzierter symbolischer Formen auch ein aktiver und produktiver Prozeß, der potentiell kritisch sein kann, dies aber nicht zwingend ist.

„In receiving mass-mediated messages, individuals draw upon and employ conventions of various kinds which enable them to decode and make sense of the messages, and in this process they may also evaluate the messages, endorse them or reject them, take up a stand vis-à-vis them, and so on“ (Thompson 1990, S. 316/317).

Thompson ist an den Grundlagen und Kriterien der Dekodierung massenmedialer Botschaften interessiert. Er geht von den eigenen Erfahrungen und Bedürfnissen der Rezipienten aus, die ihm zufolge maßgebliche Momente der Interpretationsanleitung und der diskursiven Weiterbearbeitung der Medienbotschaften sind.

„This ongoing process ... may provide a narrative framework within which individuals recount aspects of their own lives, interweaving personal experiences with the re-telling of mediated messages or with the re-telling of messages thereby re-told“ (Thompson 1990, S. 317).

Die Aneignung medialer Botschaften wird zu einem tragenden Moment der Selbstkonstitution der Rezipienten und zu einer elementaren sozialen Praxis, in der ein Verhältnis zwischen den medialen Botschaften und den eigenen Erfahrungen und Situationen des Alltags der Rezipienten hergestellt wird.

Texte mögen eine Vorzugslesart besitzen, die das Publikum einladen, sie zu akzeptieren. Es kann aber auch seine Interessen einbringen und damit auf verschiedene Weise mit dem Text arbeiten, so daß es „sein" Text wird. Ob dabei Normen-Angebote übernommen, verändert, abgewehrt oder „umgekehrt" werden, ist eine Frage, die nur empirisch beantwortet werden kann. Es läßt sich aber davon ausgehen, daß die in den Medienangeboten geschaffenen Präferenzen eine höhere Wahrscheinlichkeit haben, bearbeitet und benutzt zu werden, als Bedeutungen, auf die nicht explizit aufmerksam gemacht wird und die schwerer zugänglich sind.

Ressourcen, Moralisierungstriade und Arbeitsbündnisse

Privates Moralisieren kann sich unterschiedlicher *Ressourcen* bedienen. In alltäglichen Konversationen wird üblicherweise auf drei Formen von Ressourcen bezug genommen: auf populare Weisheiten („Menschen begehen Fehler"), auf persönliche Erfahrungen („das habe ich selbst erlebt") und auf den Mediendiskurs („das kann man jeden Tag in der Zeitung lesen") (vgl. Gamson 1992, Sasson 1995). Kriterien zur Beurteilung von Situationen, Handlungen und Personen können in der Konversation auf diese verschiedenen Wissensquellen bezogen werden. Persönliches Erfahrungswissen gewinnt Autorität durch Unmittelbarkeit und konkrete Darstellung. Der Mediendiskurs ist gewichtig, weil er öffentlich und für jeden zugänglich ist und den darin verkündeten Normen der Charakter von Allgemeingültigkeit zugebilligt wird. Sowohl auf der Ebene der „Medienarbeit" als auch auf der Ebene der „Publikumsarbeit" wird versucht, diese verschiedenen Ressourcen zusammenzubringen, ihre Diskrepanzen zu minimieren und eine relativ homogene Rahmung der Wirklichkeit zu erreichen.

Was aber kennzeichnet die Situationen, in denen „Publikumsarbeit" geleistet wird? Was sind die strukturellen Merkmale der Situationen, in denen im Alltag moralisiert wird? Die Elementarsituation des privaten Moralisierens ist die des *Klatschs*. Im Klatsch wird über abwesende Dritte geredet, deren Handlungen nicht nur beschrieben, sondern auch interpretiert und beurteilt werden. Das Reden über Abwesende wird durch die Frage „Hast Du schon gehört?" als Neuigkeit und interessant definiert und dann gemeinsam betrieben. Gewöhnlich fallen Äußerungen von Entrüstung und Empörung über einen konkreten Fall: „Hat man so was schon gehört!"; „Das ist ja wohl unglaublich!"; „Unerhört, so was!". Die Anwesenden werden zu Stellungnahmen aufgefordert („Darf die das überhaupt?") und eine übliche Konsequenz ist die gemeinsame Verurteilung (des Handelns) einer Person. Im Klatsch wird über das Ausdrücken von Normen & Werten, die zu einer bestimmten Lebensweise gehören, Gemeinsamkeit hergestellt; es geht um Selbstdarstellung und um die gegenseitige Bestätigung von Rechtschaffenheit. Die expressiven und normativen Funktionen von „Klatsch und Skandal" sind besonders von Ethnologen als positiv-integrierend interpretiert worden. Im klassischen Text von Gluckman (1963) finden sich allerdings Hinweise, daß „Gossip and Scandal" nur unter bestimmten sozialen Bedingungen integrierend wirken. Dann nämlich, wenn das Klatschen innerhalb von Kulturen und Gesellschaften praktiziert wird, die keine internen strukturellen Konflikte und gemeinsame Interessen gegenüber anderen haben. Andere Bedingungen sind fehlende Ungleichheiten im Zugang und in der Verfügung über nicht-normative Machtmittel. Sobald Klatsch und Skandal zu Ressourcen in Interessenkonflikten werden, schwinden die integrierenden Funktionen. Im Klatsch wird interaktiv ausgehandelt, inwieweit jemand von geltenden Normen abgewichen und wie diese Abweichung zu bewerten ist. Der Klatsch ist das Paradigma des alltäglichen Moralisierens, insofern jemand einen *konkreten Fall* vor einem Publikum bewertet, dessen Aufmerksamkeit geweckt und das aufgerufen wird, die eigene moralische Entrüstung zu teilen. Die Bewertung und Bezeichnung einer Handlung als Normbruch bzw. einer Person als Normbrecher wird nur verständlich vor dem Hintergrund vorhandener, gebräuchlicher Beurteilungskriterien, die den Akteuren angeboten und bekannt gemacht werden müssen. Das ist um so mehr der Fall, wenn es nicht nur um das Verstehen, sondern um das Akzeptieren geht, d.h. also um die Herstellung eines Konsens.

Die Situation des Moralisierens läßt sich durch folgende Elemente kennzeichnen: Jemand moralisiert über einen konkreten Fall (eine Person, Handlung, Situation) vor einem Publikum; das Moralisierungsobjekt ist nicht anwesend. Der Fall betrifft die Handlungen anderer, aus der Situation ausgeschlossener Personen. Der Fall kann sich dabei auf wahre Begebenheiten, konkrete Personen und wirklich vorgefallene Ereignisse beziehen, er kann aber auch fiktive Beispiele vorführen, etwas, „das für die Realität steht" (wie es in vielen Medienprogrammen geschieht). Das Moralisieren ist grundsätzlich nicht auf die Vorführung „negativer Fälle" beschränkt, tendiert aber in diese Richtung, da die moralischen Grenzen hier auf eine dramatischere Weise gezogen werden können (vgl. Durkheim 1977, Erikson 1978). Die Elemente der Moralisierungssituation lassen sich folglich als *Moralisierungstriade* fassen: Es gibt ein Moralisierungssubjekt, ein Moralisierungsobjekt bzw. einen moralisierten Fall und ein Publikum, an das die Moralisierung herangetragen wird. Diese Triade kennzeichnet sowohl der Klatsch als auch das Gerücht, reicht aber weit über diese Gattungen hinaus.

Ein drittes Element der Interaktionsform Moralisieren ist das *Arbeits- oder Interaktionsbündnis*, durch das für die gegebene Situation und an einem konkreten Fall die moralische Bedeutung von den jeweils Anwesenden ausgehandelt wird.

> „Ein 'Scharnier' zwischen konkreten Interaktionen und übergreifenden Bestimmungen der Gesellschaftsverfassung stellt (...) das 'Interaktionsbündnis' dar, das mehr oder weniger gemeinsame oder umstrittene Verständnis der Situation, in der interagiert wird. Man kann es auch 'Situationsdefinition' nennen, wenn man das weit genug versteht, nämlich als die Gesamtheit der Normen und Erwartungen, die mit einer bestimmten Situation verbunden sind, darunter die Selbstdefinitionen ('Identitäten') der daran Beteiligten, oder auch die Gesamtheit des Wissens und Könnens , das gegeben sein muß, damit die Situation gemäß ihrer Definition funktionieren und verstanden werden kann." (Steinert 1997, S. 138/139)

Gegenüber massenmedial hergestellten Moral-Ressourcen bietet das Interaktionsbündnis[27] dem Publikum die Möglichkeit, die medialen Botschaften mit eigenen Erfahrungen zu verbinden und die medialen Bilder und Geschichten vor diesem Hintergrund zu deuten und für die eigene Lebenssituation relevant zu machen. Die Rezipienten verhandeln über die Bedeutungen der Medienprodukte mit, sie entscheiden über die Verwendungsformen der symbolischen Ressourcen des Medien-Diskurses. Mit dem Konzept des Interaktionsbündnisses wird die Kluft zwischen Bedeutungs-Produktion und -Rezeption insofern überbrückt, als davon ausgegangen wird, daß die medial angebotenen Moral-Produkte mit einer Palette möglicher Bedeutungsdefinitionen durch die Rezipienten verbunden sind. Arbeitsbündnisse stellen sich her auf den verschiedenen Ebenen des Moralisierens. Jedes Moral-Angebot ist auf Zusam-

27 Steinerts Begriff des Interaktionsbündnisses umfaßt die Kritik an einer Werkästhetik, die sich lediglich auf das Kunstwerk oder kulturindustrielle Produkt bezieht und die Rezeptionssituation ignoriert. Zur Kritik an erweiterten Werkästhetiken, die Rezeptionsästhetiken allein aus dem Werk (über die Suche nach dem „impliziten Leser" und „dem Betrachter im Bild") abzuleiten suchen vgl. Resch 1995.

menarbeit angewiesen, wenn es effektiv, also nachgefragt werden sein will. Die „Einladungen zur Zusammenarbeit“ müssen folglich attraktiv gestaltet sein und auf Interesse stoßen; das erhöht ihre Chance, Zustimmung zu finden. Das Moralisieren ist ohne Arbeitsbündnisse nicht denkbar. Arbeits- oder Interaktionsbündnisse sind bezogen auf Aushandlungen moralischen Bedeutungen in konkreten Situationen.

„ ... the ever-changing nature and complexity of reality and the necessary conflicts over moral questions make it necessary for us to negotiate with the other members only a *working agreement*, that is, an agreement on how to proceed to achieve our purposes at hand for this situation as it is now defined“ (Douglas 1970, S.16).

Moralische Bedeutungen werden interaktiv in einer spezifischen Situation zwischen den jeweils Beteiligten ausgehandelt. Hierzu bedarf es der Einigung darüber, wie die Situation verstanden werden soll. Theoretisch sind die verschiedensten Angebote zur Bildung von Arbeitsbündnissen vorstellbar. Sie beinhalten nicht nur Inhalte, sondern auch die Formen, in denen das Bündnis geschlossen werden soll. Das Moralisieren im Alltag zeichnet sich nicht durch die Kommunikation abstrakter Anweisungen aus, sondern es wird praktiziert über das Erzählen von Geschichten. Auch die Rezeption von Medienbotschaften erfolgt wesentlich über das (Nach-) Erzählen von Geschichten. Im Hinblick auf die Frage, in welcher Form die öffentlich konstituierten Moral-Ressourcen im Alltag zur Anwendung kommen, ist es daher notwendig, sich zunächst dem Konzept der Narration zu widmen.

„Doing morality“ and „doing narrative“

Das Moralisieren im Alltag nimmt in der Regel die Form des *Erzählens von Geschichten* an, in denen „Fälle“ konkretisiert werden, und in denen reale Personen oder Ereignisse oder etwas, das „für die Realität steht“, die Folie darstellen, auf der moralisiert wird. Lidz/Walker (1980) zufolge tendiert das Moralisieren dazu, den Normbruch, also den negativen Fall, zum Ausgangspunkt zu nehmen, um an ihm die Norm zu exemplifizieren und zu klären.

„We wish to suggest that this process of ‘doing morality’ is the essential process in deviance and control and that, to a large extent, it is the function of deviant acts and their apprehension to provide society with a basis for ‘doing morality’ “ (Lidz/Walker 1980, S. 26).

Auf welche Weise aber werden Normbrüche durch Geschichten definiert und herausgestellt? Ich möchte im folgenden zunächst in die Konzepte der Narration und des „alltäglichen Erzählens“[28] einführen, um im Anschluß daran das Konzept des alltäglichen Moralisierens als *Situation des Erzählens moralisierender Geschichten* zu entwerfen.

Das Konzept der Erzählung

Was ist eine Erzählung oder Geschichte?[29] Eine Erzählung handelt von etwas, sie hat eine Handlung/einen Plot, sie enthält Charaktere und besteht aus dynamischen und strukturierten Sequenzen – einem Ablauf von Handlungen und Ereignissen (vgl. Herrnstein-Smith 1980, Bruner 1990, Ewick/Silbey 1995). „Der Erzähler figuriert einen Zusammenhang dadurch, daß er das Geschehen in Anfang, Mitte und Ende einteilt. Erzählte Zeit ist gegliederte Zeit“ (Bude 1993, S. 416). Die Charaktere der Handlung können wirklich oder imaginär sein, „,...aber ihre Eigenschaften als Charaktere werden in Form ihrer Bezie-

---

28 Die volkskundliche Erzählforschung war die meiste Zeit nicht mit alltäglichen Erzählungen befaßt, sondern mit narrativen Formen, die sich vom Alltag abheben. Das wird auch in der neueren Arbeit von Schenda (1993) deutlich, die zwar das Erzählen als soziale Veranstaltung wahrnimmt, aber inhaltlich immer noch vom Alltag abgekehrt bleibt. Dagegen haben Bausinger (1958, 1977) und Lehmann (1976,1978,1980, 1993) schon früh auf das „alltägliche Erzählen“ hingewiesen, wobei Bausinger bereits 1958 moderne Sagen als eine Form des gegenwärtigen alltäglichen Erzählens behandelt hat. Daß der (gegenwärtige) Alltag sich vor allem aus „Erzählungen“ zusammensetzt (vgl. Ehlich 1980), die im Kontext dieses Alltags relevant sind, beginnt sich erst langsam als Erkenntnis durchzusetzen. Die soziologische Erzählanalyse wiederum hat den Alltag zwar aufgegriffen, sich aber auf das Erzählen eigener Erlebnisse konzentriert (vgl. Schütze 1975 und den gesamten Bereich der Biographieforschung). Das ist um so erstaunlicher, als sich die Soziologie auf der anderen Seite seit Horkheimer/Adorno (1969) mit den Massenmedien und der Medienkommunikation intensiv beschäftigt hat (vgl. für einen Überblick Kellner 1982). Erst mit den konversationsanalytischen Arbeiten der Konstanzer Forschungsgruppe haben eigentliche Alltagserzählungen Eingang in die soziologische Erzählforschung gefunden, die sich zudem nicht auf Selbsterlebtes beschränkten. Doch wurde in diesem Forschungskontext das Konzept der Narration zugunsten der umfassenderen Kategorie der „kommunikativen Gattung“ aufgegeben (vgl. Luckmann 1986,1989).

29 Die Begriffe „Erzählung“ und „Geschichte“ benutze ich hier gleichbedeutend im Sinne der Wahrnehmung und Konstruktion einer Realität, die der „logisch-wissenschaftlichen“ und „paradigmatischen“ (Bruner 1991) Realitätswahrnehmung gegenübersteht.

hungen zu anderen und ihren Rollen in der Entwicklung der Handlung bestimmt" (Thompson 1988, S. 29). Geschichten müssen nicht – wie bei der „Chronik" – zeitliche Reihenfolgen einhalten; die Zusammenhänge, die zwischen den Charakteren und ihren Handlungen hergestellt werden, ergeben sich aus den Motiven, den Intentionen, Wünschen und Überzeugungen der Akteure (vgl. Schütze 1975, Bruner 1991). Doch zwischen den Absichten der Akteure und den Ereignissen besteht nur ein loser Zusammenhang. Geschichten liefern eine Basis für die Interpretation von Handlungen, sie liefern Handlungsgründe und keine strikten Ursachen (vgl. Bruner 1991).

Die Struktur einer Geschichte, das narrative Schema, folgt kulturspezifischen und gesellschaftlich vorgegebenen Mustern. Eine „gute Geschichte", (d.h. eine erzählenswerte Geschichte) kann sich über das Überraschende, Seltsame, Unerwartete legitimieren, und sie kann aus diesem „Bruch" einen Sinn machen. Dieser Sinn wird erzeugt, indem eine Serie konstruiert wird. „Es ist etwas passiert. Durch die Erzählung wird der reine Vorfall in einen Beitrag zum Fortgang des Geschehens verwandelt. Er wird gleichsam zum Punkt in einer Serie. Der Erzähler muß daher eine Vorstellung für die Serie haben, zu der das zufällige Ereignis gehört. Das Ereignis ist ohne die Serie gar nicht zu verstehen" (Bude 1993, S. 415).

Die Narration, das „doing narrative", ist der Akt des Produzierens einer Geschichte (vgl. Thompson 1984, S. 229 ff). Dieser Akt ist eine interaktive Handlung, an ihr sind alle Anwesenden in einer Erzählsituation in unterschiedlichem Ausmaß beteiligt. Die Erzählsituation wird damit auch Vorstellungen für die Serien zur Verfügung stellen, die Geschichten generieren, deren letztliche Form in der Interaktion zwischen Erzähler und Zuhörer ausgehandelt werden. Mit der Serie wird zugleich eine „moralische Ordnung" in Szene gesetzt, ohne die keine Geschichte auskommen kann.

Die moralische Ordnung von Erzählungen

Die sequentielle Anordnung von Ereignissen in Geschichten ist White (1987) zufolge nur von einem Endpunkt aus denkbar. Erst die narrative Schließung ermöglicht es, Zusammenhänge zwischen den Ereignissen und den handelnden Personen herzustellen. Mit dieser Schließung werden aber vergangene Ereignisse nicht nur „berichtet", sie werden auf der Grundlage einer moralischen Bewertung angeordnet.

„The demand of closure ... is a demand, I suggest, for moral meaning, a demand that sequenzes of ... events be assessed as to their significance as elements of a moral drama" (White 1987, S. 21).

Für White haben Erzählungen die Funktion der moralischen Beurteilung, ist das Erzählen ohne Moralisieren unmöglich. Das moralische Drama von Geschichten benötigt das Element des Norm- oder Ordnungsbruchs. Dieser Bruch ist gleichsam auch die Legitimation für das Erzählen einer Geschichte. Er markiert die Abweichung von einem impliziten „canonical script" (Bruner 1991). Da Erzählbarkeit sich auf den Bruch einer konventionellen Erwartung bezieht, ist eine Erzählung notwendigerweise normativ, sie setzt eine Norm (voraus). Erzählungen sind damit auch zentral mit kultureller und sozialer Legitimität beschäftigt[30]. Die Bruchkomponente kann über sprachliche Mittel hergestellt werden oder durch die Vorführung von nicht-legitimierten Ereignissen in der Sequenzabfolge. Geschichten erhalten ihre moralische Bedeutung folglich dadurch, daß diesem „Bruch" selbst ein Sinn zugeschrieben und er damit verständlich gemacht werden kann. Die dramatische Qualität von Geschichten erwächst demnach aus der Abweichung vom kulturellen und sozialen „canonical pattern" (Bruner 1990) und der anschließenden Bearbeitung dieser Abweichung. Burke (1945) zufolge bilden vollständig geformte Geschichten ein „Pentad", bestehend aus einem Akteur, einer Aktion/ Handlung, einem Handlungsziel, einer Szene und einem Handlungsinstrument. Der Bruch (oder „trouble", wie Burke es nennt) entsteht, wenn zwischen diesen Elementen die Balance nicht mehr eingehalten wird.

„Dramatism, in Burke's sense, focuses upon deviations from canonical – deviations related to legitimacy, moral commitment, values. Stories must necessarily, then, relate to what is morally valued, morally appropiate, or morally uncertain" (Bruner 1990, S. 50).

Der konventionelle Charakter von Geschichten macht sie zu einer symbolischen Form, die besonders geeignet ist, hegemoniale Rahmungen von Wirklichkeiten zu transportieren und zu bestätigen (vgl. Ewick/Silbey 1995).

---

30 Vgl. dazu Bruner 1990, 1991, Burke 1945, 1989, Ricoeur 1981, Turner 1982, White 1987.

Die situativen Bedingungen des Moralisierens und die Gattungen moralisierenden Erzählens

Geschichten moralisieren auf höchst unterschiedliche Weise. Der *Normbruch* kann expliziter oder impliziter, direkter oder indirekter herausgestellt werden. Das Erzählen von Geschichten ist jeweils eingebettet in spezifische soziale Situationen, deren Rahmungen entscheidend dafür sein dürften, welche Form von Geschichten zwischen wem kommuniziert werden[31]. Es gilt daher zunächst, an den Merkmalen der sozialen Situation anzusetzen, in denen sich die Moralisierungstriade am ehesten herstellen läßt. In unserer Untersuchung über den Umgang mit alltäglichen Konflikten (Hanak/Stehr/Steinert 1989) haben wir zeigen können, daß in der alltäglichen Problem- und Konfliktbearbeitung moralische Reaktionen selten sind und pragmatische Definitionen und Bearbeitungen überwiegen. Expressive Bearbeitungsformen, d.h. die Beurteilung anderer Akteure und Handlungen in bezug auf abstrakte normative Kriterien sowie das Verurteilen, Sanktionieren und Bestrafen, bleiben ein randständiges Problem. Dies gilt nicht nur für die unmittelbar am Konflikt Beteiligten, deren Interesse nach Schadensausgleich die Bearbeitung prägt, sondern auch für Dritte, die in Konflikte anderer intervenieren, um Eskalationen und (weitere) Schädigungen zu verhindern (vgl. Stehr 1993). Die Analyse der Interventions-Geschichten von Dritten, die sich in Alltagskonflikte anderer Personen einmischen, verweist einerseits auf die Legitimationsfunktion von Geschichten – sie werden erzählt, um die Interventionen, die als erklärungsbedürftig und selbst als „Bruch" angesehen werden, zu rechtfertigen; vor allem aber stellt sie heraus, daß der *direkte moralische Vorwurf* keine geeignete De-Eskalationsstrategie darstellt, da er eine Partei moralisch unter Druck setzt, sozial peinlich und auch riskant ist, weil er schnell in der Gegenanklage münden kann (vgl. Stehr 1993)[32]. Konflikte und Schäden werden in

---

31 Der Begriff der „kommunikativen Gattung" von Luckmann (1986), der hier relevant wird, geht zwar über den der Narration hinaus, er macht aber deutlich, daß auch narrative Kommunikationsformen auf kulturelle und soziale Kommunikationsprobleme verweisen, zu deren Lösung sich verfestigte Gattungsformen herausgebildet haben (vgl. auch Günther/Knoblauch 1994).

32 Vgl. Sabini/Silver 1982. Auch Luhmann sieht das direkte Moralisieren als eine riskante kommunikative Strategie an: „Moral ist ein riskantes Unternehmen. Wer moralisiert, läßt sich auf ein Risiko ein und wird bei Widerstand sich leicht in der Lage finden, nach stärkeren Mitteln suchen zu müssen oder an Selbstachtung einzubüßen. Moral hat daher, soweit sie sich nicht im Selbstverständlichen aufhält und hier fast

den seltensten Fällen normativ gerahmt; noch seltener aber wird eine Konfliktpartei oder ein Schädiger direkt moralisch be- oder verurteilt (vgl. auch Sabini/Silver 1982). Diese Befunde lassen – in der Umkehrung – die Merkmale von Situationen hervortreten, die das Moralisieren als explizites normatives Handeln wahrscheinlicher werden lassen: 1/ die in der Situation anwesenden Personen sind nicht (in einen Interessenkonflikt) involviert oder von einem Schaden direkt betroffen; 2/ Personen, die moralisch be- oder verurteilt werden, sind abwesend; 3/ es besteht eine (zeitliche und räumliche) Entfernung vom moralisierten Ereignis, so daß die kommunizierenden Personen vom Handlungsdruck befreit sind.

Das Besondere der Moralisierungssituation *Klatsch* ist nun die persönliche Bekanntheit und Beziehung der Klatschenden zum Klatschobjekt (vgl. Bergmann 1987). Der Klatsch hat das Individuelle und Besondere zum Thema „ ... und deshalb klatscht man nicht mit fremden Personen über die persönlichen Angelegenheiten eines Freundes oder Familienmitgliedes. Man klatscht aber im vertrauten Kreis der Familie oder mit guten Freunden ... "(Keppler 1987, S. 299). Der Klatsch ist folglich auf bestimmte Situationen beschränkt, denn im Klatsch wird privates, intimes Wissen auf illegitime Weise veröffentlicht. Der Klatsch ist die „Sozialform der diskreten Indiskretion" (Bergmann 1987). Damit wird er zu einem besonderen Moralisierungs-*Bereich*, in dem sich das Moralisieren auf bekannte Personen beschränkt, es also in spezifische soziale Netzwerke eingedrungen ist. Mit dieser analytischen Unterscheidung wird es möglich, die Klatschsituation als Paradigma des Moralisierens in den verschiedensten „kommunikativen Gattungen" (Luckmann 1986) wiederzufinden.

Eine andere wichtige Gattung der Moral-Kommunikation ist das *Gerücht*. Das Gerücht bezieht sich zumeist nicht auf einzelne persönlich bekannte Personen, und es bedarf zu seiner Ausbreitung auch nicht der spezifischen Netzwerkaktualisierung. „Gerüchte beinhalten unverbürgte Nachrichten, die immer von allgemeinerem Interesse sind und sich dementsprechend auf diffuse Weise verbreiten" (Bergmann 1987, S. 96). Hauptmerkmal des Gerüchts ist die Unverbürgtheit der weitergegebenen Nachrichten, die Unsicherheit über die Nachrichtenquelle und der damit verbundene Zweifel über ihren Wahr-

---

unnötig ist, eine Tendenz, Streit zu erzeugen oder aus Streit zu entstehen und den Streit dann zu verschärfen" (Luhmann 1989, S. 370).

heitsgehalt[33]. Die von Bergmann hervorgehobene und gegen andere Autoren zu recht verteidigte Unterscheidung von Klatsch und Gerücht[34] (besonders im Hinblick auf deren unterschiedliche Verbreitungsformen) kann noch etwas schärfer konturiert werden: Klatschgeschichten sind gerade „verbürgte" Nachrichten; das in ihnen auf illegitime Weise veräußerte Wissen wird als wahr und „echt" ausgegeben. Beim Gerücht dagegen steht das Moment der Unsicherheit im Vordergrund, ist die Unsicherheit über die „Echtheit" einer Information geradezu charakteristisch für die Kommunikation und gibt der Moral-Kommunikation eine eigene Qualität: Etwas „soll geschehen sein", jemand „hat behauptet, daß etwas geschehen ist". Bei der Gerüchte-Kommunikation bedarf es anderer Erzähl- und Präsentationsstrategien als beim Erzählen von Klatschgeschichten. Ein weiteres Unterscheidungsmoment, das Bergmann ebenfalls nicht nennt[35], ist, daß Gerüchte keineswegs immer die Form von *Geschichten* annehmen müssen. Während beim Klatsch das Erzählen der Klatsch-*Geschichte* im Mittelpunkt steht (vgl. Keppler 1987), zeichnen sich Gerüchte dadurch aus, daß hier einzelne Handlungssequenzen alleine stehen (können), ohne Einbindung in eine narrative Struktur und damit ohne Bezug auf eine „Serie". Die Gerüchte-Kommunikation ist damit sozial wesentlich flexibler, vielfältiger, ambivalenter und „wilder" als der Klatsch im engeren Sinne. Beide Formen des Moralisierens haben allerdings den Aspekt gemeinsam, daß die Erzähler mit dem Vorführen negativer Fälle, mit dem Darstellen

---

33 Vgl. Allport/Postman 1947, Fine 1985, Rosnow 1989, Rosnow/Fine 1976. Kapferer (1996) entwickelt eine andere Definition, die sich auf das Kriterium der „inoffiziellen" Quelle bezieht. Für ihn sind Gerüchte Informationen, die im gesellschaftlichen Organismus auftauchen und sich dort verbreiten, „ ... die entweder von den offiziellen Quellen noch nicht öffentlich bestätigt sind oder von diesen dementiert werden" (Kapferer 1996, S. 25). Diese Definition ist höchst problematisch, da sie die soziale Welt binär aufteilt in eine „offizielle" und „inoffizielle" Kommunikation, und das Gerücht somit zu einer Negativ- und Kontrastkategorie zur „offiziellen" und öffentlichen Kommunikation wird. Demnach gibt es eine legitime, autorisierte Rede und eine illegitime, nichtautorisierte Rede, ist das Gerücht eine „spontane, unaufgeforderte (...) und oft eine oppositionelle Wortmeldung" (ebd., S. 26). Kapferers Definition trennt somit gesellschaftliche Kommunikationsbereiche rigide voneinander ab, ist aber nicht in der Lage, das Gerücht als kommunikative Form zu fassen.

34 Klatsch und Gerücht werden von vielen Autoren ohne Analyse der jeweiligen Erzählstrukturen und des Kommunikationskontextes in einen Topf geworfen. Vgl. etwa Fine 1985, Rosnow/Fine 1976.

35 Mit dem Aufgeben des Narrations-Konzeptes zugunsten der größeren Kategorie der „kommunikativen Gattung" (vgl. Bergmann 1987, Luckmann 1989) gehen somit auch Differenzierungs- und Analyseebenen verloren.

von Normverletzungen, nicht nur andere bewerten und möglicherweise verurteilen, sondern zugleich auch Aussagen über sich selbst und die gesellschaftliche Ordnung machen. Der Klatsch im engeren Sinne behandelt vor allem Fragen der Schicklichkeit, des Anstands, der „guten Sitten", der Sexualität (vgl. Keppler 1987), Moralen, die für die direkte persönliche Interaktion wichtig werden. Gerüchte kennen keine inhaltlichen Grenzen: Sie reichen von globalen Aussagen über die Politik und die Ökonomie bis hin zu lokalen Ereignissen und Personen, die für den Alltag der Erzählenden relevant sind. Gerücht und Klatsch sind aber gleichermaßen Formen des indirekten Moralisierens. Für beide Gattungen der Moral-Kommunikation gilt, was Sabini/Silver (1982) für den Klatsch formuliert haben:

Das indirekte Moralisieren „ ... allows individuals to express, articulate, and commit themselves to a moral position in the act of talking about someone publicly" (Sabini/Silver 1982, S.105).

Massenmediale Moral-Angebote sind mögliche Ressourcen des personalisierten Klatschs und des unspezifischeren Gerüchts. In beiden Moralgattungen werden mit dem Reden über abwesende Dritte von den an der Interaktion Beteiligten moralische Positionen ausgehandelt, die für das Erzählpublikum selbst relevant sind.

Der öffentliche Moral-Diskurs und seine private Bearbeitung. Formulierung von Forschungsfragen

Nach diesen theoretischen Überlegungen zum alltäglichen Moralisieren gilt es nun, konkrete Forschungsfragen zu formulieren und das Forschungsmaterial, auf das ich mich stütze, zu benennen und zu beschreiben. Die Rede von den Medien als „Moral-Markt" impliziert die Annahme, daß es eine Nachfrageseite gibt, die ein Interesse an den dargestellten Moralen hat oder entwickelt. Es gibt eine Reihe von Annahmen über dieses Interesse, aber wenig fundierte Untersuchungen, die eine Konzeption entwickeln, die sich ihm in einer verstehenden Perspektive anzunähern suchen. Ich möchte es versuchen, indem ich die Medientexte auf sich beruhen lasse und mich den alltäglichen Praktiken des Moralisierens zuwende. Folgende Forschungsfragen sollen beantwortet werden, um den Zusammenhang von öffentlichem und privatem Moral-Diskurs näher zu klären:

- Wie sind die sozialen Situationen beschaffen, in denen Normen & Werte lebenspraktisch gemacht werden?
- Auf welche Weise wird das vielfältige und widersprüchliche Moral-Angebot im Alltag benutzt?
- Welchen Beitrag liefert die alltägliche Benutzung von Moral-Ressourcen für die Herstellung von Konformität?
- Lassen sich spezifische Aneignungsformen herausarbeiten, die der sozialen Praxis der Benutzung und Bearbeitung von massenmedialen Moral-Angeboten einen strukturellen Rahmen geben?
- Wie gestaltet sich der Prozeß der diskursiven Weiterbearbeitung und Verbreitung der angeeigneten Normen?
- Welches inhaltliche Verhältnis wird in der Aneignung zu den Normen & Werten eingegangen? Ist es ein affirmatives Verhältnis oder werden subversive Aneignungsstrategien erkennbar?

Eine empirische Untersuchung der alltäglichen Praxen des Moralisierens kann sich nicht allen Gattungen moralischer Kommunikation widmen, sondern muß sich aus forschungspragmatischen Gründen beschränken. Dabei stellt sich die Frage, welche Gattung alltäglicher Moral-Kommunikation Bezug auf die Massenmedien bzw. auf die öffentlich konstituierten Moral-Ressourcen nimmt. Die empirische Untersuchung von Praktiken der Aneignung massenmedialer Botschaften ist vor allem im Umkreis der britischen Cultural Studies und als „ethnography of reading" (Moores 1992) erfolgt. Untersucht wurde die unmittelbare Rezeptionssituation, die Art und Weise, wie Medien im Alltag gelesen werden. Das Forschungsinteresse galt vor allem diesem unmittelbaren Konsumptionskontext; die Untersuchungen bezogen sich daher sehr direkt und explizit auf das jeweils konsumierte Medium oder Genre[36].

Ulmer/Bergmann (1993) gehen in der Rezeptionsforschung ein Stück weiter vom Medium weg, indem sie das alltägliche Reden über Medienthe-

36 Radway (1984) hat die Rezeption romantischer Literatur untersucht; im Vordergrund der weiteren Rezeptionsforschungen stand und steht aber das Fernsehen. Für einen Überblick vgl. Scannell u.a. 1992. Jensen (1992) untersucht das Genre der Fernsehnachrichten. Auch in der BRD wird vor allem die Rezeption von Fernsehprogrammen untersucht (vgl. Keppler 1993, 1994, Ulmer/Bergmann 1993). Winter (1993) untersucht die Rezeption des Horror-Genres speziell bei „Horrorfans".

men daraufhin überprüfen, ob die von ihnen herausgearbeiteten Redeformen der „Medienverweise“ und der „Medienrekonstruktionen“ eigenständige „kommunikative Gattungen“ (Luckmann 1986) darstellen. Ihr Befund ist negativ: Sie zeigen, daß die Formen des alltäglichen Redens über Medieninhalte aufgehen in einem „ ... Darstellungsformat, das allgemein dazu dient, Wissen aus zweiter Hand zu vermitteln“ (Ulmer/Bergmann 1993, S. 100). Wenn auch die Darstellungsformate übereinstimmen, so ist es m.E. für die Rezeptionsforschung ein entscheidender Unterschied, ob Alltagsgespräche explizit über Medienthemen kreisen, oder ob sie sich auf ein Wissen aus zweiter Hand berufen, dessen Quellen gerade nicht in den Medien, sondern im unmittelbaren Alltag verortet und als dessen Realität ausgegeben werden. Rezeptionsforschung wird besonders da interessant, wo in Alltagsdiskursen ein unmittelbarer Bezug zu den Medienprodukten von den an der Kommunikation Beteiligten nicht mehr expliziert wird, wenn die Diskrepanz zwischen der Alltags- und Medienwelt auf eine Weise bearbeitet wird, die beide Wirklichkeitsebenen vermischt und durcheinanderwürfelt.

Meine Untersuchung des alltäglichen Moralisierens als Formen der Anwendung öffentlich verfügbar gemachter und angeeigneter Normen & Werte entfernt sich von den konsumierten Medienprodukten und den unmittelbaren Lese-Situationen und bezieht sich auf soziale Praktiken, in denen Medienangebote in alltägliche kommunikative Gattungen auf eine Art und Weise eingebaut werden, daß ihre Quelle nicht mehr erkennbar ist. Bei der Suche nach Darstellungsformaten, die sich auf ein Wissen aus zweiter Hand beziehen, dabei aber keine Medienverweise beinhalten oder gar Mediennacherzählungen darstellen, bin ich auf eine kommunikative Gattung gestoßen, die von der Soziologie bisher kaum thematisiert worden ist: die von der volkskundlichen Erzählforschung als moderne Sagen oder Wandersagen bezeichneten Erzählungen, die im gegenwärtigen Alltag kursieren, und deren Erzählen von mir als paradigmatische Moralisierungssituation interpretiert wird. Diese Erzählungen werden vornehmlich mündlich, informell und „inoffiziell“ kommuniziert, sie finden aber auch Eingang in den Medien-Diskurs und andere öffentliche kommunikative Genres. Die Erzählungen sind Geschichten über Ereignisse, die anderen, in der Kommunikationssituation abwesenden Personen, zugeschrieben werden. Es sind „sagenhafte“ und „mythische“ Erzählungen über Ereignisse, die – wie die volkskundliche Erzählforschung intensiv herausgearbeitet hat – nicht wirklich stattgefunden haben, die aber genau dies behaupten. Diese Erzählungen werden sozial wirksam als konkrete, personalisierte Erfahrungen, tatsächlich sind sie aber Bearbeitungen sozial und kulturell vorgegebener und allgemein verfügbarer symbolischer Ressourcen. Es sind Erzählungen, die (auch) auf den Medien-Diskurs zurückgreifen und die die dort konstituierten moralischen Botschaften im Kontext alltäglicher Situationen bearbeiten. Mein These ist: Moderne Sagen stellen einen *narrativen Rahmen* (vgl. Thompson 1990) dar, innerhalb dessen Medien-Botschaften im Alltagskontext aufgegriffen und vor dem Hintergrund der eigenen Lebenssituation und bisherigen Lebenserfahrung interaktiv bearbeitet werden.

2 Das Erzählen von modernen Sagen als Moralisierungssituation

Das Beispiel einer Wandersage

Die folgende Geschichte wurde der Aufzeichnerin während eines Ferienjobs von einer Kollegin erzählt. Ihr selbst war sie im Sommer 1986 von einer Stewardeß erzählt worden.

„Eine junge, wohlhabende Frau macht eine Reise nach Peru. Als sie in Lima in einem großen Hotel absteigt, fällt dem Portier, als sich in das Gästebuch einträgt, ihr wunderschöner Brillantring auf. Er warnt sie eindringlich vor den immer raffinierter werdenden Straßenräubern in der Stadt und sagt ihr noch, sie solle immer, wenn sie das Hotel verlasse, den Ring im Hotelsafe zurücklassen. Die Frau gibt nichts auf die Warnungen und meint nur, wenn es tatsächlich jemand auf den Ring abgesehen haben sollte, dann würde sie ihn halt hergeben, so sehr hinge sie daran nicht. Auch als der Portier noch einwendet, sie käme vielleicht gar nicht mehr dazu, ihn abzuziehen, er habe gehört, die Straßenräuber würden vielfach mit Rasierklingen arbeiten und den Finger gleich mit abtrennen, lacht sie nur. Als sie am nächsten Abend von einem Einkaufsbummel zurückkehrt, ist die Hand, an der der Ring gesteckt hat, in ein blutiges Taschentuch gehüllt." (Brednich 1994, S. 67)

Das Ereignis, das diese Geschichte nach Lima verlegt, wird in anderen dokumentierten Geschichten – in den Motiven leicht variiert – auch in die Großstädte Europas und der USA verlegt. Die Geschichte wanderte (und wandert immer noch) rund um den Globus (vgl. Brunvand 1993, Klintberg 1990, Wachs 1990). In allen mir vorliegenden „Versionen" gibt es vor allem eine prägnante Gemeinsamkeit: Der abgeschnittene ringgeschmückte Finger gehört immer zu einer Frau.

Moderne Sagen – Begrenzungen des volkskundlichen Zugangs

Was sind moderne Sagen? Moderne Sagen sind eine Entdeckung der volkskundlichen Erzählforschung. Sie bezeichnet damit ein „Ethno-Genre" gegenwärtigen alltäglichen Erzählens[37], das – in Analogie zur traditionellen Sage – darüber definiert wird, daß über außergewöhnliche und sonderbare Ereignisse berichtet wird, die geglaubt und für wahr gehalten werden. Brednich, der in der Bundesrepublik die umfangreichste Sammlung moderner Sagen vorgelegt hat, definiert sie folgendermaßen:

„Wir rechnen sie (die in dieser Ausgabe mitgeteilten Erzählungen) zu den Sagen; unter Sagen verstehen wir mündlich überlieferte Erzählungen und Berichte von außergewöhnlichen Erlebnissen, Ereignissen oder Erscheinungen, die mit dem Anspruch auf Glaubwürdigkeit erzählt werden. Die älteren Sagen handeln meistens von der Begegnung des Menschen mit übernatürlichen Wesen, sie berichten von der Verletzung von Tabus oder liefern Erklärungen für auffällige Naturerscheinungen oder Denkmäler. Der Kern der sagenhaften Erzählungen ist in den meisten Fällen das Unerhörte, Außergewöhnliche und Rätselhafte." (Brednich 1990, S. 6)

Traditionelle und moderne Sagen sind beide „geglaubte, für wahr gehaltene Erlebnis- und Ereignisgeschichten" (Brednich 1990, S.7). Brunvand, der die umfangreichste nordamerikanische Sammlung moderner Sagen vorgelegt hat, spricht von „urban legends", wobei er seine Definition vor allem „stofflich" anlegt, und die „urban legends" abgrenzt von Märchen und Mythen (vgl. Brunvand 1981, S. 3). In der volkskundlichen Erzählforschung werden die verschiedensten Bezeichnungen für dieses Genre angeboten: „belief legend" (Degh 1971), „modern legend" (Mullen 1972), „urban legend" (Brunvand 1981), „modern migratory legend" (Klintberg 1990a, Wolf-Knuts 1987), „neue Sagen" (Fischer 1991). Während sich im deutschsprachigen Raum der Begriff der „modernen Sage" durchgesetzt hat, wird im anglo-amerikanischen Raum der Begriff „contemporary legend" bevorzugt[38].

---

37 Zum Begriff des „Ethno-Genres" in der Abgrenzung von analytischen Kategorien vgl. Ben-Amos 1976.

38 Die volkskundliche Erzählforschung in den USA hat sich am frühesten intensiv mit diesem Genre auseinandergesetzt (vgl. Barnes 1966, Dégh 1969, 1971, 1973, 1975, Dundes 1971). Auch in der BRD hat es vereinzelt Hinweise auf das Genre gegeben (vgl. Bausinger 1958), aber eine systematischere Beschäftigung mit der modernen Sage blieb bis zu den Forschungsprojekten von Brednich (1990) und Fischer (1991) aus. Mittlerweile ist die Beschäftigung mit der modernen Sage innerhalb der volkskundlichen Erzählforschung international etabliert. Es gibt eine Fachzeitschrift („Contem-

Neben dieser ersten groben Genre-Benennung und -Verortung gibt es neuere, umfassendere Definitionen der modernen Sage. Im Vorwort zu der gebundenen Gesamtausgabe der „Sagenhaften Geschichten von heute" (1994) definiert Brednich:

Die im Band versammelten Geschichten „ ... beziehen sich auf aktuelle Ereignisse und sind immer genau *lokalisiert*, sie nehmen ihren Ausgang von *Situationen des Alltags*, werden vornehmlich *mündlich* vermittelt, und sie werden von den Erzählern *geglaubt* und mit Angabe der Zeugen und entsprechender Überzeugung so weitergegeben, daß sie auch von den Zuhörern für *wahr* erachtet werden müssen (Brednich 1994, S. 7)".

Brednichs Definition gibt einige wichtige Hinweise zu den Strategien der Erzähler, aber sie gestattet dem Publikum, den „Zuhörern", keine distanzierenden oder abwehrenden Reaktionen. Sie enthält auch nicht das Merkmal der Geschichte „aus zweiter Hand", denn die Geschichten betreffen jeweils Ereignisse, die von den Erzählern nicht selbst erlebt wurden, sondern dritten, in der Erzählsituation nicht anwesenden Personen (die auch namentlich nicht genannt werden) zugeschrieben werden. Die angemessenste definitorische Annäherung an das Genre liefert Fine:

„ ... I propose, that a 'contemporary legend' is a narrative that a teller presents to an audience in the context of their relationship. The text is an account of a happening in which the narrator or an immediate personal contact was not directly involved, and is presented as a *proposition for belief*; it is not always believed by speaker or audience, but is presented as something that *could* have occured and is told *as if* it happened. These occurences are notable happenings of the kind that are allegedly 'strange but true'. The content of the narratives involves events that happened in contemporary society and depicts persons, relations, organisations, and institutions that are recognized by narrator and audience to characterize the modern world." (Fine 1992, S. 2)

Fines Definition liefert eine kommunikationstheoretisch reflektierte Beschreibung der Erzählform „moderne Sage". Auch sie kann aber nur ein Ausgangspunkt für eine intensivere Interpretation des Genres sein. Die volkskundlichen Debatten sind überwiegend begrenzt auf „stoffliche" und klassifikatorische Fragestellungen. So wird etwa danach gefragt, wie modern denn die modernen Sagen eigentlich sind[39], auf welche traditionellen Erzählmotive sie sich zurückführen lassen, und was sie von anderen, auch gegenwärtigen, Erzählgenres unterscheidet. Die schwerwiegendste volkskundliche Begrenzung liegt

---

porary Legend") und regelmäßige Symposien zum Thema (vgl. Smith 1984, Bennett/Smith 1987, 1988, 1989, 1990).

39 Vgl. Bennett 1984, Brednich 1990.

aber in der Dekontextualisierung der Sagen-Geschichten. Brednich, der mit seiner in Taschenbuchform veröffentlichten Geschichtensammlung – laut Klappentext – den „größten Publikumserfolg einer volkskundlichen Textsammlung seit den Kinder- und Hausmärchen der Brüder Grimm“ errungen hat, ist sich dieser Reduktion zu Unterhaltungszwecken bewußt:

> „Ein abschließendes Wort soll noch der *Textgestalt* der vorliegenden Ausgabe gelten. Editionen vorwiegend mündlich umlaufender Texte sind immer mit dem Makel behaftet, daß sie die in ganz bestimmte, alltägliche Kommunikationssituationen hineingehörenden Erzählungen aus ihrem Zusammenhang herausreißen und sie auf ihren thematischen Schwerpunkt beschränken. Bei der Lektüre sollte man sich dabei stets vergegenwärtigen, daß diese Texte ursprünglich in einen sozialen Kontext eingebettet waren und darin eine Aussage transportierten, die über den manifesten Textinhalt hinausgeht. Die Bedeutung oder *message*, die jeder Erzähler seiner Geschichte in der spezifischen Erzählsituation beimißt, geht hier ebenso verloren wie die Reaktionen der Zuhörer, ihre Rückfragen und Zweifel, die Distanzierung oder Aneignung und die mögliche Weitergabe des Gehörten an andere. Dieser gesamte Kommunikationskontext kann hier leider nicht mitgeliefert werden, so daß die Erzähltexte vielfach auf ihren bloßen Inhalt und den damit verbundenen Unterhaltungswert reduziert werden.“ (Brednich 1994, S.28)

In jüngerer Zeit ist aber auch in der volkskundlichen Erzählforschung unter dem Einfluß der „ethnography of performance“ (Bauman) eine Wende zu kommunikationstheoretisch interessierten und reflektierten Kontextstudien zu verzeichnen[40], die auch auf die volkskundliche Beschäftigung mit modernen Sagen „abgefärbt“ hat. So gibt es immerhin eine Reihe von wichtigen Arbeiten zur natürlichen Erzählsituation, zu Fragen der Kommunikation und den Funktionen des Erzählens moderner Sagen[41] – auf die ich zurückkommen werde.

Meine soziologische Annäherung an das Genre verortet und interpretiert die Sagen-Geschichten in ihrem Erzählkontext. Von daher gilt es zunächst, den volkskundlichen Zugang fallenzulassen, der Geschichten nach ihrem „Stoff“, ihrem Erzählmotiv, benennt und nach (auch historischen oder anderskulturellen) Varianten sucht. Jeder Erzähler erzählt *seine* Geschichte – und dies im gegenwärtigen Alltag moderner Gesellschaften, in einer bestimmten Situation und zu einem bestimmten Zweck.

---

40 Vgl. Bauman 1986 und 1992, Bauman/Briggs 1990, Ben-Amos 1979.

41 Zur natürlichen Erzählsituation vgl. Grider 1973, Langlois 1991, Magliocco 1993, Mechling 1976, Turner 1987, 1993, Wachs 1988 und 1990, Winick 1992.

„The form and features of any 'version' of a narrative will be a function of, ... the particular motives that elicited it and the particular interests and functions it was desinged to serve" (Herrnstein Smith 1980, S. 221).

Das Erzählen von Geschichten ist Teil einer sozialen Interaktion, deren Bedingungen auf die Form und Struktur von Geschichten zurückwirken. Involviert sind immer zwei Parteien, ein Erzähler/eine Erzählerin und ein Publikum, die beide an der Erzählsituation partizipieren, die sie gestalten und die ihre Interessen in sie einbringen. Ich werde versuchen zu zeigen, daß moderne Sagen eingebettet sind in Erzählsituationen, die sich in zweifacher Hinsicht als privater und alltäglicher Moral-Diskurs bezeichnen lassen: Zum einen als ein Moral-Diskurs, dessen Zusammenhang sich durch die Form, Struktur und Inhalte der Sagen-Geschichten ergibt (hier spreche ich vom Sagen-Diskurs), zum anderen als ein Moral-Diskurs, der nach außen verweist, dessen Zusammenhang sich aus der Erzählsituation und dem Erzählkontext ergibt, in dem in der Regel auch andere kommunikative Gattungen miteinbezogen sind. Moderne Sagen sind in diesem Sinne „Versatzstücke" in Unterhaltungen und Gesprächen, sie kennzeichnen und strukturieren alleine noch keine größere Kommunikationssequenz.

Zu klären gilt es, in welchen (Lebens- und Alltags-) Situationen Sagen-Geschichten mit welchem Inhalt von wem vor welchem Publikum zu welchem Zweck kommuniziert werden. Die soziologische Erzählanalyse kann dabei an der Bestimmung von modernen Sagen als Geschichten zweiter Hand ansetzen. Damit bewege ich mich auf einem Gebiet, das auch von der soziologischen Erzählanalyse kaum berührt wird. Geschichten (auf der Alltagsebene) werden hier wie selbstverständlich als Rekonstruktionen eigener Erfahrungen angesehen. Nur vereinzelt und verstreut finden sich Hinweise zu Geschichten aus zweiter Hand (vgl. Schütze 1975)[42].

---

42 Anders dagegen Michel (1985), die die Kategorie der Geschichte aus zweiter Hand und einige Funktionen ihres Erzählens im Gegensatz zu Geschichten über eigene Erlebnisse explizit herausarbeitet. Sie zeigt auch die Bedeutung von Geschichten zweiter Hand für die Konstruktion der eigenen Biographie auf.

Das Erfinden und Erzählen moderner Sagen als Symbolaneignung

Die volkskundliche Erzählforschung liefert selbst Erklärungsansätze für das Genre der modernen Sage. Brednich betrachtet moderne Sagen „... als Ausdruck und Spiegel von menschlichen Ängsten, Befürchtungen, Vorurteilen, Wünschen und Hoffnungen“ (Brednich 1992, S.9). An anderer Stelle führt er das etwas näher aus:

> Moderne Sagen „... sind auf so vielfältige und intensive Weise mit den Problemen unseres Alltagslebens verwoben, daß man zu dem Schluß kommen muß, sie seien Ausdruck von Ideen, Gefühlen, Befürchtungen und vor allem von Sorgen, Nöten und Ängsten der heutigen Zeit. Sie sind zugleich auch ein Spiegel für die jeweilige soziale, politische und wirtschaftliche Situation des Landes, in welchem sie erzählt werden, und sie sagen damit auch einiges über den Bewußtseinszustand einer Gesellschaft aus, in der sie zirkulieren.“ (Brednich 1994, S.18)

Ähnlich interpretiert es Klintberg: Moderne Sagen sind „... als Aussage über Glaubensvorstellungen und Werturteile unserer Zeit interessant. Man kann sie als eine Art kollektiver Phantasien betrachten, die das Weltbild ihrer Zeit widerspiegeln“ (Klintberg 1990, S. 14). Klintberg sieht in ihnen den Ausdruck von Angstphantasien und von Wunschdenken. Er bezeichnet moderne Sagen als elementare kulturelle Botschaften, die zum Teil vercoded sind im System kultureller Symbole. Brunvand (1981) interpretiert sie ebenfalls als kulturelle Symbole, die vor allem moralische Botschaften transportieren.

Das Problem dieser Erklärungsversuche liegt einmal in der impliziten Annahme einer einheitlichen gemeinsamen Kultur bzw. Moral einer Gesellschaft, die zudem noch als Summe individueller Werthaltungen begriffen wird. Sie beziehen weder herrschaftstheoretische noch ideologiekritische Momente mit ein[43]. Eine andere Problematik stellt der theoretische Zugang dar, der Folklore nur als „Abbild“, „Widerspiegelung“ oder „Ausdruck“ von anderen kulturellen und sozialen Phänomenen begreift[44]. Ein angemessenerer Zugang zur Folklore faßt sie dagegen als einen dynamischen kommunikativen Prozeß, der

---

43 Eine Ausnahme stellt Fine (1992) dar.

44 Auch in der Soziologie wird „Folklore“ kaum als eine soziale und diskursive Praxis, die ebenso wie auch andere Diskurse gesellschaftliche Wirklichkeit *erzeugt*, wahrgenommen. Wenn sie im Zusammenhang mit gesellschaftlichen Kommunikationsprozessen überhaupt thematisiert wird, dann meist als eine undynamische Größe, von der angenommen wird, daß hier „Traditionen“ gepflegt werden, die dem öffentlichen Moral-Diskurs hinterher hinken, ihn aber nie erreichen (vgl. etwa Cohen 1972, im Zusammenhang mit dem Konzept der „Moral-Panik“).

von sozialen Gruppen getragen wird (vgl. Ben-Amos 1979), bzw. als symbolische Formen, die in sozialen Kontexten produziert und kommuniziert werden, und die damit diesen Kontext selbst miterzeugen (Bauman 1986). Bezogen auf das Erzählen von Geschichten formuliert Bauman:

„Narrative here is not merely the reflection of culture, or the external charter of social institutions, or the cognitive arena for sorting out the logic of cultural codes, but is constitutive of social life in the act of storytelling“ (Bauman 1986, S. 113).

So bilden auch moderne Sagen Kultur und Gesellschaft nicht ab, sondern ihr Erzählen stellt eine diskursive Praxis dar, in der aus der Gesamtheit der im sozialen Raum verfügbaren Sprach- und Wissens-Ressourcen einige ausgewählt und in Interaktionen benutzt und bearbeitet werden (vgl.Sherzer 1992).

Problematisch ist auch die Bindung der Folklore an eine Art essentialistische „Tradition“, so als würde die Folklore einen unverrückbaren Gegen-Pol zur „Modernität“ darstellen. Gramsci (1983) hat dagegen durch die Einführung der vertikalen und hierarchischen Dimension in die Folklore-Forschung das Verhältnis von Tradition und Moderne als ein kulturelles Spannungsverhältnis (zwischen herrschenden und subalternen Klassen) innerhalb moderner Gesellschaften konzipieren können. Dieser Aspekt wird von Apitzsch (1992) in einem anderen Zusammenhang herausgestellt:

„Das moderne Bewußtsein ist für (Gramsci) gerade dadurch gekennzeichnet, daß es bestimmte Momente seiner ruralen Vorgeschichte sowie eines im Modernisierungsprozeß dominierten Gegenwissens ausschließlich in 'folkloristischen' Verzerrungen aufbewahren kann. Das Verhältnis solcher sedimentierter kollektiver Erfahrungen zur industriell geprägten Gesellschaft ist keineswegs identisch mit dem Verhältnis von traditionalen zu modernen Gesellschaften; *vielmehr ist diese Modernisierungsdifferenz ein entscheidendes Charakteristikum der modernen Gesellschaft selbst*. (...) Sogenannte 'Folklore'- Forschung kann nach Gramscis Auffassung nicht abgetrennt von den 'offiziellen' Weltanschauungen der dominanten Gesellschaft untersucht werden.“ (Apitzsch 1992, S. 57)

Folklore bezeichnet demnach eine „inoffizielle“ Sicht von Gesellschaft, die sich Gramsci zufolge allerdings aus Elementen der „offiziellen“ Sichtweisen zusammensetzt. „Auch das moderne Denken und die Wissenschaft bringen ständig neue Elemente in die 'moderne Folklore' ein, insofern als bestimmte wissenschaftliche Begriffe und Auffassungen, aus ihrem Kontext gerissen und mehr oder weniger entstellt, kontinuierlich in den volkstümlichen Bereich absinken und in das Mosaik der Tradition 'eingefügt' werden“ (Gramsci, zit. bei Apitzsch 1992, S. 57). Gramsci hat damit die Folklore aus einem Nebel von Fossilien und Überbleibseln herausgeholt und in den Kontext gegenwärtiger moderner Gesellschaften und ihrer Machtstrukturen gestellt[45] (vgl. Thompson, K. 1986).

„Inoffizielle" Diskurse lassen sich folglich nicht ohne Bezug zu den dominanten Diskursen untersuchen. Angesichts einer umfassenden „mediazation of modern culture" (Thompson 1990) finden sich die dominanten Diskurse in den Medien der Massenkommunikation wieder. Folklore begreife ich insofern als ein soziale Praxis, die ein bestimmtes Verhältnis zum dominanten – massenmedialen – Diskurs eingeht. Der herrschende Diskurs ist einer, der Weltanschauungen, Sichtweisen und Moralen zur Verfügung stellt, die wiederum verwendbar sind auch für „inoffizielle" Diskurse. Die symbolischen Formen, die die Massenmedien zur Verfügung stellen, sind gleichsam auch Diskurs-Ressourcen, die in privaten oder inoffiziellen Kontexten Verwendung finden können. Mit dieser Benutzung wird keine herrschende Sichtweise einfach abgebildet, sondern es wird auf einer anderen Ebene wiederum eine spezifische Wirklichkeit hergestellt.

Moderne Sagen basieren nicht auf den unmittelbaren Erfahrungen des Erzählpublikums, sie sind Produkte der Phantasie, die sich maßgeblich auch aus den Medien speisen. Die Sagen-Geschichten transformieren diese Phantasien in Alltagswirklichkeit, indem sie sie in die Zeit und in den Raum des gegenwärtigen Alltags hineintragen:

> „One does not escape the real world into legend; rather legend represents fantasy in the real world (...). It is 'true' fantasy, not to be confused with the 'false' or fictional fantasy or folktale" (Dundes 1971, S. 24).

Die Sagen-Erzählungen speisen sich aus dem gesellschaftlich verfügbaren Repertoire an kollektiven Symbolen und Mythen, in und mit ihnen wird *Symbolarbeit* geleistet. Die Erfinder/innen und Erzähler/innen moderner Sagen agieren wie der von Lévi-Strauss beschriebene „bricoleur", der Mythen-Bastler:

> „Der Bastler ist in der Lage, eine große Anzahl verschiedenster Arbeiten auszuführen; doch im Unterschied zum Ingenieur macht er seine Arbeiten nicht davon abhängig, ob ihm die Rohstoffe oder Werkzeuge erreichbar sind, die je nach Projekt geplant und beschafft werden müßten: die Welt seiner Mittel ist begrenzt, und die Regel seines Spiels besteht

---

45 Problematisch ist allerdings die Annahme, daß die „inoffizielle" Weltauffassung notwendigerweise eine widerständige, gegen die herrschende Sicht gerichtete sei. Ich komme weiter unten darauf zurück. Zur Kritik dieser Sichtweise, die besonders von Lombardi-Satriani (1974) zu einer These des „mechanistischen Widerstandes" entwickelt wurde vgl. Thompson, K. (1980,1986).

immer darin, jederzeit mit dem, was ihm zur Hand ist, auszukommen, d.h. mit einer stets begrenzten Auswahl an Werkzeugen und Materialien, die überdies noch heterogen sind, weil ihre Zusammensetzung in keinem Zusammenhang zu dem augenblicklichen Projekt steht, wie überhaupt zu keinem besonderen Projekt, sondern das zufällige Ergebnis aller sich bietenden Gelegenheiten ist, den Vorrat zu erneuern oder zu bereichern oder ihn mit den Überbleibseln von früheren Konstruktionen oder Destruktionen zu versorgen. Die Mittel des Bastlers sind also nicht im Hinblick auf ein Projekt bestimmbar (...); sie lassen sich nur durch ihren Werkzeugcharakter bestimmen – anders ausgedrückt und um nun in der Sprache des Bastlers zu sprechen: weil die Elemente nach dem Prinzip 'das kann man immer noch brauchen' gesammelt und aufgehoben werden." (Lévi-Strauss 1973, S. 30)

Die Materialien und Rohstoffe für das Erfinden moderner Sagen finden sich gegenwärtig vor allem im Medien-Diskurs[46]. Die „Werkzeuge" sind nicht zuletzt kollektive, im sozialen und kulturellen Raum kursierende Erzählmotive, die jeweils veränderten sozialen und kulturellen Bedingungen angepaßt und in immer neuen Verbindungen zusammengesetzt werden. Traditionsbildung ist sogesehen ein steter, sich immer wieder erneuernder Prozeß, der auf aktuelle, gegenwärtige Probleme und Konflikte verweist, in deren Kontext sich Traditionen herausbilden[47].

Moderne Sagen passen folglich nicht eine feststehende, bereits existierende Geschichtentradition an moderne und sich wandelnde Verhältnisse an, sie kreieren diese Tradition immer wieder neu in der Auseinandersetzung mit einem dominanten Diskurs, der der eigenen Erfahrungswelt ziemlich weit entrückt ist. Die Aneignung der symbolischen Ressourcen durch das Erzählen moderner Sagen zeichnet sich dadurch aus, daß – im Gegensatz zu anderen Rezeptions-Gattungen – auf die Wissensquelle Medien nicht mehr explizit bezug genommen wird. In den Sagen-Geschichten finden keine expliziten Rekonstruktionen von Medienthemen statt, sie verheimlichen vielmehr die Wissensquelle und reklamieren statt dessen alltägliches Erfahrungswissen als Autorisierungsmarker.

46 Zu den mythenproduzierenden Eigenschaften des Medien-Diskurses vgl. Barthes 1976, Cohen 1972, Cohen/Young 1981, Edelman 1976, Gusfield 1981, Hall u.a. 1978, Hess 1986, Lamott o. J., Scheerer 1991, Silverstone 1981, Steinert/Cremer-Schäfer/Hancke-Stehr/Stehr 1990, Wong 1992, Young 1981.

47 Der Prozeß des Erfindens und Erzählens moderner Sagen ist vergleichbar mit anderen Prozessen der Traditionsbildung. Apitzsch (1996) arbeitet am Beispiel von Jugendlichen ausländischer Herkunft heraus, daß sich Traditionen im Sinne einer „Herkunftskultur" erst in der Auseinandersetzung mit den Bedingungen in der Bundesrepublik herausgebildet haben.

Ein narrativer Rahmen zur Bearbeitung der Diskrepanz zwischen Medienwelt und Alltagserfahrung

Der Bruch zwischen Bedeutungs-Produktion und -Rezeption im massenmedialen Diskurs stellt das Publikum vor die Aufgabe der Bewältigung von Wirklichkeits-Diskrepanzen. Der öffentliche Diskurs der Massenmedien konstituiert eine gesellschaftliche Kommunikationssphäre, deren Inhalte in (oft krassem) Gegensatz zu den unmittelbar im Alltag erfahrbaren Dingen stehen. Sehr viele Themen der Medien kreisen um Erfahrungsbereiche, die sich dem großen Laienpublikum verschließen, so daß es diesen Diskurs nicht aus unmittelbarer Erfahrung überprüfen, bestätigen oder kritisieren kann. AIDS, Asyl-Problematik, Einwanderungs-Problematik, Drogenhandel, Konsum illegaler Drogen, Atomkraft, Gentechnologie, Organspende, Entwicklungen moderner Medizin, spektakuläre Verbrechen u.a.m., das alles sind Themen, mit denen das Publikum durch die Medien tagtäglich konfrontiert wird, die es aber als Probleme des eigenen Alltags kaum wiederfindet. Hinzu kommt die besondere mediale Aufbereitung vieler dieser Themen in Form inszenierter „Moral-Paniken" (Cohen 1972), Kriminalitätswellen (vgl. Fishman 1978) und Unsicherheits-Paniken, die allesamt Bedrohungsszenarien zeichnen, die das Medienpublikum durch eigene Erfahrung kaum bestätigen kann. Die meisten Probleme und Konflikte, mit denen die Menschen im Alltag selbst konfrontiert sind, werden z.B. überhaupt nicht als Kriminalität wahrgenommen und behandelt (vgl. Hanak/Stehr/Steinert 1989). Mit ihnen wird überwiegend pragmatisch und auf wenig spektakuläre Weise umgegangen. Eine ganze Reihe von Untersuchungen zu Unsicherheitserfahrungen im Alltag kommen zum gleichen Befund, daß die eigenen Unsicherheitserfahrungen sich eher auf der Ebene von Ordnungsstörungen und „Unwirtlichkeiten" und weniger auf der Ebene von Kriminalität befinden[48]. Dem stehen die tagtäglichen Meldungen aus den Medien gegenüber, die besagen, daß das Verbrechen nicht nur existiert, sondern daß die Bedrohung durch (ständig neu hinzukommende) „kriminelle Figuren" immer größer wird. Die Diskrepanz zwischen Medienwelt und erlebter Alltagsrealität ist keine rein kognitive Diskrepanz, sie besteht vor allem darin, bei Medienthemen, d.h. bei vorgeführten Problemen und Konflikten, die nicht selbst erfahren werden, kein Schema der Beurteilung zu besitzen, das sich aus einem eigenen Interesse heraus entwickeln könnte. Die

48 Vgl. die Befunde in Hammerschick u.a. 1996 und Stangl 1996.

medialen Themenangebote – und besonders die Bedrohungs- und Gefahren-Angebote – liefern Beurteilungsmuster gleich mit: Medienwelt und Alltagserfahrung sind vor allem im Hinblick auf Problemrahmungen und Problembeurteilungen unterschiedliche Erfahrungswelten. Medial inszenierte „morality plays" sind nur selten der Rahmen, innerhalb dessen die eigenen Erfahrungen wahrgenommen werden. Das Erfinden und Erzählen moderner Sagen ist nun eine Strategie, diese Diskrepanz zu bearbeiten. Medienthemen werden aufgegriffen, angebotene moralverdichtende Figuren und Bilder werden in Geschichten eingebaut, die als Ereignisse des unmittelbaren Alltags behauptet werden.

Anschaulich illustrieren läßt sich dieser Vorgang am Beispiel des medial konstruierten öffentlichen Problems „drinking & driving" in den USA, das, wie Gusfield (1981) in seiner Untersuchung herausgearbeitet hat, als moralisches Drama gerahmt wird, in dem das problematische Ereignis des Trinkens & Autofahrens zu einem Problem von „drunken drivers" zugerichtet wird, die als „killer-drunks" die Straßen unsicher machen und Unschuldige gefährden. Die moderne Sage schließt hier an und kann über Ereignisse in der unmittelbaren Nachbarschaft berichten, die sich mit den Konstruktionen der Medienwelt decken.

„It seems that a woman's husband came home from work at 2:00 a.m., cockeyed drunk. He managed to get up for work in time, though, an began pulling his car out of the garage, into the driveway. His wife realized that he had forgotten to take his lunch and began running out to give it to him. She got 'as far as the porch and fainted'. The husband got out of the car to see what was the matter. There, embedded in the grill of his car, was the lifeless body of an eight-year-old girl." (Brunvand 1989, S. 92)

Das moralische Drama des „drunken drivers" wird hier exemplarisch vorgeführt und als Realität des unmittelbaren Alltags behauptet. Der undisziplinierte und trinkende Ehemann steht dem unschuldigen kleinen Mädchen gegenüber, das er überfährt, ohne es auch nur zu bemerken. Der „killer-drunk" ist durch die moderne Sage zur Alltagsrealität geworden.

Mit dem Erzählen von Geschichten dieser Art werden Medien- und Alltagswelt verbunden. Ihre Erzähler können sie sich auf diese Weise am öffentlichen Diskurs „sekundär" beteiligen, und an den Themen und Figuren ihre eigenen Probleme bearbeiten So können beispielsweise auch illegale Drogen und „Drogendealer" zu einer wirklichen, im Alltag gegenwärtigen, sichtbaren und relevanten Gefahr werden, die erst neulich wieder beinahe der Tochter des 'Freundes eines Freundes' in einer bekannten Frankfurter Disco zum Verhängnis wurde, als sie ein Glas Coca-Cola trinken wollte, in das skrupellose Dealer zuvor Kokain geschüttet hatten, um das Mädchen abhängig zu machen. Das letzte Beispiel zeigt, daß diese Diskrepanz-Bearbeitung nicht orientierungslos, willkürlich oder „freischwebend“ geschieht, sondern vor dem Hintergrund konkreter Probleme des jeweiligen Erzählpublikums. Die Moral-Ressourcen des öffentlichen Medien-Diskurses (seien das die medial konstruierten und vorgeführten „gefährlichen oder gefährdeten Kategorien“ oder die herrschenden Moralen, die Aussagen zur Erziehung oder zur Rolle von Mädchen und jungen Frauen machen) werden für den alltäglichen Moral-Diskurs auf diese Weise nutzbar gemacht.

Risiken, Absicherungen und Vorteile des Moralisierens durch moderne Sagen

Moderne Sagen bearbeiten die symbolischen Ressourcen des herrschenden, massenmedialen Diskurses. Diese Bearbeitung ist aber grundsätzlich riskant, denn sie läßt die eigentliche Quelle der Ressourcen unsichtbar werden, um die Ereignisse als tatsächliche Erfahrung sozial nahestehender Personen zu behaupten. Dadurch aber, daß hier Erfahrungen aus zweiter, dritter und vierter Hand weitergegeben werden, lassen sich auf der anderen Seite eine Reihe von Risiken, die beim direkten Moralisieren bzw. bei der Artikulation eigener Bewertungen und expliziter Verurteilungen auftreten, vermeiden. Mit dem Erzählen moderner Sagen wird folglich ein spezifisches Risiko eingegangen, dessen erfolgreiche Bewältigung eine Reihe von Vorteilen gegenüber anderen Moral-Genres erzeugt.

Erzähler/innen moderner Sagen müssen zunächst das Problem lösen, die Wahrheit ihrer Geschichte zu beglaubigen. Zur „wahren Geschichte“[49] werden die Erzählungen durch ihre plausible Verortung im gegenwärtigen Alltag (also durch Lebensnähe und Wahrscheinlichkeit vgl. Bruner 1991), durch Glaubwürdigkeitsbestätigungen innerhalb der Story (die Ereignisse werden realen

49 In der natürlichen Erzählsituation werden moderne Sagen als „wahre Geschichten“ betitelt. Diese Ethno-Kategorie bringt zum Ausdruck, daß die Geschichte auf einer wirklichen Erfahrung beruht und nicht in die Kategorie der Fiktion gehört (vgl. auch Dégh 1991, Stewart 1982).

und sozial nahen Personen zugeschrieben – die aber nicht persönlich bekannt sind und nicht namentlich benannt werden; konkrete Handlungsorte und Zeitangaben werden genannt und lokale Begebenheiten werden detailliert ausgemalt), durch diverse Authentizitätsmarkierungen (z.B. das Zitat[50]) und durch Glaubwürdigkeitsbelege, die die Geschichte umrahmen: Wenn schon das Ereignis nicht selbst erlebt wurde, so können die Erzähler/innen doch immer auf irgendeine „unmittelbare direkte Erfahrung“ verweisen, und sei es auch darauf, daß man den Ort der Handlung aus eigener Erfahrung kennt (vgl. Pomerantz 1984). Die Ereignisse werden typischerweise dem „Freund eines Freundes“ oder der „Bekannten einer Freundin“ zugeschrieben, scheinrealen Personen, die existent sein könnten, die im näheren Umfeld der Erzähler und Erzählerinnen verortet werden, und deren Glaubwürdigkeit bereits durch den (glaubwürdigen) direkten Freund oder der direkten Bekannten bestätigt wurde, der/die die Geschichte weitergegeben haben.

Plausibel wird eine Geschichte durch die Einhaltung von Konventionen der Geschichtenstruktur und durch die plausible inhaltliche Verortung im gegenwärtigen Alltag. D.h. sie muß anschließen können an ein gemeinsames Vorwissen, an bereits geteilte Bewertungen und an einen gemeinsamen Erfahrungshintergrund. Der Ausgangspunkt der Geschichten ist denn auch das Einführen in eine Szene des „normalen Alltags“, in eine alltägliche, für das Publikum nachvollziehbare Handlung oder Situation. Aus dieser Sequenz des „normalen Ereignisses“ heraus erfolgt dann der Bruch und die Wendung zum Ungewöhnlichen, zum Unerwarteten, auch Mysteriösen (vgl. Williams 1984). Moderne Sagen sind so strukturiert, daß sie meist am Schluß eine Erklärung bzw. „Auflösung“ präsentieren, von der aus dann retrospektiv die gesamte Geschichte in einem anderen Licht erscheint, anders zu bewerten ist oder zumindest nachvollziehbar wird (vgl. Barnes 1984)[51]. Plausibilität ist nicht nur an die dargestellten Alltagssituationen gekoppelt, sondern auch an die vorge-

50 Zur Funktion des Zitats als Authentizitätsmarkierung vgl. Bergmann 1987. Zitate nehmen oft die Form von Dialogen an, die die Protagonisten wiederum lebendiger werden lassen, und die es dem Erzählpublikum erleichtern, sich mit den Protagonisten zu identifizieren (vgl. Wachs 1988).

51 Mit Goffman (1980) ließe sich hier von einem Täuschungs-Genre sprechen, das das Publikum zusammen mit den Protagonisten zunächst auf eine falsche Fährte führt, um dann zum Schluß den Rahmungs-Irrtum aufzudecken, der es für das Publikum notwendig macht, den Hergang im nun „richtigen“ Licht neu zu rekonstruieren.

führten Protagonisten. Das Erzählpublikum muß sich jeweils in die Handlungen der Protagonisten hineinversetzen und sie nachvollziehen können.

Die Geschichten sind somit, wie bereits erwähnt, Geschichten zweiter, dritter und vierter Hand. Die Besonderheit des Erzählens moderner Sagen liegt allerdings darin, daß sie nicht tatsächlich aus Geschichten „erster Hand" abgeleitet wurden, sondern daß sie in ihrer Erzählstruktur bereits wie buchstäbliche „Geschichten zweiter Hand" konstruiert sind, d.h. wie Geschichten, die faktisch von eigenerlebten Geschichten („erster Hand") abgeleitet sind (vgl. Schütze 1975). Mit dem Mitteilen vermeintlicher Erfahrungen dritter, in der Erzählsituation nicht anwesender, Personen, sind die Erzähler zugleich von den Problemen narrativer Rekonstruktionen eigener Erfahrungen befreit: Sie müssen sich für die berichteten Ereignisse nicht rechtfertigen. Erzählte Rekonstruktionen eigener Erfahrungen sind dagegen immer auch Rechtfertigungsgeschichten (vgl. Lehmann 1980), in denen die Erzähler ihr Handeln verantworten. Aber auch gegenüber anderen Moral-Gattungen haben moderne Sagen Vorteile. Mit dem Erzählen moderner Sagen kann sich das Erzählpublikum über Fragen der Alltagsmoral auf eine spezifische Weise verständigen, die großes Vergnügen bereitet: Der Normbruch, von dem die Sagen-Geschichten ausgehen, ist oftmals ein (doppelter) Tabubruch, denn er wird aus dem offiziellen Diskurs (als „unappetitlich", „obszön", „unanständig") ausgeschlossen, weil er zugleich gegen grundlegende Rederestriktionen verstößt[52]. Die distanzierte Form der Präsentation von Ereignissen als Erfahrungen nichtanwesender Dritter erlaubt diesen Tabubruch, ohne dafür sozial sanktioniert zu werden. Michel formuliert diesen Aspekt psychologischer:

> „Das Erzählen einer fremden Erfahrung ermöglicht es dem Erzähler, unangenehme Erlebnisse und Gefühle zu thematisieren, ohne gleichzeitig von sich sprechen zu müssen. Indem er von den peinlichen, angstvollen oder ähnlichen Gefühlen eines anderen Menschen erzählt, kann er diese in sich selbst und für sich selbst aktualisieren, ohne sich damit zu exponieren. Das Erzählen hat hier eine entlastende Funktion". (Michel 1985, S. 150)

52 Vom Aspekt der Verletzung von Rederestriktionen her wird das Genre als „inoffizielles" und privates deutlich, das sich vor allem in informellen Settings verbreitet. Die Erzähler erhalten über das Genre die Möglichkeit, Handlungen und vor allem Normverletzungen zur Sprache zu bringen, die als eigene Erfahrung sozial peinlich und kaum thematisierbar wären. Bergmann (1987) zeigt die gleiche Funktion generell für das „Zitat" auf. Das Zitieren ermöglicht die Lockerung von Zensurregeln und Ausdrucksrestriktionen. Vgl. auch Goffman 1980 zum Zitat beim Fluchen.

Erzähler/innen moderner Sagen sind von den erzählten Ereignissen entlastet, sie sind nicht in sie involviert. Aus dieser Situation der Entlastung heraus können sie die in den Geschichten vorgeführten Protagonisten als Kontrastfolie für das eigene Handeln verwenden. Geschichten aus zweiter Hand, Geschichten, die über eine fremde Erfahrung berichten, sind geeignet, als Negativ-Beispiele zu fungieren, in denen sich das Erzählpublikum moralisch zusammenfinden kann über die Verurteilung des Handelns der Protagonisten. Damit aber *lassen sich moderne Sagen als eine kommunikative Gattung interpretieren, die das Problem löst, in bestimmten sozialen Situationen eigene moralische Empfindlichkeiten, moralische Dilemmata und Unsicherheiten zu artikulieren und zu bearbeiten, ohne daß die Erzähler/innen sich dabei selbst ins Spiel bringen müssen.* Das Erzählen moderner Sagen bietet dem Erzählpublikum die Möglichkeit, sich selbst über die Thematisierung des „Ausgeschlossenen" in der Gesellschaft und Kultur zu verorten.

Probleme entstehen nur dann, wenn Geschichten auf ungläubige Zuhörer treffen, die die Schilderungen nicht als reale akzeptieren. Dann jedoch, wenn alle „Vorwärtsverteidigung" im Sinne der weiteren und verstärkten Beglaubigung des Gesagten nicht fruchtet, haben die Erzähler/innen Rückzugsmöglichkeiten: sie geben schließlich nur eine Geschichte weiter, die ihnen bereits als Geschichte präsentiert wurde. Über das Erzählen moderner Sagen wird ein prinzipiell riskantes Moralisieren zu einer relativ abgesicherten Kommunikationsstrategie.

Von der Struktur der Kommunikation her, haben moderne Sagen im Vergleich zu Klatsch und Gerücht noch andere Vorteile. Um diese herauszuarbeiten, ist es zunächst notwendig, die Unterschiede zwischen diesen Moral-Gattungen deutlicher zu machen. Klatsch und Gerücht werden in der Literatur bereits häufig nicht auseinandergehalten. Insbesondere die neueren Arbeiten zum Gerücht (vgl. Lauf 1990, Turner 1993, Kapferer 1996) werfen dagegen das Gerücht und die moderne Sage in einen Topf. Lauf (1990) z.B., dessen empirische Untersuchung einer Sagen-Geschichte und ihrer Diffusion gilt, unterscheidet zwar den (personalisierten) Klatsch vom Gerücht, doch seine Definition von Gerücht ist in mehrfacher Hinsicht problematisch. Er verengt den Gerüchtebegriff auf „narrative Gerüchte" und formuliert:

„Das Gerücht kann als ein Thema, als eine Geschichte verstanden werden, deren Personen austauschbar sind" (Lauf 1990, S. 31).

Diese Definition wird den modernen Sagen nicht gerecht, denn ihre Erzähler schreiben die Ereignisse in der Geschichte jeweils bestimmten Personen zu, die sie lediglich nicht namentlich nennen können. Erst die distanzierte Analyse von Wissenschaftlern kann die „Austauschbarkeit" von Personen aufdecken. Kapferer (1996) will die modernen Sagen explizit nur als Untertyp des Gerüchts verstehen. In der englischsprachigen Ausgabe von 1990 diskutiert er noch das Verhältnis von „rumors", „gossip" und „legends", wenn auch mit der Auflösung, daß sich die modernen Sagen vom Gerücht gar nicht abgrenzen lassen, und folglich der Begriff „Gerücht" ausreiche. In der deutschen Ausgabe von 1996 sind die modernen Legenden als Kategorie aus dem Text ganz verschwunden und in einen Anhang gesetzt worden, mit der Begründung, daß moderne Legenden „exemplarische Geschichten" seien und damit eine Unterform des Gerüchts darstellen.

Die Begriffs- und Einordnungsprobleme ergeben sich daraus, daß hier zum einen nur über Geschichten-Inhalte gesprochen wird, der Kontext und die Struktur der Kommunikation aber außer acht gelassen werden, und daß zum anderen nicht unterschieden wird zwischen „Ethnokategorien" und analytischen Kategorien[53]. Ethnokategorien sind die Begriffe, die im Alltag, in der unmittelbaren Erzählsituation von den Erzählern selbst benutzt werden, um das von ihnen gewählte Genre zu beschreiben. Der Begriff der „modernen Sage" ist folglich keine Ethnokategorie, wohl aber der Begriff des Klatschs und der des Gerüchts. Wenn es für die moderne Sage eine Ethnokategorie gibt, dann ist es die der „wahren Geschichte". Die Geschichten werden von der Erzählstruktur her erzählt wie selbsterlebte Geschichten (vgl. Nicolaisen 1987), und sind von daher als Geschichten über sozial nahe Dritte zu begreifen, die aber dem Erzählpublikum persönlich nicht bekannt sind, weswegen auch die namentliche Nennung keinen Sinn macht. Gerüchte dagegen sind gerade als Ethnokategorie dadurch gekennzeichnet, daß sie unverbürgte Nachrichten sind, Dinge „sollen" sich so und so ereignet haben, aber ganz sicher kann man da nicht sein. Der Zweifel, die Uneindeutigkeit über den Wahrheitsgehalt ist ein konstitutives Merkmal der kommunikativen Gattung (vgl. Bergmann 1987, Rosnow 1989).

Wenngleich das Erzählen von modernen Sagen und von Gerüchten ähnlichen Verbreitungsmechanismen folgt (vgl. Mullen 1972), so ist es doch notwendig, die Unterschiede der beiden Gattungen zueinander und zum Klatsch

53 Zu dieser Unterscheidung vgl. Ben-Amos 1976.

deutlich zu machen. Der Klatsch zeichnet sich dadurch aus, daß über eine namentlich genannte (und persönlich oder über Medien) bekannte Person geredet wird. Das Gerücht kann über bekannte Personen handeln oder über unbekannte, nur typisierte; die moderne Sage handelt dagegen nur von typisierten und nie namentlich genannten Personen[54]. Mit dieser Unterscheidung lassen sich alle drei Gattungen in ein Konkretisierungsmodell einbauen, das sich vom Anonymen zum Konkreten bewegt. Während die moderne Sage Handlungen und Personen typisierend moralisiert, stellt das Gerücht eine erste Stufe der Konkretisierung dar: Das Gerücht füllt die „Personenhüllen" mit realen Personen, läßt aber Zweifel bestehen. Ein Beispiel für ein Gerücht ist die folgende Mitteilung:

„Haben Sie das auch gesehen, nein? Das war doch im Fernsehen, daß Fische total voll Würmer sind. Ja, die haben das gezeigt, Und bei einem, der den Fisch gegessen hat, sind sie bis in den Kopf ... also, ins Gehirn sind die. Der ist verrückt geworden. Ein Mann soll das gewesen sein. Mir hat das eine Nachbarin erzählt, klar, das stimmt". (Fischer 1991, S.67)

Die Erzählerin gibt ein Ereignis weiter, dessen „Besitzerin" sie – wie sie sich auch bewußt ist – nicht ist. Obwohl sie das Ereignis beglaubigt, äußert sie gleichzeitig auch Zweifel daran: „Ein Mann soll das gewesen sein." Sie ist sich nicht ganz sicher. Gerüchte sind unverbürgte Nachrichten, die gerade dadurch gekennzeichnet sind, daß keine authentische Quelle für die berichteten Ereignisse angegeben werden kann, daß jedenfalls die angegebene Quelle potentiell anzweifelbar ist (vgl. Sabini/Silver 1980). Vor allem aber können die Erzähler/innen von Gerüchten kein Besitzrecht auf ihre Erzählung beanspruchen. Über dieses Besitzrecht verfügen aber die Erzähler moderner Sagen: Die Personen, denen die Ereignisse laut Geschichte widerfahren sind, werden dem entfernteren Bekanntenkreis der Erzähler zugerechnet. Der Selbstdarstellungswert das Erzählens ist dadurch um einiges größer als beim Erzählen unverbürgter Nachrichten, die einfach nur weitergetragen werden, wodurch man zu einem Glied in einer langen Kette wird.

Das Gerücht nennt aber auch Namen. Gerade diese Namensnennung macht das Gerücht so prekär; sie stellt auch die Verbindung zum Klatsch dar. Der

---

54 Es gibt eine Reihe von Geschichten über Prominente, die in den einschlägigen Sammlungen immer als moderne Sagen bezeichnet und behandelt werden (vgl. Fischer 1991, Brednich 1993). Doch gerade diese Geschichten werden nicht nach dem Muster einer modernen Sage erzählt, sondern entweder als Klatsch, Gerücht, Witz oder in der Form der Medien-Nacherzählung. Die moderne Sage nennt keine Namen.

Klatsch selbst ist die letzte Konkretisierungsstufe. Im Klatsch werden Personen namentlich genannt, und bestimmte Ereignisse und Handlungen werden ihnen ohne Zweifel zugeschrieben.

Die Gattungen der Moral-Kommunikation sind aber noch in anderer Hinsicht zu unterscheiden: Erzähler/innen haben in ihnen unterschiedlich starke oder schwache Möglichkeiten, sich von den erzählten Inhalten zu distanzieren. Der Klatsch zeigt die geringsten Distanzierungsmöglichkeiten. Das veräußerte private Wissen wird mit Beurteilungen versehen, die den Erzählern direkt zuschreibbar sind. Der Klatsch ist, wie Bergmann (1987) herausgearbeitet hat, problematisch und riskant, weil er privates Wissen auf illegitime Weise veräußert. Diese Sozialform der „diskreten Indiskretion" ist problematisch, weil sie eine sozial verurteilte Praxis darstellt, sie beinhaltet explizite moralische Beurteilungen und Verurteilungen, die von den Geschichtenerzählern selbst vorgenommen werden. Die moralischen Bewertungen in Klatschgeschichten sind die Bewertungen der Erzählenden. Der Klatsch ist personalisiert, er findet im Kontext bestehender sozialer Beziehungen statt, die „Beklatschten" sind den Erzählern persönlich bekannt, und in der Regel soll die soziale Beziehung aufrechterhalten werden. Beim Gerücht gibt es die Distanzierungsmöglichkeit über den Zweifel am Wahrheitsgehalt der Mitteilungen. Durch das Erzählen moderner Sagen wird dagegen eine fast ideale (abgesicherte) Erzählposition eingenommen, die den Erzählern ermöglicht, sich auf die Position des „Übermittlers" und „Berichterstatters" zurückzuziehen, der selbst nicht involviert ist, auch nicht selbst bewertet und etikettiert, dabei aber unüberprüfbare Ereignisse als feststehende Tatsachen weitergeben kann. Moralisiert wird über die Geschichte selbst, über den Plot und die Charakterisierung der Protagonisten. Damit bekommen die impliziten Bewertungen und Verurteilungen einen objektiven Status und entfernen sich von den Erzählern.

Die situative Aushandlung und Konkretisierung moralischer Bedeutungen durch exemplarische Geschichten

Moral ist eine Abstraktion. Sie benötigt „Fälle" und „Beispiele", an denen sie überprüft, geklärt und sichtbar gemacht werden kann. Genau wie der Klatsch Beispiele präsentiert, an denen der moralische Standpunkt des Erzählers expliziert und konkretisiert werden kann, liefern auch moderne Sagen Beispiele für moralische Standpunkte. Sie offerieren sie einem Publikum, das gemeinsam mit dem Erzähler in der Erzählsituation moralische Standpunkte exemplarisch aushandelt. Über Beispielgeschichten „ ... wird nicht nur ein Wissen über die betreffenden Gegenstände vermittelt, vielmehr wird durch die Beispielkommunikation ein gemeinsames Hintergrundwissen wachgerufen oder erneuert, das die richtige Einschätzung des gegebenen Falls garantiert. In diesen Fällen also reicht die Verständigung durch Beispiele über die Weitergabe oder Verdeutlichung von Informationen oder Einsichten hinaus. In beispielorientierten Gesprächen, in denen die Beispiele den Wert von 'Geschichten' erhalten, verständigen sich die an ihnen Beteiligten auf den sachbezogenen und wertgebundenen *Kontext* ihres Gesprächs" (Keppler 1988, S.40). Über Beispiele verständigt man sich im Alltag auf das Allgemeine, das begrifflich nicht eindeutig zu definieren ist. Dieses Verfahren der exemplarischen Situationsdeutung stützt sich auf die *soziale Typisierung*, ein Verfahren, „ ... das einerseits ein Schema für die Einschätzung sozialer Situationen bietet, und das andererseits darauf angewiesen ist, in der beispielhaften Nennung und Besprechung einzelner Situationen mit den Handlungen und Charakterzügen konkreter Personen verbunden zu werden" (Keppler 1988, S. 53/54). Beim Erzählen moderner Sagen wird auf zwei verschiedenen Ebenen typisiert. Die Geschichten greifen auf bereits vorhandene soziale und kulturelle Stereotype zurück, die sie dann phantasievoll ausmalen und gestalten als „reale" Charaktere des Alltags. So werden „Fälle" konstruiert, die wiederum geeignet sind, die Typisierung (von Handlungen, Situationen, Personen) zu bestätigen. In einem weiteren Schritt kann der „Fall", die konkrete Beispielgeschichte, zum Beleg für allgemeinere Tendenzen werden: „Die Welt wird immer bedrohlicher und brutaler!"; „Überall passiert so etwas!"

„The narrative here serves an ideological function, articulating the general case or rule, fitting the special case into the prevailing social order by means of 'it happens all the time' and 'wouldn't you know', and thereby smoothing the culturally manufactured suture between individual and collective, and singular and general experience“ (Stewart 1982, S. 34).

Das Beispiel, das das Allgemeine, die Abstraktion verdeutlichen sollte, wird mit der Verdeutlichung gleichermaßen zum Beleg des Allgemeinen, zum Beleg der Angemessenheit und Richtigkeit der Abstraktion[55]. Verdeutlichen möchte ich nun die Funktion der exemplarischen Erzählung mit einer Geschichte, die das Etikett und Stereotyp von der „antiautoritären Erziehung“ aufgreift und an einer Alltagssituation konkretisiert. Die Geschichte wird 1989 von einem 25jährigen Studenten erzählt:

„Und die (...) Geschichte hab ich in Stuttgart gehört, und zwar von der Schwester meiner Freundin. Die hat erzählt, ein Freund von ihr wär im Supermarkt gewesen, und vor ihm hätte ne alte Frau gestanden, wo hinter'n Kind war mit einer Mutter am Arm. Das Kind hätte immer mit dem Supermarktwagen der alten Frau ... wäre der immer in die Hacken reingefahren. Und da hatte die alte Frau sich verständlicherweise beschwert. Und da sagte die Mutter nun: ‘Ja, mein Kind wird antiautoritär erzogen, die muß ihre Erfahrungen selber machen, und da ändere ich überhaupt nichts dran.’ Hinter der Frau hätte dann noch ein Student gestanden. Der hätte ein Glas Honig in der Hand gehabt, und das hätte er ihr über den Kopf ausgeschüttet und hat gesagt: ‘ Ich hab..ich bin auch antiautoritär erzogen worden, und ich hab auch jetzt mal meine Erfahrungen machen müssen!’ Und ein ganz alter Mann ganz hinten in der Schlange, der hat gesagt: ‘Und ich bezahl den Honig!’ “ (Fischer 1991, S. 82)

Diese Geschichte läßt sich erzählen als Beispiel für die negativen Folgen der „antiautoritären Erziehung“, die dadurch diskreditiert wird. Sie behauptet einen moralischen Konsens der Gesellschaft (des generationenübergreifenden Publikums in der Geschichte) gegen die junge Mutter, die (immer noch) den Anspruch auf eine antiautoritäre Erziehung erhebt und dabei dem Kind keine Grenzen setzt. Die abstrakte Formel der „antiautoritären Erziehung“ wird über die Szene einer relativ geringfügigen Beeinträchtigung und der anschließenden Verweigerung der Verantwortung konkretisiert, so daß das konkrete Schadensbeispiel zum Beleg für die abstrakte Formel wird. Die Beispielgeschichte verdeutlicht somit und belegt zugleich. Sie verdeutlicht den abstrakten Begriff, und sie belegt zugleich die Richtigkeit der Verurteilung antiautoritärer Erziehungspraktiken.

Erzähler/innen dieser Geschichte können sich mit ihren Zuhörern durch die Diskussion eines konkreten Falles über das Abstrakte äußern, aber die morali-

---

55 Steinert (1978) hat einige Formen benannt, wie beim Thema Kriminalität diskrepante Alltags- und Medienerfahrungen zusammengebracht werden können.

sche Relevanz des Begriffs der „antiautoritären Erziehung“ entsteht erst durch die dargestellte alltägliche Problemsituation, die die Frage aufwirft, inwiefern und wie weit Eltern für das Handeln ihrer Kinder verantwortlich sind. Die Geschichte knüpft an die problematische Alltagssituation des Wartens in einer langen „Schlange“ an und löst sie auf eine individualisierende Weise, indem sie der Mutter alle Verantwortung für die Situation zuschreibt und wenig Verständnis für die Situation der Kinder aufbringt. Die Zumutungen der Situation werden über die Geschichte in ein Disziplin- und Erziehungsproblem transformiert.

Moderne Sagen als Brücke zwischen Propaganda und Erfahrungswissen

Über die Prozesse der Aneignung massenmedialer Moral-Ressourcen und der situativen Konkretisierung und Aushandlung moralischer Bedeutungen in Form des Erzählens von Sagen-Geschichten wird nicht nur die Diskrepanz zwischen Medien- und Alltagswelt bearbeitet, es wird zugleich auch zwischen Propaganda und Erfahrungswissen vermittelt. Die sonst übliche Trennung von eigener Erfahrung und anderen Wissensquellen wird in einer Form aufgegeben, die es der Propaganda ermöglicht, in das unmittelbare, konkrete Alltagswissen einzudringen. Diese Ideologisierung des Alltags geschieht aber nicht „von oben“, sie wird möglich durch die produktive Aneignung und eigenständige Verwendung der symbolischen Ressourcen der Massenmedien. Das Publikum überwindet seine Isolation und findet sich darüber zusammen, daß es über das Erzählen moderner Sagen seine eigenen moralischen Dilemmata und Alltagsprobleme bearbeiten kann. Gerade die Benutzung von Medienressourcen aktiviert und verbreitet diese Kommunikationsmöglichkeiten, denn im Gegensatz zum Klatsch, der sich auf einzelne, konkrete Personen bezieht, sind diese Geschichten durch die Zugänglichkeit des Mediendiskurses von allgemeinerem Interesse. Ein sehr großes Publikum hat z.B. Geschichten über illegale Drogen in den Medien gehört oder gesehen, große Teile des Publikums haben aber auch ganz andere Sorgen, die sie mit der Medienrezeption verbinden.

Ich möchte im folgenden ein Beispiel präsentieren, das auf die LSD-Panik der späten 60er Jahre (vgl. Goode/Ben-Yehuda 1994) zurückgeht, heute aber nach wie vor erzählt wird. Die gegen Jugendliche gerichtete massenmediale LSD-Panik beinhaltete eine Kernerzählung, daß unter dem Einfluß von LSD „alles möglich" sei. Aus dieser Kernerzählung und der Furcht vor drogenkonsumierenden Jugendlichen wurde diese Geschichte entwickelt: Sie wird erzählt von einer Frau, die sie von einer Freundin gehört hat, deren Ehemann als Mediziner in einer Frankfurter Klinik tätig ist, und der die Geschichte aus unmittelbarer beruflicher Erfahrung kennt:

„Ein Ehepaar engagierte für die Zeit eines geplanten Theaterbesuchs ein junges Paar, das ihr Baby sitten sollte. Gleich beim Eintreffen kamen ihnen die jungen Leute schon nicht ganz geheuer vor, deshalb riefen sie vom Theater aus nochmal zu Hause an, um zu erfahren, ob alles in Ordnung sei. Ja, es sei alles o.k., war die Antwort, wir haben den Braten fertig und schieben ihn in den Ofen. Voller Schreck fuhr das Ehepaar nach Hause und kam gerade dazu, als die beiden das Baby mit Ketchup übergossen, bevor sie es in die Röhre schieben wollten. Sie konnten ihr Baby im letzten Moment noch retten. Später stellte sich heraus, daß das Pärchen vollkommen unter LSD-Einfluß gestanden hatte und deshalb nicht mehr zurechnungsfähig war." (Brednich 1990, S. 119)[56]

Was sich laut dieser Erzählung in der Frankfurter Region zugetragen hat, ist auch aus anderen Regionen und Ländern bekannt. Das gleiche Erlebnis mit jungen Leuten, die ihren Babysitter-Job im LSD-Rausch wahrgenommen haben, hatten auch andere junge Ehepaare in der westlichen Welt seit den 60er und frühen 70er Jahren. Einige Ehepaare haben es allerdings nicht mehr geschafft, ihr Kind zu retten: Sie waren entweder zu vertrauensvoll oder trotz starken Verdachts, daß den Jugendlichen nicht zu trauen ist, nicht von ihrem Theatervergnügen abzubringen. Diese Ehepaare konnten ihr als Truthahn oder Hähnchen gestopftes und gegrilltes Baby nur noch als fertigen Braten aus dem Ofen holen.

Diese Narration wird als „wahre Geschichte" erzählt. In diesem Fall ist es ein Ereignis, das der Ehemann der Freundin der Erzählerin „aus unmittelbarer beruflicher Erfahrung kennt". Verwiesen wird hier also nicht auf Personen, die die Eltern darstellen sollen, sondern auf andere Personen, die aber einen direkten Kontakt mit (mindestens) einem der Betroffenen hatten. Als „Beglaubigungssiegel" fungieren demnach zum einen der Verweis auf den gut bekannten Mediziner (zudem eine respektable Person), zum anderen das Anführen einer direkten, unmittelbaren Erfahrung. Wie Pomerantz (1984) gezeigt

56 Die Geschichte wurde 1988 erhoben.

hat, reicht in Alltagskommunikationen der Verweis auf irgendeinen Aspekt einer „direkten Erfahrung" völlig aus, um eine Geschichte, die sich nicht auf selbsterlebte Ereignisse bezieht, glaubwürdig werden zu lassen.

„Unlike in court, the fact that a source is other-than-self, i.e. hearsay, does not disqualify the statement; rather the issue is wether it is a good source. If conversants perceive a source as good and credible, they may well accept the validity of an assertion on faith and 'good authority' ". (Pomerantz 1984, S. 625)

Den „Thrill" der Geschichte liefert das Motiv des Tabubruchs in Form des kannibalistischen Aktes, der beinahe vollzogen worden wäre. Nicht auszudenken, wenn die Eltern gar selbst ihr eigenes Kind verspeist hätten. Die Phantasien um den Kannibalismus herum sind nicht neu[57], wohl aber stellt die Geschichte über die gefährlichen Babysitter diese Phantasien auf originelle Weise in den Zusammenhang mit Drogen und der drogenkonsumierenden Jugend[58].

---

57 Es fällt nicht schwer, für sehr viele Motive der modernen Sagen in der klassischen Mythologie oder in den traditionellen Märchen „Vorbilder" zu finden.

58 Bei Langer (1987) bin ich auf eine ältere Geschichte gestoßen, die ebenfalls das Motiv des Kannibalismus und vor allem die gleiche Gefahren-Szene benutzt. Sie hat diese Geschichte, die sie als „modernen Mythos" und als „Gerücht" bezeichnet, 1949 in Buenos Aires gehört: „Ein junges Ehepaar stellt ein Dienstmädchen ein. Die junge Frau steht kurz vor der Entbindung. Das Kind kommt zur Welt. Einige Wochen später überlassen die Eltern das Kind der Obhut des Mädchens, zu der sie inzwischen volles Vertrauen haben, um ins Kino zu gehen. Als sie zurückkommen, ist das ganze Haus hell erleuchtet. Das Dienstmädchen, folgt man der einen Version, empfängt sie mit feierlichem Ernst im Hochzeitskleid ihrer Herrin und teilt ihnen mit, daß sie ein große Überraschung für sie bereithalte. Sie bittet die beiden ins Speisezimmer, wo sie ihnen ein besonderes Festmahl zubereitet habe. Als sie eintreten, bietet sich den Eltern ein grauenhafter Anblick. In der Mitte des mit größter Sorgfalt gedeckten Tisches erblikken sie ihr Kind, auf einen großen Platte, gebraten und mit Kartoffeln angerichtet. Die unglückliche Mutter wird auf der Stelle verrückt. Sie verliert die Sprache, und niemand hat sie seither auch nur ein einziges Wort sprechen hören. Der Vater, von dem es in mehreren Fassungen heißt, er sei Offizier, zieht den Revolver, erschießt das Dienstmädchen und verschwindet. Niemand will jemals wieder von ihm gehört oder gesehen haben. Späteren Nachforschungen zufolge habe man das Drama aus einer besonderen Begebenheit, von der das Ehepaar nichts wußte, erklären können: Das Dienstmädchen sei nämlich eine kurz zuvor aus einer Irrenanstalt ausgerissene Psychotikerin gewesen. Es gibt andere Versionen der gleichen Geschichte, wie gesagt, die sich im Detail unterscheiden. Manchmal heißt es, der Ehemann sei Arzt gewesen und er sei gar nicht geflüchtet, sondern habe zuerst die Mörderin und dann sich selbst getötet." (Langer 1987, S. 20/21) Diese argentinische Sagen-Geschichte steht in einem gänzlich anderen sozialen und kulturellen Kontext. Die gefährliche Kategorie dieser

Die Geschichte berührt Fragen wie: Welche neuen Anforderungen kommen auf uns zu? Müssen wir Abstriche in unserer bisherigen Lebensführung machen? Läßt sich das eigene Vergnügen und die Betreuung von Kleinkindern vereinbaren? Wie kann die Betreuung der Kinder gewährleistet werden? Auf wen können wir uns verlassen? Das Erzählpublikum besteht vorwiegend aus unerfahrenen Eltern, die mit der für sie neuen Situation zurechtkommen müssen, ihr (gemeinsames) Vergnügen in Abhängigkeit zu stellen von der gesicherten Versorgung und Betreuung ihrer kleinen Kinder. Die zitierte Erzählung artikuliert das Dilemma, das daraus folgt, beide Dinge vereinbaren zu wollen, und löst es auf folgende Weise: Mißtrauen gegen unbekannte Jugendliche ist (heutzutage) angebracht und zahlt sich aus; Eltern die sicher gehen wollen, sollten am besten auf das (zumindest gemeinsame) Theatervergnügen verzichten. Die LSD-konsumierenden Jugendlichen sind Medienfiguren, die in der Geschichte als Schreckgestalten fungieren, um die Eltern an die Betten ihrer kleinen Kinder „zurückzuschrecken". Sie bringen die Unsicherheiten und moralischen Dilemmata von („neuen") Eltern im konkretisierten, personalisierten Bild „gefährlicher drogenkonsumierender Jugendlicher" zum Ausdruck.

Über die Rolle des Babysitters wird es möglich, im Alltag als Eltern – wenn man keine eigenen Erfahrungen mit Jugendlichen vorweisen kann – Berührung mit („fremden") Jugendlichen zu bekommen. Es ist ein plausibler Berührungspunkt, dessen Plausibilität wächst, wenn man als Erzählpublikum nicht über eigene Erfahrungen mit dem Konsum von LSD verfügt, dafür aber die Geschichten aus den Medien kennt, was alles Schlimmes passieren kann, wenn LSD konsumiert wird.

Geschichte stellt das Dienstmädchen dar, das für die gefährliche Unterschicht steht, aber auch für ungeliebte sexuelle Konkurrenz. Die Geschichte von den LSD-schluckenden Jugendlichen verwendet das gleiche Motiv, stellt es aber in einen anderen sozialen und kulturellen Kontext. In beiden Geschichten sind die Protagonisten allerdings junge bzw. „frischgebackene" Eltern, die mit den Anforderungen einer für sie neuen Situation konfrontiert sind.

3 Rekonstruktive Erzählanalyse: Geschichtentexte und Erzählsituationen

Über die Schwierigkeit, moderne Sagen zu erheben

Moderne Sagen zu erheben, ist ein höchst problematisches Unterfangen. Die ideale Erhebungsmethode ist sicherlich die (teilnehmende) Beobachtung von „natürlichen" Gesprächssituationen. Erst durch die Miterhebung der Merkmale der Gesprächssituation können angemessene Aussagen über die Funktion des Erzählens dieser Geschichten getroffen werden. Doch die teilnehmende Beobachtung würde zu viel Zeit in Anspruch zu nehmen, um sie als systematische Methode im Rahmen eines empirischen Forschungsprojekts einsetzen zu können, zumal es völlig ungewiß wäre, ob Erzähler/innen, in welchen Situationen auch immer, ein Repertoire von Sagen-Geschichten besitzen und dieses auch ihren jeweiligen Kommunikationspartnern mitteilen. Die natürliche Gesprächssituation ist folglich schwer zugänglich.

Die Initiierung einer natürlichen Erzählsituation ist ebenfalls problematisch, so daß eigentlich nur die Möglichkeit bestehen bleibt, im Rahmen von Interviews nach einem bestehenden Repertoire von Sagen-Geschichten zu fragen. Diese Methode steht allerdings auch vor erheblichen Problemen, da das explizite Erfragen eines Sagen-Repertoires bereits eine (mitgeteilte) Distanzierung zum Wahrheitsgehalt der Geschichte voraussetzt (vgl. Bennett 1987). Hinzu kommt, daß Interviews durch einen eher distanzierten Erzählkontext gekennzeichnet sind, da die Kommunikationspartner sich als relativ Unbekannte oder Fremde gegenüberstehen, und der thematische Erzählrahmen damit stark eingeengt wäre. Bereits das Fragen nach „Geschichten" ist problematisch, da dieser Begriff im Alltag ebenfalls schon eine Distanzierung vom Wahrheitsgehalt der geschilderten Ereignisse impliziert. Bennett (1987), die diese Problematik ausführlich diskutiert, beschreibt die Entwicklung einer Kompromißstrategie, um Sagen-Geschichten trotz aller Probleme im Rahmen eines Interviews erheben zu können. Sie fragte folgendermaßen:

„This is a list of stories that are going round that we're interested to trace the origin of if we can. You might be able to help us. You might have heard somebody tell one of these, or maybe you know the real version. Maybe it really happened to somebody you know". (Bennett 1987, S.21)

Es folgt dann eine längere Liste, in der die zentralen Ereignisse von Sagen-Geschichten in Kurzform genannt werden. Bennett hat ihre Untersuchung als „Nebenuntersuchung" im Rahmen eines ganz anderen Forschungsprojekts durchgeführt, in dem nach Erfahrungen mit dem „Übernatürlichen" gefragt wurde, und sie konnte auf bereits bestehende Kontakte und Arrangements sozial angenehmer Gesprächssituationen aufbauen. So wurden ihr von 25 Informanten, die sie befragte, immerhin 31 Sagen-Geschichten erzählt, die von ihren Informanten als wahre Erlebnisse dritter Personen bezeichnet wurden. Bennett berichtet zudem, daß die Interviews oftmals in eine „general storytelling session" übergingen, in der Geschichten über eigene Erfahrungen, Nacherzählungen über Medienberichte und moderne Sagen einander abwechselten (vgl. Bennett 1987).

Fischer, auf dessen empirisches Material ist mich u.a. stütze, ist bei der Erhebung der Geschichten seiner Sammlung in Anlehnung an Bennett verfahren. Er hat in einem langfristig angelegten Forschungsprojekt (von 1975-1990) im Untersuchungsgebiet der „sogenannten Rhein-Ruhr-Schiene" (der bevölkerungsreiche, stark verstädterte, zum Teil noch ländlich geprägte Raum zwischen Bonn und Dortmund) mehr als 200 Personen befragt, „ ... und zwar aus allen Alters- und Berufsgruppen. Neben der vierzehnjährigen Schülerin leisteten Studenten, Auszubildende, Arbeiter und Hausfrauen, Lehrerin und Landwirt und viele andere einen Beitrag. Die meisten Belege stammen von Gewährsleuten etwa zwischen 20 und 60 Jahren. Viele besaßen ein Repertoire von mehr als einem Erzählstück" (Fischer 1991, S. 14). Daneben gelang es Fischer im Laufe dieser langen Zeit auch „ ... auf dem Wege der teilnehmenden Beobachtung in einer Gruppe Erzählstücke mehrerer Beteiligter aufzuzeichnen" (Fischer 1991, S. 13).

Die umfangreiche Geschichten-Sammlung von Brednich (1990, 1992, 1993)[59] ist auf eine heterogenere Art und Weise entstanden. Den Kern seiner Sammlungen bilden Sagen-Geschichten, die im Rahmen eines Forschungsprojektes an der Universität Göttingen in den Jahren 1988/89 erhoben wurden. Die ehemaligen Mitarbeiter/innen des Projekts waren auch nach Abschluß des Projekts für das Erzählen moderner Sagen sensibilisiert und haben Brednich mit Erzähltexten und Daten zur Erzählsituation, die sie teilnehmend beobachtet haben, „versorgt". Daneben wurde ein Großteil der Geschichten von Brednich selbst erhoben, der ebenfalls beobachtete Erzählsituationen oder ihm angetragene Erzählungen in Form von „ ... späteren Niederschriften, Gedächtnisprotokollen, Erinnerungsnotizen" (Brednich, persönliche Mitteilung) festgehalten hat. Ein dritter Teil von Geschichten wurde gesammelt aufgrund von brieflichen Einsendungen von Lesern und Leserinnen seiner Bände (vgl. Brednich 1992, 1993), zu denen Brednich jeweils selbst aufruft. Im Gegensatz zu dem Material von Fischer, das sich zwar dadurch heraushebt, daß aufgrund der „künstlich" herbeigeführten Befragung Tonbandaufzeichnungen möglich waren und folglich die gesprochenen Texte transkripiert und wiedergegeben werden konnten, finden sich im Material von Brednich mehr Hinweise zum natürlichen Erzählkontext. Brednich schreibt dazu: „Viele der in dieser Ausgabe enthaltenen Texte sind ... als Gedächtnisprotokolle vorausgegangener Erzählsituationen zu verstehen, ein nicht geringer Teil geht aber auch auf Tonbandaufnahmen zurück. Alle Texte erheben jedenfalls den Anspruch, in dieser oder annähernd ähnlicher Form von den Erzählern mündlich mitgeteilt worden zu sein" (Brednich 1990, S.21). Brednichs Sammlung enthält daher Texte, die (in den meisten Fällen) im alltäglichen Kommunikationszusammenhang erhoben wurden und dementsprechend auch Angaben zum Erzählkontext erhalten (vgl. Brednich 1990).

Neben dieser grundsätzlichen Erhebungsproblematik stellt sich noch ein anderes grundsätzliches – bisher nicht thematisiertes – Problem: Nach welchen Kriterien läßt sich eine Geschichte überhaupt als moderne Sage einstufen? Das Kriterium, daß den erhebenden Volkskundlern (oder den interpretierenden Soziologen) eine Geschichte als „unglaubwürdig" erscheint, kann

---

59 1996 ist ein neuer Band erschienen, dessen Geschichten aber nicht mehr in das Sample aufgenommen werden konnten. Dennoch beziehe ich mich sporadisch auf einige aktuellere Geschichten aus diesem (vorläufig) letzten Band von Brednich. Insgesamt entstehen durch die neue Sammlung keine anderen Gewichtungen.

kaum das (alleinige) Kriterium sein. Einige Ereignisse in den Geschichten könnten durchaus vorgefallen sein, es fragt sich dann aber, warum die Geschichten über die Ereignisse genau in dieser Form konstruiert werden[60] und warum sie eine solche soziale Verbreitung erfahren. Die volkskundliche Analyse von Erzählmotiven ist sicherlich eine wesentliche Möglichkeit, die „Echtheit" von Erzählungen zu überprüfen. Wenn Geschichten aus älteren oder bereits bekannten Erzählmotiven zusammengesetzt werden, kann dies ein Hinweis auf „erfundene" Geschichten sein. Auf der anderen Seite folgen selbst Geschichten über eigenerlebte Erfahrungen (personal experience stories) bestimmten „Formeln" und Erzähl-Strukturen[61] und basieren auf „moralischen Ordnungen" (vgl. White 1987). Relevanter als die Motivanalyse ist daher die Frage nach der gesellschaftlichen Verbreitung von Geschichten. Warum wird eine motivverwandte Geschichte – selbst wenn das eine oder andere Ereignis, von dem sie erzählt, so oder so ähnlich tatsächlich geschehen wäre – von so vielen Personen an so vielen Orten erzählt? Das verbreitete Erzählen wird nicht zuletzt deshalb möglich, weil die Geschichten wenigen einfachen strukturellen Erzählmustern folgen. Den Geschichten ist gemeinsam, „... daß sie allesamt ziemlich kurz und daher leicht zu behalten und gut weiterzuerzählen sind, und daß sie eine überraschende Pointe aufweisen, mit denen der Erzähler bei seinen Hörern Eindruck machen kann" (Brednich 1994, S. 23). Wichtiger ist allerdings noch, daß die Sagen-Geschichten explizit über fremde Erfahrungen berichten[62], was dem Erzähler ermöglicht, sich

60 Wie Burke (1945) deutlich gemacht hat, gibt es innerhalb seines „Pentad-Modells" viele Möglichkeiten, eine Geschichte zu konstruieren. Geschichten geben nicht einfach Ereignisse wieder, Geschichten konstruieren eine interne (moralische) Ordnung, sie beinhalten spezifische Motiv-Vokabulare und geben Gründe für Handlungen an. Von Interesse ist daher, warum sich so viele Personen mit bestimmten Geschichten identifizieren können, daß sie sie in der Struktur einer modernen Sage weitererzählen.

61 Zur Struktur von Geschichten über eigene Erfahrungen vgl. Labov/Waletzky 1973, Robinson 1981.

62 Hier ist allerdings anzumerken, daß die Identifizierung der Erzähler mit der Geschichte in bestimmten Situationen durchaus auch so weit gehen kann, daß er sie als eigenes Erlebnis präsentiert. (vgl. Brednich 1994). Mir selbst wurde in einem Seminar eine verbreitete Geschichte, die Migranten darüber diskreditiert, daß sie auf dem Balkon Schweine schlachten, als eigene Erfahrung erzählt. Der Erzähler war ein Polizist, der mir mitteilte, daß er von Nachbarn mobilisiert worden war, die Schreie gehört hatten und Gewalthandlungen befürchteten. Als der Polizist in die Wohnung (in der eine Migranten-Familie lebte) kam, hat er seinen Angaben zufolge selbst gesehen, wie auf dem Balkon gerade ein Schwein geschlachtet wurde.

mit dem Erzählten zu identifizieren, ohne sich selbst dabei exponieren zu müssen. Es geht also nicht so sehr darum, ob sich irgendwo Dinge wirklich so ereignet haben, wie sie beschrieben werden, sondern ob die Geschichte für die Erzähler und ihre Lebensituation bedeutsam ist, so daß sie sie einem Publikum als „wahre Geschichte" mitzuteilen suchen. Manche Geschichten mögen sich aus realen Vorfällen entwickelt haben, andere dagegen sind frei erfunden.

Volkskundliche Sammlungen und soziologische Erzählanalyse

Angesichts der beschriebenen Erhebungsproblematik und einer bereits vorhandenen umfangreichen volkskundlichen Sammlung von Sagen-Geschichten, die aber weitgehend uninterpretiert sind, habe ich mich für eine Sekundäranalyse des bereits erhobenen Materials entschieden. Die Soziologie hat sich bisher mit diesem Erzählgenre nicht befaßt[63], auch im Umfeld konversationsanalytischer Arbeiten fand bisher keine Beschäftigung mit diesem Genre statt. Meine Sekundäranalyse konzipiere ich im Rahmen einer „sociology of narrative" (Ewick/Silbey 1995) bzw. einer Soziologie der Narration oder Erzählung (vgl. Schütze 1975; auch Thompson 1990). Ewick/Silbey definieren „...narrativity as the object of inquiry can be understood as sociology *of* nar-

---

63 Die einzigen soziologischen Beiträge zur modernen Sage kommen bisher aus den USA. Fine hat als Volkskundler & Soziologe bestimmte Typen moderner Sagen auch unter soziologischen Gesichtspunkten interpretiert, indem er die Geschichten in sozialstrukturelle Kontexte gestellt hat (vgl. Fine 1988). In seinem Buch (Fine 1992), das seine Aufsätze zu den modernen Sagen versammelt, entwickelt Fine auch einen Interpretationsrahmen für moderne Sagen, der sich auch auf soziale und sozialstrukturelle Kategorien bezieht. Doch dieser Rahmen (Fine nennt ihn „Folklore Diamond") ist eher eine Art Übersicht über wichtige Analysedimensionen als der Entwurf eines theoretischen Erklärungsmodells. Seine Herangehensweise zielt auf eine „Folklore-Theory", die soziologisch informiert/interessiert und kommunikationstheoretisch reflektiert ist. Best hat das Genre der modernen Sage in die Theorie sozialer Probleme eingeführt (vgl. Best 1985, 1990, 1995). Er interpretiert sie als „unconstructed social problems" und damit als kollektive „claims-making-activities", die allerdings erfolglos geblieben sind (Best 1985). Best begreift moderne Sagen als alternative (kollektive) Reaktion auf „social strain" zu kollektiven Hysterien oder der Konstruktion sozialer Probleme. Da er aber bei diesem Alternativen-Modell stehenbleibt, entwickelt er keine Theorie, die es ermöglichen würde, den Sagen-Diskurs als „Folklore" auf die anderen gesellschaftlichen Diskurs-Formen zu beziehen.

rative, insofar as it charts the role and significance of narrative as a type of social act" (1995, S. 203). Es geht also nicht nur um eine strukturelle Geschichtenanalyse[64], sondern um eine Erzählanalyse, die den Text der Geschichte mit der Erzählsituation und dem Erzählkontext verbindet; es geht um das Geschichten-Erzählen. Ich untersuche das Erzählen moderner Sagen als eine Sozialform des alltäglichen Moralisierens, die das „doing morality" und das „doing narrative" zusammenbringt. Da nun der „natürliche" Erzählkontext nicht direkt beobachtet und dokumentiert werden konnte, geht meine Erzählanalyse von den Geschichten-Texten aus und ist daran orientiert, die Interpretations-Situationen zu rekonstruieren, in denen die Geschichten mit verschiedenen Bedeutungen erzählt werden können. Im Rahmen einer *rekonstruktiven Erzählanalyse* werden die jeweiligen *Arbeitsbündnisse* untersucht, in denen die möglichen Bedeutungen der Geschichten ausgehandelt werden können. Mit dem Konzept des „erzählenden Moralisierens" lassen sich sonst übliche Trennungen zwischen Text und Kontext, zwischen Form und Inhalt usw. überwinden. Die Erzählsituation wird als Moralisierungssituation betrachtet, in der moralische Botschaften über Geschichten kommuniziert werden, in einem auch moralisch relevanten sozialen Kontext.

Der Versuch einer (Re-) Kontextualisierung von sozial isolierten Texten beruht nicht auf rein subjektiver Phantasie. Es wird auf eine strukturelle Analyse der Geschichten aufgebaut, wobei weitere Hinweise zur Erzählsituation und zum Erzählpublikum aufgegriffen und zur Interpretation herangezogen werden. Die volkskundlich erhobenen, gesammelten und präsentierten Geschichten enthalten überwiegend auch Hinweise zur Erzählsituation (z.B. zum Ort, Zeitpunkt und Gelegenheit/Anlaß des Erzählens), zum Erzählpublikum (Anzahl, Alter, Geschlecht, Bildung/Beruf, ländlich/städtisch), zum sozialen Verhältnis von Erzählern und „Zuhörern" (z.B. im Hinblick auf das Geschlecht, Alter und Sozialstatus) und zur besonderen Lebenssituation des Erzählpublikums zum Zeitpunkt des Erzählens (z.B. Statuspassage, Probleme und Konflikte, individuelle Befindlichkeiten usw.). Daneben existieren mittlerweile einige reflektierte empirische volkskundliche Untersuchungen über die Erzählsituation und den Erzählkontext und konnten auch einige „natürliche" Erzählsituationen beobachtet werden. Zudem verfüge ich mittler-

64 Die volkskundliche Erzählforschung war lange Zeit der strukturalistischen Geschichtenanalyse verpflichtet. Herausragende Interpretationen einzelner Geschichten finden sich bei Clements 1986, Crane 1977, Dégh 1969, Dundes 1971.

weile selbst über einige Beschreibungen natürlicher Erzählsituationen, an denen ich mehr oder weniger zufällig teilnehmen konnte, und die mir von meinem nahen sozialen Umfeld, das von mir auf das Genre aufmerksam gemacht worden ist, herangetragen wurden. Auf diese (unsystematischen) Situations-Beschreibungen werde ich (im 4. Kapitel) zurückkommen.

Die Erzählanalyse kann davon ausgehen, daß Texte immer „decentered discourses" (Bauman/Briggs 1990) darstellen. Erzählsituationen wie auch Erzählanalysen beinhalten folglich immer Prozesse der Dekontextualisierung und Rekontextualisierung. Meine Analyse sucht nicht den „wahren Erzählkontext", sondern versucht die Situationen zu rekonstruieren, in denen die Sagen-Geschichten mit unterschiedlichen Bedeutungen erzählt werden können. Von daher liegt mein Blick auf den verschiedenen Arbeits- oder Interaktionsbündnissen, die mit dem Erzählen dieser Geschichten eingegangen werden.

Materialbeschreibung und empirisches Vorgehen

Das genaue Verzeichnis der Quellen, auf die sich meine Sekundäranalyse stützt, befindet sich am Ende der Arbeit. Im Mittelpunkt stehen die umfangreichen Sammlungen deutscher Volkskundler, vor allem die Sammlungen von Brednich und Fischer. Aus ihren Veröffentlichungen habe ich in mein Sample ausgewählt. Übernommen habe ich nur die Geschichten, die von beiden Autoren entweder (im Rahmen von Forschungsprojekten oder zu anderen Gelegenheiten) selbst erhoben worden sind oder über Mitteilungen anderer Personen zugetragen wurden. Herausgelassen habe ich Geschichten, die von anderen Autoren bereits veröffentlicht worden sind und nochmals wiedergegeben wurden. Dies sind meist Geschichten aus dem europäischen und außereuropäischen Ausland. Daneben habe ich eine Kategorie von Geschichten aus meinem Sample herausgelassen, die sich mit dem „Übernatürlichen" befassen. In ihnen kommen übernatürliche Wesen vor, wie etwa Geister, Hexen mit Zauberkräften, (der oder die) Teufel, Außerirdische als UFO-Besatzungen u.a.m[65]. Die volkskundlichen Sammlungen beinhalten z.T. auch Gerüchte und

65 Die Abgrenzung zu Geschichten über das Übernatürliche geschieht hier nicht nur aus forschungspragmatischen Selektionsnotwendigkeiten heraus. Diese Geschichten er-

„Prominenten-Klatsch". Auch diese Geschichten wurden von mir nicht mit ins Sample aufgenommen, da sie sich von der Form und Struktur her nicht als moderne Sagen bezeichnen lassen.

Brednich und Fischer sortieren ihre Geschichten vor allem thematisch, wobei die Themen z.T. arge Hilfskonstruktionen darstellen: Im ersten Band (1990) unterteilt Brednich die Geschichten in die Bereiche: „Auto und Verkehr", „Urlaub und Fremde", „Einkaufsgeschichten", „Essen und Trinken", „Kinder", „Tiere", „Haus und Wohnung", „Arbeit und Technik", „Medizin und Drogen", Aberglaube und Übernatürliches", „Merkwürdige Zufälle". Im zweiten Sammelband sind z.T. die gleichen Bereiche vertreten, z.T. weitere große Bereiche, die folgendermaßen überschrieben sind: „Die Tücken des ganz alltäglichen Lebens", „Unerwartete Todesfälle", „Merkwürdige Zufälle". Im dritten Band schließlich gibt es neben wieder neuen Bereichen des alltäglichen Lebens wie „Sexualität" und „Familie" die Kategorien „Kuriositäten", „Slapstick", „Glück und Unglück", „Makabre Todesfälle" und „Verschwundene Menschen". Fischers Einteilung folgt einem ähnlich verwirrenden Muster mit Bereichen wie: „Geheimnisse der Technik", „Unglaubliche Ereignisse und sonderbare Vorfälle" und „In fernen Ländern", aber auch „Verbrecher und Verbrechen", „Gefährliche Pflanzen und Tiere", „Gift, Schmutz und Verunreinigungen", „Unheimliche Krankheiten und Übel", „Anhalter und merkwürdige Begegnungen", „Auto und Motorrad", „Tod und Tote".

In einem ersten Überblick läßt sich sagen, daß Probleme des Alltags thematisch im Vordergrund stehen, dabei aber die „größeren", vor allem „Angst-Themen" des massenmedialen Diskurses aufgegriffen werden: Kriminalität, AIDS/Krankheiten, Organspende, Entwicklungen der modernen Medizin und Technik, Einwanderung/Migration, Asyl-Problematik, „Wiedervereinigung", Drogen, Atomkraft u.a.m. Nach einem ersten Versuch einer (systematischeren) thematischen Einteilung der Geschichten in Problembereiche des Alltags (Krankheit, Kriminalität, Straßenverkehr usw.) bin ich im Zuge der Analyse – und vor allem nach der strukturellen Analyse der Geschichten – dazu übergangen, die Geschichten zunächst nicht inhaltlich, sondern im Hinblick auf genrespezifische Moralisierungsstrategien zu unterscheiden. Diese Strategien

---

fordern einen besonderen theoretischen Interpretationsrahmen, der über den Alltag hinausreicht und die Dimensionen des „Mysteriösen" und Religiösen berührt. Strukturell und von der Form her sind die Geschichten allerdings mit modernen Sagen vergleichbar.

lassen sich erschließen aus der Struktur der Geschichten und den Erzählfunktionen, die die Geschichten für das Erzählpublikum haben. Dadurch ergibt sich folgende Aufteilung der ca. 400 Geschichten, die das Sample umfaßt:

- *Gefahren-Geschichten.* Dies sind Geschichten, die über das Gefahrenmoment moralisieren: Neben den Protagonisten gibt es hier „gefährliche Personen-Kategorien", „gefährliche Verunreinigungen durch Tiere" und die „gefährliche Technik". Gefahren-Geschichten sind mit 129 Geschichten die größte Kategorie.
- *Moralische Geschichten.* Moralische Geschichten führen die negativen Konsequenzen des Handelns der Protagonisten vor. Hier werden Verantwortlichkeiten diskutiert und Moralen dargestellt über die negativen Konsequenzen von Normbrüchen. Zwar sind auch die Gefahren-Geschichten in diesem Sinne 'moralische Geschichten', im Gegensatz zu diesen werden aber hier alle Handlungskonsequenzen den Protagonisten unmittelbar zugeschrieben und nicht auf andere Kategorien projiziert. In diese Kategorie fallen 103 Geschichten.
- *Diskreditierungs-Geschichten.* Diskreditierungs-Geschichten zeichnen sich dadurch aus, daß hier weniger über den Normbruch als über die Inkompetenz moralisiert wird. Vorgeführt werden inkompetente Akteure/ Handlungen und die negativen Konsequenzen inkompetenten Handelns. Daneben gehören zu dieser Kategorie auch Geschichten, die über den Normbruch ganze Personengruppen diskreditieren. In diesen Geschichten geht es nicht um das Vorführen negativer Handlungen, sondern um das Konstruieren von Personen-Kategorien, die aufgrund ihrer Abweichung von einer Normalitätsvorstellung diskreditiert werden. Als Diskreditierungs-Geschichten konnten 86 Geschichten codiert werden.
- *Geschichten vom Gegenschlag.* Die Geschichten in dieser Rubrik sind auch moralische Geschichten. Ich führe sie aber gesondert auf und interpretiere sie auch gesondert, weil sie als die einzigen „Heldengeschichten" bezeichnet werden können. In ihnen gibt es explizite Sieger und Verlierer. Die Vorführung zweier Parteien verweist auf Auseinandersetzungen um die Norm. In diese Kategorie fallen 32 Geschichten.
- *Umkehrungs-Geschichten.* Während die bisherigen Geschichten-Kategorien auf unterschiedliche Weise den Normbruch sanktionieren, zeichnen sich die Umkehrungs-Geschichten dadurch aus, daß der Normbruch nicht zu negativen Konsequenzen führt, sondern zu positiven: er schädigt nicht,

sondern hilft und rettet. Es sind ironische Geschichten, gerichtet gegen die herrschende Moral und Ordnung. 32 Geschichten fallen in diese Kategorie.

- *Geschichten vom Glück und Unglück.* In dieser „Restkategorie“ sind die Geschichten aufgehoben, die tatsächlich „Glück und Unglück“ vorführen, fern jedweder Verantwortlichkeit für beides. In diese Kategorie fallen 16 Geschichten.

Der Rekonstruktion der verschiedenen Interpretations-Situationen vorgeschaltet ist die strukturelle Analyse der Geschichten in Bezug auf das Moralisieren. Meine Erzählanalyse wird von den Geschichten, ihrer Form und Struktur und ihrem Inhalt ausgehen, um sie dann zu interpretieren im Kontext der jeweiligen Arbeitsbündnisse, innerhalb derer sie mit verschiedenen Bedeutungen versehen werden. Die Funktionen des Erzählens erschließen sich aus einer „vermittelnden“ Analyse von Form/Struktur, Inhalt und Kontext.

4 Die private Aneignung herrschender Moral. Ergebnisse der Erzählanalyse

Das Moment der Grenzüberschreitung

Das Genre der modernen Sagen arbeitet mit dem Moment der *Grenzüberschreitung.* Die in den Geschichten vorgeführte Übertretung kultureller/sozialer/moralischer Grenzen ist dadurch markiert, daß die Akteure in einen Bereich der Zwischenräumlichkeit eintreten. Die Protagonisten verlassen den Raum der Ordnung und geraten in einen „Schwellenzustand" bzw. befinden sich in einer „liminalen" Situation (vgl. Turner, V. 1982, 1989). Die Grenzüberschreitung stellt eine Durchbrechung des sozialen und kulturellen Klassifikationsschemas dar. Mit Douglas (1966) läßt sich hier auch von „Verunreinigungen" sprechen, von „Dingen am falschen Platz". Die Idee der Zwischenräumlichkeit geht auf van Genneps „rites de passage" (1960) zurück. Van Genneps Konzept der Übergangsrituale bezieht sich auf drei Phasen, die bei einer Statuspassage zu durchlaufen sind: Am Beginn steht die Trennungs- oder Separierungsphase, die vom früheren Zustand ablöst; dann folgt die Schwellenphase, in der man sich gleichsam zwischen zwei Welten befindet; den Abschluß bildet die Angliederungsphase, die in einen neuen Zustand integriert. Die Schwellenphase, von Turner als „anti-struktureller Bereich" bezeichnet, ist gekennzeichnet durch die Umkehrung herrschender Normen & Werte, durch die ordnungsbedrohende Verwischung und Durchkreuzung kultureller und sozialer Grenzen.

Die in den Sagen-Geschichten thematisieren Grenzüberschreitungen stellen oftmals gleichzeitig Tabuverletzungen dar. Das zeichnet moderne Sagen formal als karnevaleskes Genre aus (vgl. Bachtin 1995), als ein Genre, das durch die Bereitschaft, die Eingrenzungen der offiziellen Rede zu durchbrechen, eine inoffizielle, informelle und untergründige Qualität erhält. Zwischenräumlichkeiten werden ständig betreten und Verwischungen der Kategorien herrschender Ordnung finden statt. Doch diese formale Überschreitung von Grenzen, die das Genre auszeichnet, sollte nicht dazu führen, es sogleich auch inhaltlich als ein widerständiges anzusehen, als ein Genre, das sich über die herrschende Moral lustig macht und die Normen als Kritik an der herrschenden Ordnung/Moral umkehrt. Die Grenzüberschreitungen sind von der Struktur der Geschichten her eher als „Rituale der Rebellion" (Gluckman 1956) angelegt, die zwar (auf vergnügliche oder grauenvolle Weise) den Tabubruch thematisieren, doch dies geschieht nur, um die soziale und moralische Ordnung um so deutlicher hervortreten zu lassen[66].

De Certeau (1988) sieht in der Praxis des informellen, mündlichen Geschichtenerzählens an sich bereits eine Taktik, eine trickreiche Alltagspraktik. Er honoriert die „trickreichen Wendungen" und die „Tricks der Kunst des Erinnerns", die auch in den Sagen Geschichten wiederzufinden sind:

> „Bei der Erzählung einer wohlbekannten und somit klassifizierbaren Geschichte kann ein beiläufiges 'Detail' die ganze Tragweite der Geschichte verändern. Diese Geschichte 'wiederzuerzählen' bedeutet, mit diesem *zusätzlichen* Element, das in der glücklichen Stereotypie des Gemeinplatzes verborgen ist, zu spielen. Eine 'Kleinigkeit', die in den Rahmen, der als Erzählgrundlage dient, eingefügt wird, erzeugt an diesem Ort andere Effekte." (de Certeau 1988, S. 174)

Wenn man diese Überlegungen auf die modernen Sagen anwendet, dann ist de Certeau in dem Punkt zuzustimmen, daß im Erfinden und Weitererzählen moderner Sagen eine phantasievolle und eigenständige Aktivität zum Vorschein kommt, die leicht übersehen wird. Das Erfinden und Erzählen moderner Sagen ist ein produktiver und kunstvoller Akt. Doch stellt sich auch die über die Form hinausgehende Frage danach, welche Inhalte in diesen Geschichten weitererzählt werden, welche Moralen in diesen alltäglichen Diskurs Eingang und Verbreitung finden, und auf welche Weise sie durch das Weitererzählen bearbeitet werden. Das ist letztlich eine empirische Frage, denn es kommt

---

66 Zu einer solchen Sichtweise vgl. auch Clements 1991, der den Begriff „interstitiality" verwendet. Clements bescheinigt der modernen Sage, „Zwischenräumlichkeiten" vor allem im Sinne der Ordnungsbestätigung aufzulösen. Er sieht sie jedoch auch als Möglichkeit an, über die bestehende Ordnung zu reflektieren und die Zwischenräumlichkeit in einen kreativen ordnungsverändernden Prozeß aufzulösen. Das macht zwar theoretisch Sinn, bleibt aber ohne empirische Bestätigung, wenn die meisten Geschichten – wie er es auch sieht – genau in diesem Sinne *nicht* aufgelöst werden.

wesentlich darauf an, die Bedeutungen, die im sozialen Raum kursieren, danach zu untersuchen, ob sie die herrschende Moral bestätigen oder ob sie sie in Frage stellen, subversiv unterlaufen oder gar „umkehren". In einem ersten analytischen Schritt lassen sich nun verschiedene Momente von Grenzüberschreitung unterscheiden:

- Eine erste Form der Grenzüberschreitung führt in den *gefährlichen Zwischenraum.* Die Grenzüberschreitung bewirkt eine Gefahrenfreisetzung, sie führt zur Öffnung des Zwischenraums, der hier dämonisiert wird. Die zwischenräumlichen Kategorien und liminalen Wesen, die dann auftauchen, sind Schreckfiguren, die Angst erzeugen und die die Protagonisten auf den rechten Weg der gesellschaftlichen Ordnung und der herrschenden Moral „zurückschrecken" sollen. Die mythischen Figuren, die diesen Zwischenraum bewohnen, sind die eigentlichen „Folk Devils" (Cohen 1972), die dann zur Gefahr für die gesellschaftliche Ordnung werden, wenn Akteure durch normbrechendes Handeln in diesen Zwischenraum eintreten, ihn damit öffnen und das Böse freisetzen. Mit ihnen werden die bestehenden moralischen Grenzen bestätigt, gefestigt und verteidigt. Sie dienen der Herausstellung der sozialen und kulturellen Klassifizierungsschemata, die durch das Handeln der Protagonisten durchbrochen worden sind. Im Plot haben sie zumeist die Funktion der Bestrafung der unmoralischen Protagonisten. Diese Dämonen werden in den Gefahren-Geschichten typisiert; sie stellen die in der konkreten Situation phantasierten Bedrohungsgestalten dar. Sie stehen in der Geschichte aber nicht im Vordergrund, sondern werden lediglich dazu benutzt, Protagonisten in ihrem Bewegungs- und Handlungsspielraum einzugrenzen. Die Dämonisierung des Zwischenraums legitimiert aber die Ausschließung oder Vernichtung zwischenräumlicher Kategorien bzw. liminaler Figuren und Wesen.[67]
- Eine andere Form der Grenzüberschreitung führt in den *Zwischenraum der Disziplin- und Verantwortungslosigkeit.* In diesem Zwischenraum wohnen keine Dämonen; er ist im Gegenteil so beschaffen, daß der Aufenthalt in ihm lustvoll und vergnüglich gestaltet werden kann, weil die Protagonisten

67 Es läßt sich bereits hier anmerken, daß moderne Sagen in der Regel diese Ausschließung und/oder Vernichtung des Bösen nicht (mehr) phantasieren, sondern die Gefahrenvermeidung und das Entkommen in den Vordergrund stellen. Ausschließungs- und Vernichtungsphantasien finden sich vor allem in Geschichten, in denen das Böse über Tiersymbole dargestellt wird.

von allen Verpflichtungen entlastet und von Disziplinierungen befreit werden. Problematisch wird hier allerdings die Rückkehr in die Ordnung, denn die Zeit ist nicht stehengeblieben und die schlimmen Folgen der Grenzüberschreitung werden nun in aller Schärfe sichtbar. Der Zwischenraum besteht hier in der Verkehrung der moralischen Ordnung, in der symbolischen Inversion. In ihm herrscht die Unmoral, der Leichtsinn und die Achtlosigkeit, die Verantwortungslosigkeit, die Entblößung und die absichtsvolle Täuschung. Aufgezeigt werden die negativen Konsequenzen des normbrechenden Handelns der Protagonisten. Geschichten dieser Art sind Appelle zur Selbstdisziplinierung

- Eine dritte Form der Grenzüberschreitung führt in den *Zwischenraum der Inkompetenz.* Grenzüberschreitungen führen hier zur Handlungsunfähigkeit. Der Zwischenraum ist ein Bereich oder Ort, in dem sich die Akteure nicht zurechtfinden; sie nehmen ihn mit ihren gewohnten Blicken wahr und versuchen ihn über ihre routinierten Handlungsmuster zu bewältigen und verkennen die Fremdheit und Andersartigkeit des Raumes. In diesem Zwischenraum herrscht die Naivität, das Verkennen, Vergessen, Vertauschen und der Reinfall auf die Täuschung, der Irrtum und die Torheit. Auch bei diesen Geschichten geht es um Eingrenzungen des Bewegungs- und Handlungsspielraums, aber auch um die soziale und kulturelle Abgrenzungen gegenüber anderen.
- Die Grenzüberschreitung kann aber auch in einen *karnevalesken Zwischenraum* führen. Sie wird dann zu einem „norm demolition derby" (Jewett/Lawrence 1976), in dem die Normen durch ironisierende Umkehrungen problematisiert werden. Hier werden nicht moralische Grenzen bestätigt, sondern kritisiert und infragegestellt; es wird zur Reflexion über sie aufgerufen. Die herrschenden binären Klassifizierungen werden verwischt und gekreuzt. Der Zwischenraum ist hier das Hybride, aus dem neue Kombinationen hervorgehen, und der die bisherige Ordnung instabil werden läßt. Die liminalen Figuren sind keine Dämonen mehr, sondern „Trickster", paradoxe Figuren, die durch das „Netz der Klassifikationen" (Turner, V.) schlüpfen; es sind amoralische Figuren der Unordnung, die z.B. das Böse wollen, aber dabei das Gute tun. Paradoxien und Ambivalenzen werden hier zugelassen, und die Norm wird selbst infragestellt. Die Trickster-Figuren personifizieren die normative Ambivalenz (vgl. Diamond 1974, Koepping 1984). Im Gegensatz zu ihnen sind Dämonen eindeutig

negativ bewertete Schwellenwesen, deren Vorführung auf die Herausstellung der herrschender Ordnung zielt, auf binäre Klassifikationssysteme als Ordnungsmechanismen.

Grenzüberschreitungen lassen sich in den Geschichten an den Momenten der Verkehrung und Umkehrung, an der symbolischen Inversion, identifizieren. Die Verkehrung steht im Zentrum des Sagen-Diskurses. Doch gilt es hier, genau zu unterscheiden. Es gibt das Vorführen der Umkehrung und „Verunreinigung" der Ordnung als affirmativen narrativen Diskurs, der die Negation als abschreckendes und warnendes Beispiel strukturiert. Diese von mir als *moralische Geschichten* bezeichneten Narrationen moralisieren das Verkehren der Ordnung. Verurteilt werden praktisch alle Handlungen, die auf Verkehrung hindeuten: Moralisiert wird das Verstellen, das Verstecken und Verheimlichen, auch das Verkennen, das Verlieren, das Vergessen, das Verwechseln und Vertauschen. Der affirmative Sagen-Diskurs verurteilt am stärksten die absichtsvolle Täuschung wie z.B. das bewußte Vertauschen von Rollen, die Umkehrung von Statushierarchien, das Eintauschen des Eigenen gegen das Fremde und die Vortäuschung von Mitgliedschaft durch Ausgeschlossene.

Anders dagegen der Teil des Sagen-Diskurses, der sich als subversiv bezeichnen läßt. Hier kommt die „symbolische Inversion" im Sinne der Ironie und des Paradoxes zum Tragen (vgl. Babcock 1978), das Sich-Lustigmachens über die herrschende Moral. Die Form und Struktur der Geschichten ändert sich dann: Die Umkehrung dient nicht mehr der Erzeugung von Angst und Schrecken, von Ekel und Abwehr oder von moralischer Entrüstung, sie legt im Gegenteil das Auslachen der Angst nahe. Das Schreckliche wird lächerlich gemacht und der disziplinierte Körper wird über groteske Motive der Lächerlichkeit preisgegeben. Hier kommen die Mechanismen zum Tragen, die sich im Sinne von Bachtin (1995) als „Karneval" und im Sinne von Babcock (1978) als „symbolische Inversion" bezeichnen lassen. Ich wähle für diese Form der subversiven Umkehrung den Begriff der *karnevalesken Inversion*, um sie von den moralisierenden Verkehrungen abzugrenzen. In den Sagen-Geschichten, die durch karnevaleske Inversionen gekennzeichnet sind, führen Verkehrungen zu positiven Resultaten. Hier zahlt sich das Verwechseln und Vertauschen entweder aus oder bietet Gelegenheit, über Verwechslungen und Vertauschungen zu lachen und die naiven und inkompetenten Protagonisten als Opfer ihrer eigenen Dummheit auszulachen. Schadenfreude ist eine wahrscheinliche Reaktion auf diese Geschichten.

Wenngleich nun mit der Grenzüberschreitung der strukturelle Kern der modernen Sagen dargestellt werden konnte, bleibt doch weiterhin offen, aus welchen Erzählkontexten heraus unterschiedliche Färbungen der Grenzüberschreitung vorgenommen werden. Diese Frage gilt es, im Rahmen der Erzählanalyse zu beantworten.

Die moralische Grundstruktur der Sagen-Geschichten

In ihrer Grundstruktur lassen sich die modernen Sagen als *moralische Geschichten* bezeichnen. Geschichten besitzen, wie ich oben gezeigt habe, zwar immer eine moralische Ordnung, insofern sie von einem normativen Bezugspunkt aus konstruiert werden, doch liegt der Struktur der modernen Sage in der Regel ein einfaches und stabiles Muster zugrunde, das auf die Darstellung einer Moral zielt. Es ist durch die folgende Dreiphasen-Bewegung gekennzeichnet:

1. Normverletzung >
2. Negative Konsequenz >
3. Bearbeitung der negativen Konsequenz:
   - Rückkehr zur Norm/ Normbestätigung
   - keine Rückkehr mehr möglich/ Normbestätigung

Der Begriff der Normverletzung ist hier sehr weit gefaßt. Er umschließt auch die Inkompetenz, das Unvermögen, angemessen zu handeln. Diese Grundstruktur findet sich in mehr oder weniger allen Geschichten. Mitunter kommen noch andere Momente dazu: Manchmal wird zu Beginn der Geschichte die Verbotsnorm explizit verkündet; oder die Geschichte wird komplexer durch mehrere aufeinander folgende negative Konsequenzen, die auf unterschiedliche Weise bearbeitet werden. Die Dreiphasen-Bewegung bildet aber regelmäßig den stabilen Kern der Geschichtenstruktur.

An der folgenden Geschichte läßt sich diese moralische Grundstruktur illustrieren. Klintberg gibt ihr den Titel:[68] „Der Baby-Sitter kam nicht“:

68 Die volkskundliche Praxis, einzelnen Geschichten einen Titel zu geben, geht von der Annahme aus, es gäbe eine Grundgeschichte, die dann lediglich variiert wird. Diese Sichtweise übersieht und übergeht die spezifischen Intentionen und Interessen der je-

„Ein Ehepaar hatte sich entschlossen, zwei Wochen auf Mallorca Urlaub zu machen. Oma sollte kommen und auf das Kind aufpassen, während sie abwesend waren. Die Abflugzeit der gebuchten Maschine kam näher und näher, und schließlich ließen sie ihr Kind, angeschnallt im Kinderstuhl, allein und machten sich auf den Weg. Die Oma hatte angerufen, kurz bevor sie von zu Hause weggefahren war, und mußte bald da sein. Als sie zurückkehrten, saß das Kind immer noch im Stuhl – tot. Die Oma hatte einen Verkehrsunfall erlitten und lag bewußtlos im Krankenhaus." (Klintberg 1990, S. 143)

Klintberg berichtet noch über eine leicht variierte Version, die er in den USA aufgegriffen hat: „Da wird der Baby-Sitter nicht auf dem Weg angefahren, sondern kommt ganz einfach nicht in die Wohnung. Die Tür, die – so war es vereinbart – offenstehen sollte, war verschlossen. Der Baby-Sitter geht nach Hause, in der festen Überzeugung, die Eltern hätten ihr Kind doch mitgenommen. Als diese nach zwei Wochen wieder nach Hause kommen, finden sie ihr Kind verhungert vor. Bevor es gestorben ist, hatte es begonnen, die eigenen Finger zu essen" (ebd. S. 144)[69].

In beiden Geschichten wird zunächst deutlich, daß *moralische Geschichten* sich dadurch auszeichnen, daß der Normbruch erst an der negativen Konsequenz des Handelns der Protagonisten erkennbar wird. Nach der Entdekkung/Aufdeckung der Folgen kann das Handeln der Protagonisten neu definiert und bewertet werden: die negativen Folgen sind es, die das Handeln zum Normbruch werden lassen – wobei der Normbruch höchst unterschiedliche Färbung bekommt. In beiden Geschichten ist er deutlich markiert als verantwortungsloses Handeln. In der ersten Geschichte begehen die Eltern den Normbruch dadurch, daß sie sich nicht abgesichert und nicht gewartet haben, bis die Oma auch tatsächlich angekommen ist. Sie überlassen das Kind sich selbst – dazu noch „gefangen" auf dem Kinderstuhl. (Das Anschnallen, das eigentlich eine Sicherungsmaßnahme darstellt, verkehrt sich ins genaue Gegenteil.) Im Nachhinein erscheint bereits die Bereitschaft der Eltern, ohne ihr Kleinkind Urlaub machen zu wollen, als der eigentliche Normbruch. Es gibt mehrere Interpretationsmöglichkeiten, in jedem Fall aber steht der qualvolle

---

weiligen Erzähler/innen, die - wie de Certeau dies treffend formuliert hat - mit wenigen sprachlichen Änderungen eine ganz neue Geschichte konstruieren, so daß zwar die gleichen Erzählmotive verwendet werden, aber die inhaltliche und auch moralische Aussage eine ganz andere werden kann. Dennoch gilt es zur Kenntnis zu nehmen, daß sich eben nur ganz bestimmte Versionen gesellschaftlich verbreiten, während andere sich nicht „durchsetzen" können.

69 Vgl. auch die von Brunvand (1981, S.67) präsentierte Geschichte.

Tod des Kindes am Schluß der Geschichte den zwei vergnüglich und unbelastet verbrachten Wochen der Eltern auf Mallorca gegenüber.

In der zweiten Geschichte werden die Verantwortlichkeiten auf Eltern und Baby-Sitter verteilt: Hier sind es nicht nur die Eltern, die verantwortungslos handeln, auch der Baby-Sitter handelt (zumindest) leichtfertig und wenig überlegt – aber er/sie ist immerhin im guten Glauben. Der grausame Tod des Kindes ist in beiden Geschichten nicht nur die negative Konsequenz einer achtlosen, unbedarften Handlung, er verweist auch auf die Unmoral der Eltern, die selbst bei einem Zwischenfall – die Oma kommt nicht – nicht bereit sind zu warten, um ihr Kleinkind betreut zu wissen, und dies alles, um dem eigenen Vergnügen nachzugehen, für das das Kind sowieso nicht vorgesehen und hinderlich war. Das schreckliche Ende der Geschichte basiert zudem auf einem weiteren elementaren Normbruch: Während des gesamten Urlaubs haben sich die Eltern offensichtlich nicht nach dem Befinden ihres Kindes erkundigt; sie haben sich also auch nicht nachträglich versichert, ob die Oma doch noch eingetroffen ist, eine Handlung, die, wenn sie früh genug erfolgt wäre, das Kind hätte retten können. Aber das Kind war den Eltern offensichtlich gar nicht mehr im Sinn. Der Normbruch wird in beiden Geschichten als so gravierend bewertet, daß eine Rettung nicht mehr möglich ist. Die verantwortungslosen Eltern müssen nun mit der Konsequenz leben, daß sie ihr Kind auf dem Gewissen haben.

In den moralischen Geschichten, die sich – wie in den zitierten Beispielen – direkt auf das Handeln der Protagonisten beziehen und hier Verantwortlichkeiten zuschreiben, führt die Grenzüberschreitung aus der herrschenden Moral und Ordnung heraus. Die Eltern verlassen das Kind, um sich dem Vergnügen zu widmen. Mallorca wird zum Zwischenraum, der diesmal zwar nicht selbst gefährlich ist, der aber die Eltern von Verantwortlichkeiten und der Last des Kümmerns um ihr Kind befreit. Sie sind damit aber auch aller Einflußmöglichkeiten zur Steuerung der Situation beraubt: In der ersten Geschichte ist die Grenzüberschreitung das Einfallstor des Unglücks (der Verkehrsunfall der Oma); in der zweiten Geschichte provoziert sie geradezu die Sorglosigkeit und Unbedarftheit des Baby-Sitters.

Die das Kleinkind sichernde und beschützende Ordnung wurde dadurch durchbrochen, daß die Eltern es alleine zurückgelassen haben. Die Erzählung ist somit eine an Eltern gerichtete *Disziplinierungsgeschichte*. Sie mahnt die Fürsorge und Verantwortlichkeit für Kinder an, und sie verurteilt das Vergnügen als außerhalb der Ordnung stehend. Die Geschichte erlaubt keine rettende Rückkehr mehr. Kleinkinder (unbetreut) zu verlassen, um dem Vergnügen nachzugehen, ist für das Erzählpublikum offensichtlich verdammenswert.

Die Analyse der moralischen Grundstruktur der modernen Sage führt zur Frage, wer Sagen-Geschichten in welchen Situationen zu welchem Zweck erzählt. Geschichten über verantwortungslose Eltern werden nicht alle Bevölkerungsgruppen zu allen Zeiten interessieren. Ich werde im nächsten Schritt versuchen herausarbeiten, für welche Situationen moderne Sagen einen Beitrag liefern können, und wie dieser Beitrag genau aussieht.

Das Erzählen moderner Sagen als Strategie der Bearbeitung von Unsicherheit und Unbestimmtheit

Moderne Sagen werden zu sehr verschiedenen Gelegenheiten erzählt. Als „Kurzgeschichten“ oder „Minidramen“ sind sie dem gegenwärtigen Alltag angepaßt. Sie benötigen nicht unbedingt den Rahmen einer Erzählstunde, sondern werden vor allem im Kontext alltäglicher Routineverrichtungen und Routineunterbrechungen erzählt: während der Arbeit, beim Autofahren, in den Arbeits- und Lernpausen, beim Besuch von Freunden und Bekannten, im Urlaub und auf Reisen, in der Kneipe, auf Geburtstags- und andern Festen, im Krankenhaus usw. Das Erzählen ist nicht beliebig, sondern mehr oder weniger direkt auf die Handlung oder Situation bezogen, in der sich das Erzählpublikum gerade selbst befindet. (Ich spreche vom „Erzählpublikum“, um beide Kommunikationsparteien, Erzähler und Zuhörer in diesem Kontext auch begrifflich gemeinsam zu fassen. Schließlich sind die Rollen von Erzähler und Zuhörer nicht klar zu trennen, denn der Zuhörer von heute kann die Geschichte morgen selbst weitererzählen). Autogeschichten werden nicht selten beim Autofahren erzählt; Geschichten über Kleinkinder und Erziehungsmethoden werden häufig direkt bei der Pflege und Betreuung von Kleinkindern ausgetauscht, wenn z.B. Mütter unter sich oder mit den Großeltern zusammen sind; Geschichten über das Essen & Trinken werden während des Restaurantbesuchs erzählt usw.

Es gibt aber auch andere Verbindungen von Erzählsituation und Geschichteninhalt. Die Geschichtenerzähler gehören nicht selten selbst zu den sozialen

Gruppierungen, von denen die Sagen handeln. Geschichten, in denen Polizisten vorkommen, werden häufig von Polizisten selbst weitergegeben; Lehrer erzählen sich Geschichten über Dinge, die anderen Lehrern zustoßen usw. Neben Berufsgruppen sind hier auch institutionell integrierte Gruppen relevant wie Schüler, Studenten, Wehrpflichtige und Zivildienstleistende, und positions- und rollenverbundene Gruppen wie Hausfrauen, Mütter und Väter u.a.m. Eine weitere Verbindung zwischen Erzählsituation und Geschichteninhalt berührt die augenblickliche Lebenssituation, in der sich das Erzählpublikum befindet. So werden Geschichten erzählt, die thematisch für die momentane Lebensphase der Erzähler relevant sind: Werdende Mütter erzählen sich Schwangerschaftsgeschichten; Prüflinge geben Prüfungsgeschichten weiter; Personen, die ihren Wehrdienst ableisten, geben Militärgeschichten zum besten usw. Die erzählten Geschichten besitzen somit alle einen starken Bezug zur aktuellen (Lebens- oder Alltags-) Situation der Erzähler/innen. Sie stehen im Kontext der spezifischen Probleme und Konflikte, die die Erzähler selbst zu bewältigen haben. Folgende Geschichte soll dies verdeutlichen; sie wird von einer 25jährige Fernmeldeassistentin aus Braunschweig erzählt, als sie sich im Jahre 1978 ein *neues* Auto kauft:

„Die Freundin eines Braunschweiger Kollegen erzählte mir, der Kollege habe eines Tages seinen Augen nicht getraut, als in der Zeitung ein Porsche für sage und schreibe DM 100,- angeboten war. Er fuhr hin und bekam tatsächlich den Wagen zu diesem Preis. Das Auto sei deshalb so günstig, weil sich darin jemand mit Abgasen vergiftet habe; die Leiche sei aber erst ein halbes Jahr später gefunden worden. In dieser Zeit war der Leichengeruch in alle Polster und Bezüge gedrungen und war nicht mehr zu entfernen. Der Käufer mußte alle Sitze, den Stoffhimmel, die Teppiche usw. herausreißen und erneuern, um das Auto wieder gebrauchen zu können.“ (Brednich 1990, S. 38)

Der große Coup geht gehörig daneben. Das Sonderangebot entpuppt sich als unbrauchbare Ware, die verunreinigt ist. Dem naiven Käufer, der sich zudem einen „neuen“ Porsche wohl kaum leisten kann und daher auf ein Schnäppchen aus ist, wird die Lehre erteilt, daß es keine Sonderangebote gibt, und daß eine gute, „reine“ Ware auch ihren Preis kostet. Das Bild der anonymen Großstadt, in der Menschen vereinsamen und an dieser Situation zugrunde gehen, wird benutzt, um eine ganz andere moralische Botschaft, die sich auf ökonomische Handlungen bezieht, zu kommunizieren.

Soweit zur Geschichte. Welche Bedeutung gewinnt sie aber für die Erzählerin, die auf der Suche nach einem Auto ist? Sie bekommt hier den Stellenwert einer exemplarischen Geschichte, mit der die Erzählerin den Kauf eines

Neuwagens erklären (und rechtfertigen?) kann. Der Kauf eines Neuwagens wird vor allem dann zum Problem, wenn das zur Verfügung stehende Geld knapp ist. Die Geschichte macht in diesem Kontext deutlich, daß es bei Billig-Angeboten immer einen „Haken“ gibt, und man daher besser zur Qualitäts- und Neuware greift, wenngleich mit dem Kauf eines neuen, aber kleineren Autos auch Statuseinbußen verbunden sind. Die Geschichtenerzählerin ist nicht auf der Suche nach einem Porsche. Sie kann sich mit der Geschichte als kompetentes Gesellschaftsmitglied darstellen, das zugleich weiß, wo die normativen Grenzen des Konsums liegen, und daß allein die redliche Arbeit (und deren Entlohnung) den Rahmen des Konsums festlegt.

Daß Sonderangebote „mit Pferdefüßen“ sich nicht auszahlen und damit die Suche nach ihnen als unmoralisch bewertet wird, wird in einem ganzen Sub-Genre der modernen Sagen mitgeteilt. Zur weiteren Illustration möchte ich eine sehr junge Geschichte über ein fehlgeschlagenes Schnäppchen präsentieren. Ihre Erzählerin ist eine 34jährige Grundschullehrerin, die die Geschichte kurze Zeit vorher von einer Freundin gehört hat, die die Käuferin selbst gekannt haben will:

> „Auf jedem Flughafen (wie auch in Bahnhöfen und Rathäusern) gibt es von Zeit zu Zeit Versteigerungen von Fundsachen. Ein junge Hausfrau in Bremen hatte sich angewöhnt, regelmäßig zu diesen Versteigerungen zu gehen, um dabei irgendwelche Schnäppchen zu machen. Im letzten Jahr fiel ihr Blick auf ein halbes Dutzend Tonnen mit Waschpulver. Sie ersteigert sie für einen erstaunlich günstigen Preis. Aber zu Hause kehrte sich ihre Befriedigung über das Schnäppchen bald in Unzufriedenheit um, denn das Pulver wollte einfach nicht richtig waschen, soviel sie davon auch in die Trommel ihrer Waschmaschine füllte. Auch die doppelte Menge half nichts: der Schmutz blieb in der Wäsche, die entgegen der Aussage auf der Packung alles andere als weiß wurde. In ihrer Verärgerung schickte sie dem Hersteller eine Probe von dem Pulver. Postwendend kam die Aufklärung über die mangelnde Waschleistung des ersteigerten Pulvers. Die Frau hatte sechs Fünfkilo-Tonnen reines Heroin gekauft, und das noch zu einem Super-Preis.“ (Brednich 1996, S. 24)

Die Kunst der Geschichte liegt erneut in der Verwendung von Bildern der Großstadt, die in diesem Falle Medienbilder von Kriminalität (Drogenschmuggel) darstellen. Erzählt wird sie im Kontext von Alltagsproblemen, die um das Wirtschaften im Haushalt und um die Qualität und den Preis von Produkten kreisen. Mit Geschichten dieses Inhalts wird das Dilemma bearbeitet, mit knappen (oder knapper werdenden) Geldressourcen zu wirtschaften. Angesichts einer Verunsicherung durch die Verknappung der finanziellen Basis des Hauswirtschaftens stellen solche Sonderangebote (teure Ware für wenig Geld) – das ist eine mögliche, aktuelle Botschaft der Geschichte – keine Alternative zum sparsamen Wirtschaften dar. Die Erzählerinnen können diese Geschichte als Beispiel dafür präsentieren, daß mit Vergünstigungen nicht zu rechnen ist, daß im Gegenteil die Suche nach Sonderangeboten, nur um die eigenen Ansprüche nicht reduzieren zu müssen, in die „Irre“ führt. Beide Beispiele tangieren das Dilemma des Hauswirtschaftens und stellen die Lohnarbeit als Grundlage für den Konsum heraus, sie wenden sich gegen „Vergünstigungen“ und die Umgehung des Arbeits- und Konsum-Nexus. Diskutiert werden mit ihnen die Rollen und alltäglichen Konsumprobleme von Hausfrauen. In beiden Fällen werden über das Erzählen Situationen der Unsicherheit bearbeitet, in denen sich die Erzählerinnen selbst befinden.

Dies läßt sich verallgemeinern. Moderne Sagen werden generell erzählt in Situationen der „Unbestimmtheit“ und der Unsicherheit[70]. Das bezieht sich nicht nur unmittelbar auf die Erzählsituation, sondern auf den gesamten Er-

70 Dieses Ergebnis trifft sich mit dem etablierten Befund der Gerüchteforschung, daß Gerüchte vor allem in Situationen der Krise und des Konflikts verbreitet werden, um in als ambivalent wahrgenommenen Situationen Eindeutigkeit zu produzieren (vgl. Shibutani 1966). Die herkömmliche Gerüchteforschung zielt dabei aber vor allem auf kognitive Dissonanzen, die über Gerüchte bearbeitet werden, und vernachlässigt die normative Dimension. (Zur Gerüchteforschung vgl. Allport/Postman 1947, Rosnow/Fine 1976, Rosnow 1989). Soziale Krisen, Konflikte und Probleme sind keine natürlichen Phänomene, sondern werden gesellschaftlich als Realität konstruiert. Diese Konstruktionen sind aber vor allem moralisch aufgeladen. Cohens Konzept der „moralischen Panik“ (1972), die Literatur zum Moralunternehmertum und zur Konstruktion sozialer Probleme weisen der Moral eine entscheidende Funktion bei der Produktion sozialer Krisen, der Wahrnehmung und der Rahmung sozialer Probleme zu (vgl. insbesondere Gusfield 1963, 1968, 1981). Gerüchte verhalten sich folglich zu öffentlichen Krisenausrufungen oder öffentlich geformten Problemwahrnehmungen und müssen im Kontext gesellschaftlicher Moralisierungs- und Skandalisierungs-Strategien gesehen und untersucht werden (vgl. auch Goode/Ben-Yehuda 1994). Moderne Sagen sind Gerüchten nicht unähnlich und werden auch in dem beschriebenen Kontext sozial relevant (vgl. Mullen 1972, Goode/Ben-Yehuda 1994, Kapferer 1996). Sie weisen aber über „Moral-Paniken“ hinaus; und sind nicht auf diesen Kontext begrenzt. Das Erzählen moderner Sagen im Alltag sehe ich nicht, wie Goode/Ben-Yehuda (1994), als ein Indiz für das Vorhandensein einer moralischen Panik an, sondern als eine Form der Benutzung von Figuren und Konzepten aus diesen (Medien-) Paniken zur Bearbeitung eigener Probleme und Konflikte des Alltags. Das Verhältnis, das sich zum öffentlichen Moral-Diskurs herstellt, ist ein instrumentelles. In diesem Zusammenhang ist an die Hinweise von Shibutani (1966) und Mullen (1972) anzuknüpfen, die das Erzählen von Gerüchten (Shibutani) und modernen Sagen (Mullen) als ein viel alltäglicheres Phänomen begreifen als es die übrige Gerüchte-Forschung sonst tut. Unsicherheiten ergeben sich auch aus „normalen“ Problemen und Konflikten des Alltags, die jedes Individuum bearbeiten und bewältigen muß.

zählkontext und auf die Lebenssituationen, in denen sich die Geschichtenerzähler/innen gerade befinden. Unter unsicheren Situationen verstehe ich hier klassifikatorisch unbestimmte Situationen, in denen das bisherige, routiniert angewandte Handlungsprogramm versagt und hermeneutische Probleme die Folge sind. „Ungelöste hermeneutische Probleme bedeuten Ungewißheit darüber, wie die Situation gelesen werden sollte und welche Antwort am ehesten die gewünschten Resultate bringt. Im besten Fall ist Unsicherheit verwirrend und wird als unbehaglich empfunden. Im schlechtesten Fall bringt sie ein Gefühl der Gefahr mit sich“ (Bauman 1992, S. 77). Der gegenwärtige Alltag stellt eine Reihe von unbestimmten Situationen zur Verfügung, die das moderne Individuum in der Form von Statuspassagen durchlaufen und bewältigen muß. Situationen des Übergangs sind strukturell vorgegebene Unsicherheitssituationen, in denen sich Individuen mit neuen Anforderungen und Verpflichtungen, aber auch mit neuen Möglichkeiten vertraut machen müssen. Es sind Krisensituationen, in denen gerade nicht auf eigene Erfahrung zurückgegriffen werden kann, und die durch Orientierungsangebote „von außen“ bewältigt werden müssen. Andere Unsicherheiten beziehen sich auf die Konfrontation mit dem Fremden, auf unbestimmte Personen und Orte, die sich zunächst dem gewohnten Klassifizierungsschema entziehen (vgl. Bauman 1992). Wieder andere Unsicherheiten sind Folge sozialer Veränderungen und Umbrüche, die bisherige Handlungsroutinen und moralische Gewißheiten untauglich machen und eine Neuorientierung verlangen.

Situationen der Unsicherheit sind schwer kommunizierbar, weil sie formlos und unstrukturiert sind. Sie widersetzen sich den Regeln der Erzählung: Sie haben keinen Anfang, keine Mitte und kein Ende. Das Erfinden und Erzählen moderner Sagen offeriert einen Ausweg: Es ist eine Strategie der Erzeugung von Sicherheit durch die Vorführung, Rahmung und Bearbeitung von Unsicherheit. Dieses Erzeugen von Sicherheit kann auf unterschiedliche Weise geschehen, je nachdem, welche Unbestimmtheiten und Unsicherheiten bestehen, und welche Relevanz sie für die Lebensgestaltung der erzählenden Personen haben. Nicht alle Unsicherheiten führen zu Gefahren-Wahrnehmungen. Der soziologische Zugang zu Unsicherheiten polarisiert mögliche Wahrnehmungsformen zwischen „Gefahren“ und „Risiken“ (vgl. Bonß 1991, Luhmann 1988, Eirmbter/Hahn/Jacob 1993)[71]. Als wesentliches Kriterium für die Un-

71 Beck (1986), der den Begriff der „Risikogesellschaft“ geprägt hat, expliziert den Begriff des Risikos nicht als sozialen Handlungsbegriff. „Risiken werden bei Beck nicht

terscheidung zwischen beiden Unsicherheitswahrnehmungen wird die Zurechenbarkeit von Handlungsfolgen herausgearbeitet. Risiken sind den Handelnden über Handlungsabsichten und deren Umsetzung zurechenbar; Gefahren dagegen sind nicht verantwortbar, sie existieren unabhängig vom Willen der Handelnden[72]. Sagen-Geschichten füllen dieses Spektrum der Unsicherheitswahrnehmungen aus, doch gelten hier auch Gefahren als verantwortbar. Das hat (für das Erzählpublikum) den Vorteil, daß sie zugleich Möglichkeiten der Gefahrenvermeidung angeben können.

Nun können Unsicherheiten entweder zu kleineren Irritationen oder auch zur Wahrnehmung einer gefährlichen Wirklichkeit führen. Der größte Bruch dürfte an der Stelle liegen, wo die Unsicherheit und die Angst vor der Bewältigung der eigenen Probleme in Gefahren-Wahrnehmungen übergehen und damit Projektionen möglich werden. Gefährlich ist dann nicht das eigene Handeln, sondern das Handeln anderer Personen bzw. sozialer Gruppen.

Paleosymbolische Szenen zwischen Norm-Angebot und Norm-Nachfrage

Die moderne Sage vermittelt zwischen Alltagsrealität und der Erfahrung, die über die Medien möglich wird. In dieser Diskrepanz-Bearbeitung geht es vor allem um Bilder im Kopf, die zusammengebracht werden müssen. Gouldner (1976) spricht in diesem Zusammenhang von Paleosymbolen. Er begreift pa-

---

in Terms sozialen Handelns begriffen; sie erscheinen vielmehr ausschließlich als *technische* Gefährdungen, die gesellschaftlich nur in dem Maße relevant werden, als sie mit sozialen Auswirkungen verknüpft sind. Ein solches Konzept läuft freilich weniger auf eine Theorie der 'Risikovergesellschaftung' hinaus, sondern eher auf die Analyse einer 'Risikofolgengesellschaft', die, präziser noch, als eine 'Gefahrengesellschaft' zu charakterisieren wäre" (Bonß 1991, S. 260).

72 Ich komme weiter unten auf diese Dichotomisierung der Unsicherheitswahrnehmung zurück. Mit dem Verweis auf Douglas (1966,1975) läßt sich die Dichotomisierung allerdings problematisieren. Douglas führt eine Reihe kultureller Systeme vor, in denen auch Gefahren den Handelnden zurechenbar sind. In ihrer Analyse der Verunreinigungsvorstellungen zeigt sie, daß Gefahren auch begriffen werden als Folgen eines normverletzenden Handelns: Gefahren können durch Normbrüche „freigesetzt" werden. Diese Sichtweise verpflichtet die Handelnden zur Gefahrenvermeidung (vgl. auch Stehr 1994). Ich werde weiter unten zeigen, daß diese Sichtweise im gegenwärtigen Alltag weiterhin vorhanden ist.

leosymbolische Systeme als Bilder, die „Paradigmen" zuzuordnen sind, als Symbolsysteme, die im Gegensatz zu Ideologien durch begrenzte Kommunizierbarkeit gekennzeichnet sind.

„Paradigms (...) entail subjects that are screened out, rejected by, or not allowed into open, free, and direct discussion of the censorial functioning of the publicly dominant system of communication or simply because they are grounded in group limited contexts not shared by others. They are therefore a less publicly accessible symbolic system, a 'paleosymbolic' system." (Gouldner 1976, S. 224)

Paleosymbole prägen die Alltagskommunikation, sie florieren in privaten, informellen Kontexten, sind älter als Ideologien und können auf lange Traditionen der Kommunikation verweisen. Die Karriere von Ideologien hängt Gouldner zufolge von ihren Fähigkeiten ab, sich auf paleosymbolische Systeme zu beziehen, mit ihnen übereinzustimmen.

„Ideologies, in short, structure communication, admitting certain subjects and rejecting others. Paradigms however, are the elements of a prepublic communication, the shared iconics of those already joined in mutual acquaintance, the flag of those already friends, not the rallying standard of strangers." (ebd. S. 224)

Durch die mediale Massenkommunikation werden Paleosymbole, die relevant sind im Kontext der eigenen Alltagserfahrung, umgearbeitet. Ideologien und Paradigmen treffen sich in Bildern, die schwer kommunizierbar sind. Besonders auf das Fernsehen bezogen argumentiert Gouldner, daß ein massenmedialer – technisch implantierter – Paleosymbolismus auf die Alltagswelt Einfluß gewinnt. Über Bilder im Kopf werden dem Publikum die Möglichkeiten einer kritischen, rationalen Distanzierung genommen, so daß nicht mehr die intellektuelle Klärung angestrebt wird, sondern die „Auflösung" oder „Lösung" eines Dramas. Das Publikum leistet ihm zufolge von nun an dramaturgische Kritik.

Im Anschluß an Gouldners Überlegungen zum technisch implantierten Paleosymbolismus spricht Kellner (1981) von „paleosymbolischen Szenen", die vom Fernsehen angeboten werden, oder auf die das Fernsehen aufbaut. Auch er sieht Paleosymbole als Bilder, die dramatische und emotionale Qualität aufweisen. Das Paleosymbol ist kein ganzheitliches, allumfassendes Konstrukt wie zum Beispiel das Kreuz, Hammer oder Sichel oder ästhetische Bilder, die mehrere signifikante Bedeutungen in sich kristallisieren. Statt dessen ist das Paleosymbol mehr wie ein Schauplatz, auf dem sich eine positive oder negative Situation abspielt" (Kellner 1981, S. 45). Paleosymbolische Szenen verbreiten Stereotype, Bildmatrizen und damit letztlich auch Normen & Werte als Beurteilungskriterien in ihrer konkreten Anwendung auf bestimmte Handlungen, Situationen und Personen. Sie knüpfen an vorhandene Mythen an, bearbeiten sie und helfen, neue zu konstruieren. Paleosymbolische Szenen sind Ausschnitte aus Dramen. Im Fernsehen sind sie Bestandteil von Genre-Produktionen: Sie machen die Grundszenen von Krimis, Seifenopern, Komödien usw. aus.

Das Erfinden und Erzählen moderner Sagen als eine Form informeller Moral-Kommunikation setzt an szenischen Darstellungsformen und Dramaturgien an. Die modernen Sagen sind Kleinformen, Mini-Dramen, „folk soap operas" (Goode/Ben-Yehuda 1994), in denen – so meine These – die Grund- oder Kern-Szenen enthalten sind, die das Medienpublikum bewegt und interessiert. Es sind diese Grundszenen, die die Phantasien des Publikums beschäftigen, so daß es sie in den Alltag hinein transportiert, um sie für sich selbst bedeutsam zu machen. Bei der folgenden Präsentation der Hauptergebnisse der Erzählanalyse steht die Herausarbeitung dieser Grundszenen für alle Geschichten-Kategorien im Mittelpunkt. Ich werde jeweils zu zeigen versuchen, welche Bedeutungen diese Szenen im Kontext des Erzählens annehmen können. Wenn wir bereits sagen konnten, daß mit dem Erzählen moderner Sagen unbestimmte und unsichere Situationen bearbeitet werden, dann gilt es nun genauer zu untersuchen, wie sich das jeweils über die einzelnen Geschichten-Kategorien unterschiedlich darstellt. Ich werde dabei von der zahlenmäßig stärksten Kategorie ausgehen und schließlich zur kleinsten Kategorie kommen.

Das Erzählen von Gefahren-Geschichten I: Szenen mit „gefährlichen Kategorien"

Die größte Teil der Sagen-Geschichten artikuliert Ängste vor unbestimmten und unbekannten Situationen. Dies geschieht allerdings auf eine Art und Weise, die Unsicherheit gegenüber Unbekanntem eher schürt und verstärkt, als daß sie kompetent bearbeitet werden würde. Dennoch leisten diese Geschichten für ihre Erzähler/innen den Dienst der Herstellung von Sicherheit. Sie tun dies, indem in konkreten problematischen Situationen Gefahren definiert und artikuliert werden, die es zu vermeiden gilt. Die Gefahren-Geschichten warnen eher davor, unbekannte und neue Wege zu gehen, sie definieren gefährliche Orte und führen gefährliche Personen-Kategorien vor.

Die Definition einer Situation als gefährlich produziert in mehrfacher Hinsicht klassifikatorische Sicherheit: Gefahren benennen das Eigene, sie trennen es vom gefährlichen Fremden, sie produzieren Vertrauen in das Gewohnte und Mißtrauen in die Veränderung, und sie weisen einen sicheren Weg durch das unabdingbare Neue. Eine Gefahren-Quelle zu benennen und ihr einen Ausdruck zu geben, ist somit ein erster Schritt, die unbestimmte Situation zu bewältigen, klassifikatorische und moralische Sicherheit zu erlangen. Damit Gefahren eine unbestimmte oder Krisensituation klassifikatorisch klären können, müssen sie als plausible und glaubwürdige Elemente dieser Situation sichtbar werden, die zudem geeignet sind, auf die Situation bezogene Handlungsanweisungen – im Sinne von Gefahrenvermeidungen – zu geben. Die massenmedialen Angebote (nicht nur) „krimineller Gefahren" erfüllen diese Voraussetzungen in hohem Maße, weil mit ihnen die Möglichkeit gegeben ist, die unterschiedlichsten Unbestimmtheiten und Unsicherheiten in der Form personalisierter „realer" (für den gegenwärtigen Alltag relevanter) Dramen zu artikulieren. Sie offerieren eine Gefahren-Szene, benennen „gefährliche" und „gefährdete" Akteure, beschreiben eine Handlung und ihre Ausführungsart und stellen ein Motivvokabular zur Verfügung, das das Handeln erklärt. Schwer kommunizierbare Unsicherheiten werden angesichts der eigenen Unerfahrenheit über die Szenen und Figuren krimineller Gefahren nicht nur artikulierbar, sie bekommen hierdurch auch ihren angemessenen emotionalen Ausdruck: Die Unsicherheit, die sich in neu zu bewältigenden Lebenssituationen entwickelt, wird in den konstruierten Mini-Dramen zur Furcht vor dunklen Schreckgestalten; die unbestimmte (Übergangs-) Situation, in der sich die Erzähler/innen befinden, wird in den Erzählungen zur „un-heimlichen" Zwischenzone und Zwischenräumlichkeit, die von den Schreckfiguren bewohnt wird, und die es zu bewältigen gilt. Das Erzählpublikum knüpft an die medial produzierten Gefahren-Bilder und -Figuren an und überträgt die medial dargestellten *paleosymbolischen Gefahren-Szenen* auf Alltagssituationen und Orte, die das Erzählpublikum tangieren. Diese alltagsnahe „Bebilderung" knüpft an die Besorgnis um die Aufrechterhaltung der Körperkontrolle und an die Furcht vor körperlichen Verunreinigungen an. Die Gefahren-Geschichten in meinem Material offerieren drei grundlegende Gefahren-Szenen, die jeweils auch die Furcht artikulieren, was dem eigenen physischen Körper zustoßen könnte, und die diese Furcht in die soziale und kulturelle Dimension übersetzen[73]: Es sind dies die *Grenzüberschreitungsszene*, die *Szene der verdeckten Invasion* und die *Bemächtigungsszene*.

Die Grenzüberschreitungsszene

In der Grenzüberschreitungsszene verlassen die Protagonisten das sichere Territorium und begeben sich in unbekannte Gefilde. Gefährlich wird dieser unbekannte Raum dadurch, daß er mit den herkömmlichen Kompetenzen und moralischen Sensibilitäten wahrgenommen wird, die hier aber nicht angebracht sind. Die Protagonisten gewinnen ihre Sicherheit nur durch die Umkehr in den beschützenden Raum der (alten) Ordnung zurück. Im Vordergrund der Gefahren-Bearbeitung steht daher die Grundszene von *Flucht und Rettung*. Im folgenden präsentiere ich Beispiele aus der großen Sub-Kategorie von Gefahren-Geschichten, die die Grenzen des Bewegungsspielraums von Frauen aufzeigen. Die erste Geschichte wird von einer 25jährigen Studentin aus einer bundesrepublikanischen Großstadt erzählt.

„Da fährt also eine Frau Richtung ... also abends nach Hause Richtung Heiligenhaus. Und da ist also schlechtes Wetter, und sie fährt also ganz langsam. Da sieht sie am Straßenrand so ein Kind dahergehen. Und sie ... das geht also vor ihr her auf der rechten Seite auch, und sie verfolgt das erst einen Augenblick. Da denkt sie: 'Mein Gott, um diese Zeit ... '. Es war schon so elf Uhr. 'Wieso geht denn da jetzt ein Kind her?' Dann hält sie also an, steigt aus, und in dem Moment fällt also das Kind um. Das war nur ein Puppe. Und da hatte sie also so einen irren Schrecken gekriegt, steigt ins Auto und fährt...wie wild fährt sie nach Hause. Und zuhause steigt sie aus, geht zu ihrem Mann und sagt: 'Mensch, ich bin völlig fertig. Überleg dir, was mir passiert ist!' – 'Ja', sagt der Mann, 'kann das denn sein? Komm wir fahren da noch mal zurück. Vielleicht war das doch ein Kind!' Und da steigen ... wollten sie gerade ... wollte ihr Mann fahren, steigt da ein, und da sieht er also am Auto unheimlich viel Blut. Und dann guckt er im Wagen nach, und da sieht er so einen abgerissenen Finger im Auto. Ja, und da waren sie dann auch völlig fertig. Und da haben sie sich

73 Zu Verunreinigungsvorstellungen und zur Körpersymbolik als Matrize für die Wahrnehmung sozialer/kultureller Gefahren vgl. Douglas 1966, Hahn/Jacobi 1994. Goode/Ben-Yehuda (1994) sehen im Austausch von sozialen und physischen Bedeutungselementen die Erklärung dafür, daß gerade Drogen-Paniken so oft vom Publikum aufgegriffen werden. Die (illegale) Droge ist ein verdichtendes Symbol für folgende Gefahren-Szenen: die Invasion durch eine fremde Macht, der Verlust der eigenen Körperkontrolle und die letztliche „Übernahme" durch die dämonischen Mächte.

dann auch gedacht, daß da jemand die Frau überfallen wollte und wohl in dem Moment da in die Tür griff, als sie dann zuschlug." (Fischer 1991, S. 47/48)

Die Protagonistin der Geschichte, das Beinahe-Opfer, ist spät abends alleine unterwegs. Doch sie hat schon in dieser Situation ihre Kompetenzen verloren und handelt entsprechend ihres „Mutterinstinkts", der der Situation aber völlig unangemessen ist. Außerhalb des noch sicheren Autos ist sie orientierungslos und unfähig, die Situation richtig zu deuten. Ihr Mitleid mit dem Kind bringt sie selbst in Gefahr. Sie hat sich täuschen lassen, ihr übliches Handlungsprogramm hat versagt. Zu ihrem Glück erkennt sie noch rechtzeitig die Falle und flüchtet in die Arme ihres Ehemannes. Sicherheit erlangt die Protagonistin durch die Rückkehr in die bestehende Ordnung des Geschlechterverhältnisses; weder wird diese Ordnung verändert noch gewinnt die Frau an Autonomie. Es werden klare Grenzen der Bewegungsfreiheit gezogen. Die Schreckfigur ist in dieser Szene nur angedeutet und bleibt unscharf. In anderen Geschichten ist von Frauenmördern, Rockern und von aus psychiatrischen Anstalten entflohenen Psychopathen die Rede. Sie alle spielen den männlichen Gegenpart zum schutzbietenden Ehemann, der aber seine Rolle aufgrund des weiblichen Autonomiestrebens (nicht die Frau wartet zuhause, sondern der Ehemann) nicht mehr vollständig erfüllen kann.

Grenzüberschreitungsszenen thematisieren *Rollenunsicherheiten*, sie diskutieren die Grenzen persönlicher Kompetenzen und moralischer Sensibilitäten im Rahmen gesellschaftlicher Rollen-, Status- und Positionsanforderungen. Das Erzählen solcher Geschichten hat vor allem zwei Funktionen. Die eine ist die eher herrschaftliche Funktion der *Warnung*, sich nicht zu weit hinauszuwagen. Eigenständigkeit und Autonomie wird als Normabweichung begriffen, vor deren negativen Konsequenzen in einem erzieherisch-moralisierenden Ton gewarnt wird. Die Geschichten zeigen dann, was mit denjenigen passiert, die sich nicht dem Schutz der für sie „Zuständigen" unterwerfen. Grenzüberschreitungs-Geschichten, die zu diesem Zweck erzählt werden, betonen die schlimmen Folgen autonomen Handelns und legen als Lösung eher den Verzicht auf Autonomie nahe. Die folgende männliche Version einer Gefahrenandrohungsgeschichte erzählt ein 24jähriger Student aus Dinslaken:

„Da waren mal so Voerder Frauen. Die waren alle in einem Kegelklub und wollten mal ohne Männer eine Tour machen. Da sind die mit alle Mann hoch nach Amsterdam und wollten da mal so richtig einen draufmachen, so richtig die Sau rauslassen. Und wie sie abends loszogen, da kamen sie in das Vergnügungsviertel in Amsterdam, da, wo die vielen Molukken sind und die Fixer und so Typen. Da gingen die in eine Kneipe und tranken wie die Berserker. Und auf einmal waren sie alle weg, so richtig weggetreten und wachten erst am anderen Morgen im Hotel auf. Und da dachten die: „Was war denn da los?" Und als sich die erste waschen wollte, da stellte die fest, daß ihr jemand ein großes rotes Herz auf die Brust gemalt hatte, und das wollte die abwaschen, und das ging nicht ab, das war nämlich eine Tätowierung. Und die andern hatten das auch. Da wußten die nicht, was die ihren Männern erzählen sollten und fuhren mit solchen Gesichtern nach Hause. Die Männer fragten natürlich, was da los war. Und jetzt sind von den zehn neun geschieden. Die legen sich nicht mehr mit einem Bikini an den Strand, die tragen nur noch Rollkragenpullover." (Fischer 1991, S. 90/91)

Diese Männergeschichte demonstriert Frauen, was passieren kann, wenn sie „mal ohne Männer eine Tour machen". Die Schreckfiguren, die gegen die Frauen aufgefahren werden, sind die „gefährlichen Kategorien", die im Amsterdamer Vergnügungsviertel vermutet werden („Molukker", „Fixer", „so Typen"); es sind soziale Kategorien, von denen sich die erzählenden Männer abgrenzen, und die in der Geschichte die Negation rechtschaffenen Ehemänner darstellen. Es genügt der unscharfe Verweis auf die Bewohner des gefährlichen Zwischenraums, der als Amsterdamer Vergnügungsviertel konkret benannt wird. Die Geschichte droht mit Gefahren und Sanktionen, sie zieht enge moralische Grenzen und verweist (rechtschaffene) Frauen an die Seite ihrer Ehemänner. Mit dieser Geschichte wird aber auch – im Kontrast zu den bösen Männern – das Bild des guten Mannes gezeichnet: Der rechtschaffene Ehemann versorgt und beschützt seine Frau. Männer klären mit dem Erzählen dieser Geschichte auch ihre eigene Rolle vor dem Hintergrund eines zunehmenden weiblichen Emanzipationsstrebens[74].

Die folgende weibliche Variante des gleichen Themas enthüllt dagegen eine andere Erzählfunktion. Das weibliche Erzählpublikum gehört der potentiell gefährdeten Kategorie an. Es steht eher vor dem Problem, mit der männlichen Androhung von Gefahren umzugehen. Im Vordergrund steht dabei die *Gefahreneingrenzung*. Das weibliche Erzählpublikum versucht, für sich selbst Mittel und Wege zu finden, Gefahren auszuweichen, sie entweder auf bestimmte Orte und Räume, die das Erzählpublikum selbst nicht betritt, zu begrenzen, oder Gefahren als Folge von Handlungsweisen zu behaupten, die außerhalb des eigenen Handlungsrahmens liegen. Im folgenden Beispiel läßt sich zeigen, daß Frauen u.a. die Strategie der Differenzierung anwenden und die morali-

74 Wenn diese Geschichte unter Männern erzählt wird, ist das eine Gelegenheit, Männlichkeit zu definieren und auszuhandeln (vgl. zur Aushandlung von Männlichkeit auch Steinert 1997). Mit den Bildern und Figuren von „schlechten" Männlichkeiten wird gegenwärtig die Krise der Männlichkeit bearbeitet (vgl. Kersten 1991).

schen Grenzen dadurch nicht enger stecken, sondern weiter ausdehnen[75]. Problematisch ist hier etwa nicht das Reisen in ein Vergnügungszentrum ohne Ehemänner, sondern das „Übertreiben" des Vergnügens. Durch das Erzählen einer solchen Geschichte kann das (weibliche) Erzählpublikum sich gegenseitig versichern, moralischer bzw. kompetenter zu sein als die vorgeführten Protagonistinnen. Die Grenzüberschreitung wird am unkontrollierten und exzessiven Alkoholkonsum in der (Halb-) Öffentlichkeit festgemacht. Die Erzählerin ist offensichtlich selbst Mitglied in einem (Frauen-) Kegelverein und berichtet über ein Erlebnis, von dem sie über eine Bekannte informiert wurde:

„Wo wir gerade über Kegelausflüge reden, Ihr kennt doch die (....), jedenfalls, die kegelt manchmal noch bei einem anderen Kegelverein mit. Und der Verein ist vor ein paar Wochen nach Hamburg gereist. Abends sind die Damen dann natürlich über die Reeperbahn geschlendert. Als man zum verabredeten Zeitpunkt die Nachtfahrt nach Hause antreten wollte, fehlten drei Frauen. Alles Suchen war vergeblich. Daraufhin entschloß sich der Rest der Runde, eine Vermißtenanzeige aufzugeben und trat mit gemischten Gefühlen – die Damen waren ja alt genug und würden auch allein nach Hause finden – die Heimreise an. Die zu Hause wartenden Ehemänner fielen aus allen Wolken, als sie erfuhren, daß ihre Frauen auf St. Pauli abhanden gekommen waren. Am nächsten Tag dann der erlösende Anruf von der Davidswache auf der Reeperbahn: Die drei Frauen waren, allerdings betrunken, nackt und ausgeraubt, wieder aufgetaucht und warteten auf ihre Auslösung." (Brednich 1993, S. 78)

Im Gegensatz zur vorherigen männlichen Geschichte fehlt hier das Moment der Sanktionierung durch die Männer. Die weibliche Version identifiziert die Grenzüberschreitung im Alkoholexzeß, und hier auch weniger in Form einer moralischen Übertretung, sondern eher als Hinweis auf die Klugheitsregel, im öffentlichen Raum nicht die Selbstkontrolle zu verlieren und sich dadurch nicht verletzbar zu machen. Die Geschichte gibt eher Handlungsanleitungen, wie negative Folgen von Eigenständigkeit verhindert werden können.

Während die männliche Version weibliche Autonomie im öffentlichen Raum grundsätzlich verneint, geht es in der weiblichen Version um Antworten auf die Fragen: Wo liegen die Grenzen weiblichen Vergnügens im (halb-) öffentlichen Raum? Über welche Kompetenzen sollten Frauen verfügen, wenn sie sich im öffentlichen Raum bewegen? Die Frauengeschichte betont weniger die moralische Dimension der Grenzüberschreitung und legt mehr Nachdruck auf die Vorführung von Inkompetenz: Frauen, unter denen diese Variante

75 Zu weiblichen Strategien im Umgang mit männlichen oder männlich dominierten Genres und ihren ambivalenten Effekten vgl. Radner/Landser 1987.

erzählt wird, können sich von den naiven Frauen distanzieren, die die Lokale auf der Reeperbahn mit dem eigenen Wohnzimmer verwechseln – ein verhängnisvoller Fehler, der den Erzählerinnen selbst sicher nie unterlaufen wäre[76]. Die Erzählerinnen entwickeln damit für sich einen Ausweg aus dem gezeichneten Dilemma. Im Aufzeigen von Wegen, Gefahren zu vermeiden, klären sie für sich selbst, wo die Grenzen des weiblichen Bewegens im öffentlichen Raum liegen, und was letztlich eine anständige Frau ausmacht.

Der öffentliche Moral-Diskurs liefert die Gefahren-Figuren, die dann in den Sagen-Geschichten für die Zwecke des Erzählpublikums „eingesetzt" werden. In den folgenden Beispielen läßt sich zeigen, inwiefern die massenmediale AIDS-Panik[77] die Konstruktion neuer Dämonen-Figuren ermöglicht hat, die für die Bearbeitung der Alltagsprobleme des Medienpublikums nützlich sind. Seit der öffentlichen AIDS-Panik haben sich eine ganze Reihe von AIDS-Geschichten verbreitet, die in den unterschiedlichsten Situationen zu ganz verschiedenen Zwecken erzählt werden. Gesellschaftlich verbreitet hat sich damit die Figur des gefährlichen AIDS-Kranken[78], der Sexualpartner nicht nur gefährdet, sondern bewußt und intentional mit ins Verderben reißt.

---

76 Winick (1992) hat diese Erzählfunktion in der Analyse einer ähnlich gelagerten Männergeschichte herausgearbeitet. Heterosexuelle junge Männer warnen sich hier gegenseitig vor „gefährlichen Frauen", die ihnen zwar nicht direkt über deren eigene weibliche Sexualität gefährlich werden, dafür aber das von den heterosexuellen, weißen Männern erhoffte sexuelle Vergnügen durch ihre Vorbereitung und „Zuliefererdienste" umkehren in eine Vergewaltigung durch homosexuelle schwarze Männer.

77 Die massenmediale AIDS-Berichterstattung läßt sich als Inszenierung einer Moral-Panik bezeichnen (vgl. dazu Steinert/Cremer-Schäfer/Hancke-Stehr/Stehr 1990). Dabei geht es weniger um die Frage, ob die AIDS-Problematik quantitativ übertrieben wurde oder nicht, sondern um die Konstruktion des sozialen Problems „AIDS" als ein moralisches Drama von gut und böse, von lasterhaft und tugendhaft, und um die moralischen Metaphern, die im öffentlichen AIDS-Diskurs zur Anwendung kamen und immer noch präsent sind. Der öffentliche Moral-Diskurs hat über das Thema „AIDS" Sexualität wieder zu einem Schauplatz des politischen Kampfes um Hegemonie werden lassen (vgl. Ray 1989). AIDS ist öffentlich (durch Politik, Medien und Medizin) durch die Metapher der gefährlichen Verunreinigung (vgl. Sontag 1989) bekannt gemacht und gleichzeitig als Instrument benutzt worden, der „permissiven Gesellschaft" Grenzen zu setzen. Im privaten Moral-Diskurs wird erkennbar, daß die politische Auseinandersetzung direkt wenig interessiert, sie aber offensichtlich einen neuen Dämonen-Typus konstruiert hat (der sich fast als „Super-Metapher" für gefährliche Verunreinigungen bezeichnen läßt).

78 Die öffentliche Diskreditierung von Homosexuellen im Zusammenhang mit AIDS ist für die moderne Sage kein (großes) Thema. Die an AIDS erkrankten und dadurch zu Dämonen gewordenen Personen sind die für das breite (kleinbürgerliche) Publikum

Die folgende Geschichte (in der einschlägigen Literatur mit „Willkommen im AIDS-Club" betitelt) existiert in männlichen und weiblichen Varianten. Ich präsentiere zunächst eine Geschichte, die vor allem von Frauen erzählt wird, und in welcher der gefährliche AIDS-Kranke ein männlicher Dämon ist. Sie wird erzählt von einer 23jährigen Industriekauffrau aus einer Großstadt des Ruhrgebiets:

„Meine Arbeitskollegin hat mir folgende Geschichte erzählt: Ein Mädchen, achtzehn, neunzehn Jahre, hat von ihren Eltern zum Abitur eine Reise nach Rhodos geschenkt bekommen und hat dat dann natürlich auch gemacht, klar. Fliegt also nach Rhodos, lernt einen jungen Griechen kennen, verliebt sich tierisch und hat herrliche vierzehn Tage. Als dann der Rückflug ... als der Tag des Rückfluges kam, bringt der Grieche sie zum Flughafen und überreicht ihr noch dazu ein wunderbar verpacktes Päckchen und sagte aber, sie möchte das erst wieder in Deutschland öffnen. Und das Mädchen war ganz aufgeregt, und hat es während des Flugs das Päckchen geöffnet und wurde ganz blaß, weil in dem Päckchen eine strangulierte Ratte lag mit einem Zettel, auf dem stand: 'Herzlichen Glückwunsch! Du bist aufgenommen im Club der Aids-Kranken'. Und als sie dann zu Hause angekommen ist, mußt se die Geschichte ja nun ihrer Mutter erzählen, und beide sind voller Panik zum Arzt gegangen. Und es stellte sich tatsächlich heraus, daß sie aidskrank ist." (Fischer 1991, S. 60)

Diese Geschichte wird vor allem jungen Frauen erzählt, die ihre Wege autonom bestimmen wollen und mittlerweile alleine in die Fremde reisen, um sich auch sexuell zu vergnügen[79]. Sie warnt vor den Folgen dieser Autonomie und

---

„traditionellen" Figuren der sexuellen Unmoral: Prostituierte, Liebhaber, Urlaubsbekanntschaften, Personen, die insgesamt das flüchtige und rein sexuelle Vergnügen symbolisieren. Zuletzt dazugekommen ist der eigene Partner, der mit AIDS nun ein neues und wirksames Mittel der Vergeltung für den traditionellen Ehebruch besitzt.

79 Der Kriminalitäts-Diskurs, der die gefährliche Männlichkeit vorführt, hat vor allem die Funktion, Frauen auf ihre traditionelle Rolle zu verpflichten. Diese Rolle verweist sie auf die Privatsphäre als Ort der Geborgenheit und Sicherheit, und als Ort, in dem Frauen sich kompetent bewegen. In der Öffentlichkeit und vor allem in der „Fremde" drohen Frauen nur Gefahren. Dies insbesondere dann, wenn sie sich hier ohne legitime männliche Begleitung bewegen. Vgl. Roller 1986 zu den problematischen Implikationen einer fortschrittlichen Frauenpolitik, die sich auf genau diesen Diskurs stützt. Es ist notwendig, Kriminalitätsgeschichten danach zu unterscheiden, ob sie Hinweise zur besseren Bewältigung von problematischen Situationen geben, oder ob sie lediglich Gefahren benennen, die auf das Vermeiden von Orten und Handlungen zielen und Angst schüren statt Kompetenzen entwickeln zu helfen. Wachs (1988), die das Erzählen von „crime-victim-stories" in natürlichen Erzählsituationen untersucht hat, vermischt in ihrer Herausarbeitung der Erzählfunktionen Geschichten über eigene Schadens- und Beeinträchtigungserfahrungen mit Sagen-Geschichten (und interpretiert eine Reihe von bekannten Sagen-Geschichten als Geschichten über eigene Erfah-

schüchtert zugleich ein. So sind es denn auch oft Mütter junger Frauen, die diese Geschichte an ihre Töchter weitergeben, um sie vor den Gefahren „der weiten und fremden Welt“ zu warnen. Die moralische Grenzüberschreitung der Protagonistin ist in dieser AIDS-Geschichte gleichzeitig eine Überschreitung territorialer Grenzen. Besonders Fremde sind gefährlich: Sie verstellen sich und verbergen ihre eigentlichen Intentionen, so daß junge Frauen zum Opfer ihrer eigenen Vergnügungssucht werden.

Die Geschichte konstruiert die Figur eines AIDS-Kranken, der seine Sexualpartnerin nicht nur gefährdet und ihre Ansteckung riskiert, sondern ihre

---

rungen; zur Kritik vgl. auch Brunvand 1993). Wenn man diese „Vermischung“ analytisch rückgängig macht, kommen zwei unterschiedliche Erzählfunktionen zutage, die sich über jeweils verschiedene Geschichtensorten artikulieren: Geschichten über Erfahrungen *anderer* erfüllen eher die erzieherische Funktion der Warnung von Unerfahrenen vor den „Gefahren der Großstadt“ (durch das Erzählen von „cautionary tales“); Geschichten über *eigene* Erfahrungen von Schädigungen und Beeinträchtigungen erfüllen dagegen eher die Funktion der gemeinsamen Erarbeitung von „streetwisdom“, eines pragmatischen Wissens, wie mit problematischen Situationen (mit denen man selbst tagtäglich konfrontiert ist) am besten umgegangen werden kann. Interessant ist nun aber, daß in der natürlichen Erzählsituation diese analytische Trennung ja nicht zum Tragen kommt, und die unterschiedlichen Geschichtenformen (Geschichten über eigene Erfahrungen, Berichte über fremde Erfahrungen, moderne Sagen, Medien-Nacherzählungen) im Erzählen ineinander fließen zu dem Bild einer für Frauen gefährlichen Großstadt (Ort der Untersuchung ist New York; Wachs hat hauptsächlich Unterhaltungen von Frauen beobachtet und untersucht). Deutlich wird dabei, daß die Geschichten über die stärksten Beeinträchtigungen und Verletzungen nicht als eigene Erfahrung erzählt wurden, daß aber im Zusammenhang mit ausgesprochenen „Horrorgeschichten“ auch die eigenen, wenig dramatischen Erlebnisse eine dramatischere Qualität annehmen und in den Kontext der „gefährlichen Großstadt“ gestellt werden (zu vergleichbaren Mechanismen vgl. auch Steinert 1978). In der erzählerischen Aushandlung von Gefahrenvermeidungsmöglichkeiten arbeiten die Frauen moralische Dimensionen mit ein, die diese Aushandlung anleiten: Gefährlich sind bestimmte städtische Regionen, in denen „die anderen“ (in diesem Falle: „die Schwarzen“) zu finden sind. Gefährlich ist es, sich als Frau überhaupt zu weit „herauszuwagen“, sei es durch die Herausstellung von Weiblichkeit oder durch das Verlassen des vermeintlich sicheren Heimterritoriums. Mit dieser Aushandlung von Gefahrenvermeidungsmöglichkeiten bearbeiten die Frauen aber – was Wachs nicht sieht – letztlich ihr eigenes Frauenbild: Müssen Frauen von den guten Männern beschützt werden? Was macht Frau-sein überhaupt aus? Was sind legitime Betätigungen für Frauen? Geschichten über die „gefährliche (Groß-) Stadt“, in der frau selbst lebt, bearbeiten die ambivalente Situation von Frauen, die sich selbst zwischen traditioneller Frauenrolle und den Ansprüchen auf dem Arbeitsmarkt mit seinen Gratifikationen verorten.

Infizierung mitsamt Todesfolge beabsichtigt. Somit ergeben sich Ähnlichkeiten mit dem Vampir-Mythos[80]. Der Vampir als „lebender Toter" (ein paradigmatisch liminales Wesen) findet, meist wegen sexueller Sünden, keine Ruhe und saugt andere (nahestehende) Personen aus, die kurz darauf ebenfalls sterben und selbst zu Vampiren werden. Der Vampir handelt eher a- als unmoralisch: Aus eigenem Interesse heraus versucht er sich zu erhalten, indem er andere aussaugt und diese damit auch in die zwischenräumliche Position der „lebenden Toten" bringt[81].

Die Dämonen- bzw. Vampir-Figur der Geschichte verdichtet drei Gefahren-Elemente: Sie enthält das Bild des gefährlichen Fremden, der gefährlichen Sexualität und des gefährlichen Kranken. Für den Sagen-Diskurs, der Unsicherheiten und Ambivalenzen über Formgebungen bearbeitet, ist AIDS eine perfekte moralische Metapher.[82] AIDS steht für die Invasion von körperfremden Substanzen in den eigenen Körper und damit für Verunreinigung (vgl. Sontag 1989)[83]. Über AIDS lassen sich Geschichten konstruieren, die morali-

---

80 Lenzen (1991) hat auf die Analogie von öffentlichem Aids-Diskurs und Vampir-Mythos aufmerksam gemacht. Für ihn transportiert der Aids-Diskurs weniger medizinisches Wissen als ein gesellschaftliches Wissen mit „stabilisierender Wirkung". Durch den Aids-Diskurs wird „ ... in erster Linie ein Mythos konstituiert, dessen Struk-turen ebenso rekonstruierbar sind wie diejenigen des Vampir-Mythos. (...) Der Aids-Mythos muß als vorläufig (!) letzte Etappe einer Folge von Mythen gelesen werden, die in der Geschichte der Infektionskrankheiten entstanden sind und von denen die Vampir-Legende nur einen kleinen Teil ausmacht" (Lenzen 1991, S. 91/92).

81 Ausschließung und Vernichtung von Vampiren war die gängigste historische Bearbeitungsform (vgl. Lenzen 1991). In diesem Zusammenhang ist interessant, daß die Geschichte „Willkommen im Aids-Club" durch die Politik wieder in den öffentlichen Diskurs gelangt ist. Der frühere bayrische Innenminister Gauweiler hat sie zur Legitimation seiner Bekämpfungs- und Ausschließungspolitik zitiert (vgl. Brednich 1990).

82 Aids ist aber auch eine Metapher, die sich leicht nach oben wenden läßt, und die auch das Mißtrauen in die Medizin selbst, in die Technologie und die Wissenschaft symbolisiert (vgl. Quam 1990). Zum Komplex Aids als Verschwörung vgl. Turner, P. A. 1993.

83 Die Aids-Metapher hat sich daher auf die Drogen-Metapher draufsetzen können. Aids dringt wie die Droge von außen als fremde Substanz in den eigenen Körper ein, verunreinigt ihn und zerstört bzw. korrumpiert ihn damit. In Erzählungen aus den 70er Jahren wurden Mädchen und Frauen mit Gefahren-Geschichten, die sich das Bild der „gefährlichen Drogen" (und der gefährlichen Jugend) aneigneten, vor zuviel und zu früher Selbständigkeit zurückgeschreckt Klintberg (1990) präsentiert eine Geschichte, in der junge Mädchen – auf dem Weg zum Tanzvergnügen – in der (Stockholmer) U-Bahn von jungen Männern mit Spritzen „angestochen" werden, um sich ihrer zu bemächtigen. Seit der Aids-Panik der 80er Jahre werden Geschichten erzählt, die aus

sche Grenzen ziehen und Orte der Reinheit und Sicherheit definieren. Nicht zufällig sind die in den Geschichten aufgezeigten sicheren Orte die traditionellen Plätze, die beiden Geschlechtern zugedacht werden. In der nächsten Geschichte werden die Geschlechterrollen umgekehrt:

> „Als wir auf die Krankheit AIDS zu sprechen kamen, erzählte mir ein Freund, der von einem Teneriffa-Urlaub zurückgekommen war, die folgende Geschichte: Ein Bekannter, der auf der Insel wohnte, hatte ihm berichtet, wie ein junger Spanier aus Santa Cruz in dem Badeort Puerto de la Cruz eine Touristin kennenlernte, mit der er die Nacht verbrachte. Als er am nächsten Morgen in dem Hotelzimmer, das sie sich genommen hatten, aufwachte, war sie schon fort. Er ging ins Bad, um zu duschen, als er auf dem Spiegel, mit Lippenstift geschrieben, den Satz las: 'Willkommen im AIDS-Club!'. Zwei Monate später machte er einen AIDS-Test, der positiv ausfiel." (Brednich 1990, S. 59)

Geschichten mit gefährlichen Vampirinnen kursieren vor allem unter männlichem Erzählpublikum. In diesen männlichen Varianten erfolgt die Mitteilung der Aufnahme in den Club der lebenden Toten nicht durch das Symbol des Schmutzes (die Ratte im Geschenkkarton symbolisiert den Schmutz, mit dem sich die Frau eingelassen hat, und zu dem sie selbst nun bald wird), sondern durch die verführerische (und aus etlichen Filmen bekannte) Geste des Schreibens einer Lippenstift-Nachricht auf einen Spiegel. Doch die erhoffte Liebesbestätigung wird zur Todesnachricht. Die Vampirin hat dem jungen Mann über den Geschlechtsakt die Lebensgeister geraubt.

Die Furcht der patriarchalen Männlichkeit vor dem Verlust der Fortpflanzungsfähigkeit durch illegitime („flüchtige" und „zu viele") sexuelle Beziehungen ist ein traditionelles Erzählmotiv. Gegenwärtig wird aber mit diesen (und ähnlichen) Geschichten die Krise der Männlichkeit bearbeitet, die durch die feministische Herausforderung (mit-)entstanden ist. Die „gefährlichen Frauen" sind gerade emanzipierte Frauen, die es wagen, alleine zu reisen, und die es sich erlauben, auch sexuellen Vergnügungen nachzugehen. In der zuletzt dokumentierten Geschichte kommt wiederum das Moment des „gefährlichen Fremden" zum Tragen; diesmal aber ist die Touristin (aus dem Norden?) die fremde Täterin und nicht das Opfer. Der Spanier aus Teneriffa hat die Grenze seiner eigenen moralischen Gemeinschaft überschritten und ist dadurch zum Opfer geworden. Immer wird das Fremde als negative Projekti-

---

der gefährlichen Droge die gefährliche aids-infizierte Spritze machen (vgl. dazu Schneider 1992). Fischer (1991) dokumentiert eine Geschichte aus den USA, aus der deutlich wird, daß die Infizierung mit Aids durch einen „Spritzen-Überfall" auf Frauen die Funktion der Androhung von Vergewaltigungsgefahren übernommen hat.

onsfläche benutzt, anhand derer die eigenen moralischen Maßstäbe geklärt werden[84].

Alle Geschichten warnen vor flüchtigen sexuellen Beziehungen, die das Ordnungsgefüge der herkömmlichen Geschlechterbeziehungen ins Wanken bringen. Sie ziehen eine moralische Grenze dort, wo die Bereitschaft, die herkömmlichen Geschlechterrollen auszufüllen, aufgegeben wird. Die Krise der Intimität, die hier vorgeführt wird, verweist auf die Krise der Männlichkeit und der Weiblichkeit. Was macht gegenwärtig eine anständige Männlichkeit aus, und was kennzeichnet – angesichts größerer Freiheiten von Frauen – eine anständige Weiblichkeit?

Die Szene der verdeckten Invasion

In dieser Gefahren-Szene geht es nicht mehr primär um das eigene Handeln, sondern um die Klärung von Fragen der Zugehörigkeit, des Zusammenhalts und des Fortbestandes von Gesellschaft. Die Geschichten, die mit der Szene der verdeckten Invasion arbeiten, sind Versuche, die Merkmale einer kollektiven Identität herauszuarbeiten. Sie handeln vom gefährlichen Fremden, das versucht, sich in das Eigene hineinzuschmuggeln, um es von innen heraus zu korrumpieren und zu zerstören. Die Invasionsszene benennt die Merkmale des Eigenen und ruft zur verstärkten Grenzkontrolle auf. Die entscheidende Grundszene beinhaltet die *Tarnung und Aufdeckung*. Gefährliche Fremde dringen „verdeckt" ein, die Protagonisten haben die Aufgabe, die Verkleidungen und Tarnungen zu erkennen, damit die Bedrohung nicht ins eigene Territorium vordringt. Die aus dem Mediendiskurs importierten Angst- und Schreckfiguren dienen dem Erzählpublikum als Negativfolie für die Herausarbeitung der eigenen kollektiven Identität. Die Szene der verdeckten Invasion bearbeitet somit *Krisen kollektiver Identität*[85].

Das Ereignis in der folgenden Geschichte soll sich mehr oder weniger ähnlich auf den verschiedenen großen Flughäfen im westlichen Europa seit Ende der 70er und Anfang der 80er Jahre abgespielt haben. Ich zitiere eine Geschichte aus einer schwedischen Sammlung.

---

84 Goldstein (1992) präsentiert Geschichten, die in Neufundland erzählt werden, in denen das Ferienland Florida zur gefährlichen Region wird.

85 Vgl. zu diesem Punkt auch Katz (1987).

„Auf dem Flugplatz Arlanda bei Stockholm ist gerade ein Flugzeug gelandet. Unter den Passagieren befindet sich eine türkische Frau mit vielen Kindern. Das jüngste trägt sie, eingehüllt in eine Decke, auf dem Arm. Offensichtlich kommt sie gerade von einem Besuch in ihrem Heimatland zurück. Nachdem der Zoll alle Familienmitglieder gezählt und sämtliche Papiere kontrolliert hat, müssen die Frau und das Kind an der Sperre warten und werden einer Kontrolle unterzogen. Bei der Untersuchung zeigt sich, daß das kleine Kind tot ist. Und nicht genug damit, man hat ihm die Eingeweide herausgenommen und den Leichnam mit Heroin gefüllt!“ (Klintberg 1990, S.213)

Das Moment der Tarnung und des Schmuggels verweist auf die (Auf-) Klärungsarbeit, die zur Bestimmung der eigenen kollektiven Identität notwendig wird: Wer gehört dazu, wer nicht? Woran ist Zugehörigkeit erkennbar? Gibt es noch eine (moralische) Gemeinschaft? Über welche Merkmale finden wir uns zusammen? Diese Klärung geschieht vor der Negativfolie der „gefährlichen Fremden“, die in der hier dokumentierten Geschichte eine Verbindung herstellt zwischen Migranten und Drogenhandel. Wenn eine kollektive Identität nicht mehr an gemeinsam geteilten, tradierten sozialen Ordnungen erkennbar scheint, wenn Konventionen den Status und die Stellung in der Gesellschaft nicht mehr festlegen, wenn das moderne Individuum Verpflichtungen und Möglichkeiten für sich selbst immer wieder neu austesten und aushandeln muß, dann wird die Herstellung einer kollektiven Identität, eines Rahmens von Gesellschaftlichkeit zur permanenten Aufgabe. Angesichts einer umfangreichen Enttraditionalisierung von Lebensentwürfen (vgl. Beck 1986), läßt sich eine kulturelle und soziale Identität am leichtesten negativ bestimmen: Erzähler/innen der oben zitierten Geschichte können Gemeinsamkeit mit ihrem Publikum leicht erreichen: Sie alle werden sich schnell darüber einigen können, daß sie mit ihren eigenen Kindern anders umgehen als die türkische Migrantin mit ihrem jüngsten Kind; sie werden sich auch darüber einigen können, daß sie zwar weniger Kinder vorweisen können, dafür aber uneigennützig deren Zukunft im Auge haben und sie nicht dazu mißbrauchen, an ihnen zu verdienen.

Die Bemächtigungsszene

In der Bemächtigungsszene geht es um Entführungen, Verschleppungen und anschließende Mißhandlungen und Ausbeutungen. Thematisiert wird die Bemächtigung und Instrumentalisierung von Personen (-Kategorien) durch gefährliche Mächte im eigenen Territorium. Die Bemächtigung kommt unerwartet, „hinterrücks und verräterisch“, sie reißt Personen plötzlich und überfallartig aus dem Alltag heraus. Sie wird überhaupt nur dadurch möglich, daß diesen Mächten bisher vertraut wurde. Die Mächte sitzen im Zentrum der Gesellschaft, sie sind ihre tragenden Säulen.

Mit Geschichten über Bemächtigungen werden gesellschaftliche Veränderungen thematisiert, die als Entfremdungen erlebt werden. Es geht um das, was im Eigenen fremd geworden ist, um weitreichende *Vertrauenskrisen*, die sich vor allem als Mißtrauen gegen zentrale gesellschaftliche Institutionen (und ihr Experten-Personal) äußern. Geschichten mit Bemächtigungsszenen identifizieren bestimmte gefährdete Kategorien, sie klären an ihrem Beispiel, ob die Institutionen noch funktionieren, ob sie (noch) vertrauenswürdig sind oder nicht. Folgende Fragen sind dabei berührt: Welcher Institution kann ich mich oder meine ‘Schützlinge’ anvertrauen? Sind die öffentlichen Einrichtungen in der Lage, hilfreiche Dienste zu erbringen? Sind sie überhaupt zu Dienstleistungen motiviert oder verfolgen sie nicht eher institutionelle Interessen, die den eigenen entgegenstehen? Ist das Experten-Wissen angemessener als das Alltagswissen der Laien?

Rutschky hat eine solche Vertrauenskrise am Beispiel der entstandenen Konkurrenz zwischen familiärer und öffentlicher Erziehung herausgearbeitet und Geschichten des Verdachts auf sexuellen Mißbrauch in diesem Kontext verortet:

> „Wer sind die wahren und wichtigen Eltern, die Profis, die Erziehung gelernt, oder die Eltern, die die Biologie dazu gemacht hat? Wenn Erzieher fünf Tage in der Woche acht Stunden mit Kleinkindern zu tun haben, müssen sie sich manchen fremden, eigensinnigen, unsympathischen Eltern nicht überlegen fühlen und für die besseren Mütter halten? (...) Im Verdacht auf sexuellen Mißbrauch findet diese Konkurrenz in der Gegenüberstellung von legitimer und illegitimer Intimität mit Kindern ihren passenden Ausdruck.“ (Rutschky 1994, S. 28)

Aufgrund meines Geschichten-Materials (und anderer aktueller Untersuchungen)[86] läßt sich gegenwärtig eine Konjunktur des Erzählens von Sagen-Geschichten feststellen, die die Gefährdung des Kindes thematisieren. Das Kind als Symbol für die Zukunft der Gesellschaft steht in diesen Geschichten den eigenen Institutionen – deren Experten zu „gefährlichen Kategorien“ werden – gegenüber, die zunehmend infrage gestellt werden. Gefahren-Geschichten mit Verschleppungs- und Entführungsszenen debattieren solche Vertrau-

---

86 Vgl. Best 1990, Bromley 1991, Kapferer 1990.

enskrisen und geben Hinweise auf die Möglichkeiten, Gefahren für sich und andere zu vermeiden, z.B. durch die Verständigung von Müttern darüber, ihre Kleinkinder doch lieber zu Hause zu lassen und auf Erwerbsarbeit erstmal zu verzichten. Immer geht es um moralische Dilemmata, um die Aufstellung von Prioritäten und um das Aushandeln alltagspraktischer Handlungsmodelle zur Lösung besonderer Probleme und Konflikte: Wie lassen sich Erwerbsarbeit (der Mütter oder beider Elternteile) und Betreuung der Kleinkinder verbinden? Was hat Priorität, die Emanzipation der Frauen oder das Wohl der Kinder? Muß ein Elternteil auf Erwerbsarbeit grundsätzlich verzichten?

Die vor allem in den USA gegenwärtig beobachtete Konjunktur des Erzählens von Geschichten über den rituellen satanischen Kindesmißbrauch debattiert z.B. den Konflikt um die bessere Erziehungsinstitution aus der Perspektive eines eher traditionellen, religiös geprägten und ländlichen Publikums, das sich eindeutig für die traditionelle Institution der Familie entscheidet und die Institutionen der öffentlichen Erziehung dämonisiert.[87]

Die Geschichte, mit der ich hier die Bemächtigungsszene illustrieren möchte, bezieht sich auf die moderne Medizin und das Mißtrauen ihr gegenüber. Sie wird im Juni 1992 von einer Germanistik-Studentin der Universität Freiburg unter lebhaften Wahrheitsbeteuerungen erzählt. Die Freundin ihrer Mutter kennt das Opfer und hat es selbst in der Universitätsklinik besucht:

> „Ein Ehepaar aus einem Dorf nahe bei Freiburg ist an dem verkaufsoffenen Samstag im Mai über den Rhein nach Straßburg gefahren, um einzukaufen. Ihren Wagen haben sie in einer Tiefgarage abgestellt. Auf der Straße fällt dem Mann plötzlich ein, daß er seine Brieftasche im Auto vergessen hat. Er schickt seine Frau schon zum Einkaufen voraus und will sofort nachkommen. Die Frau erledigt die ersten Einkäufe und hält vergeblich Ausschau nach ihrem Mann. Als er nach einer Weile noch immer nicht da ist, geht sie beunruhigt zurück in die Garage. Beim Wagen ist er nicht. Plötzlich hört sie aus einer Ecke ein Stöhnen und findet dort ihren Mann mit einer frischen Operationsnarbe an der Hüfte. Später stellen die Ärzte fest, daß ihm eine Niere entnommen worden ist.“ (Brednich 1993, S. 42)

87 Zu Geschichten vom „rituellen satanischen Kindesmißbrauch“ vgl. Bromley 1991, Dégh 1995, Goode/Ben-Yehuda 1994. Das Medien- und Expertenproblem des „sexuellen Mißbrauchs“ beinhaltet auch (wie von feministischer Seite vorgegeben) „Väter als Täter“; beim breiten Laienpublikum wird dagegen die Schreckfigur des „gefährlichen Fremden“ aufrechterhalten; neu hinzugekommen ist die Figur der „gefährlichen Experten“.

Diese Geschichte diskutiert das Verhältnis des breiten Laienpublikums zur modernen Medizin[88]. Die Verschleppung/Entführung ähnelt der plötzlichen Unterbrechung der Alltagsroutinen (und dem „Herausgegriffen-Werden“) durch einen Unfall oder eine schwere Krankheit. Die Geschichte gibt Antworten auf Fragen wie diese: Kann ich den Ärzten noch trauen? Versuchen sie das Möglichste für meine Gesundheit zu tun? Kann ich mich einem medizinischen System anvertrauen, für das Krankheit ein Geschäft (und Gesundheit eine Ware) ist? Sind Ärzte überhaupt an meiner Genesung interessiert oder geht es ihnen „nur ums Geld“? Verfügen sie über die geeigneten Mittel, um meine Krankheit zu behandeln? Machen sie mich eher krank als gesund? Für das Erzählpublikum dieser Geschichte ist die moderne Medizin eine dem Alltagsleben entfremdete Institution, der nicht mehr über den Weg zu trauen ist. Bei Brunvand (1993) finden sich einige Geschichtsvarianten, in denen explizit darauf hingewiesen wird, daß die Operation von einem Experten ausgeführt wurde. Brednich berichtet von einer anderen Geschichtenvariante, in der ein Mann beim Besuch des sogenannten „Polen-Marktes“ in Berlin verschwindet und arbeitslos gewordene Stasi-Ärzte verdächtigt werden, den Organraub begangen zu haben[89]. In den USA werden Medizinstudenten verdächtigt, sich über den Organraub ihre teure Ausbildung zu finanzieren[90]. Ob es die Politik, die Medizin oder die Bildung und die öffentliche Erziehung trifft, die tragenden gesellschaftlichen Institutionen geraten unter Verdacht, sie werden zu „gefährlichen Kategorien“ – vorzugsweise in den Bildern des „Organisierten Verbrechens“, der „Mafia“, des „Komplotts“, der gesellschaftsumspannenden „Verschwörung“.

Die Bemächtigungsgeschichten debattieren institutionelle Veränderungen der modernen kapitalistischen Gesellschaft, und sie eröffnen einem von diesen Veränderungen betroffenem und verunsichertem Publikum Wege der Gefahrenvermeidung, z.B. durch die Favorisierung traditioneller Institutionen oder durch die gemeinsame Erzeugung von Selbstvertrauen in die eigenen Problemlösungskompetenzen.

---

88 Diese Geschichte wird oft beim Thema Krankheit oder während Aufenthalten im Krankenhaus erzählt.

89 Vgl. Brednich 1993, S. 43.

90 Vgl. Brunvand 1993, S. 151.

Das Gefahren-Paradox

Mediale Kriminalitätsdarstellungen sind Rohstoffe für die Formung von Gefahren-Geschichten, die der Bearbeitung unterschiedlicher Situationen der Unsicherheit dienen. Sie bieten Szenen und Figuren an, mit denen Rollenunsicherheiten, Identitätskonflikte und Vertrauenskrisen bearbeitet werden können. Die Verbreitung von Bildern von gefährlichen Männern, gefährlichen Fremden und gefährlichen Experten durch das Erzählen von Gefahren-Geschichten dient dazu, Sicherheit im Umgang mit Unsicherheit zu produzieren. Doch je verbreiteter diese Gefahrenbannungsrituale werden, um so größer wird gleichzeitig die Wahrscheinlichkeit, daß die narrativ geformten und gebannten Gefahren aus diesem Rahmen herausgeholt werden, und sie damit beginnen, die Alltagswirklichkeit zu gestalten. Die Bearbeitung moralischer Dilemmata mittels medialer Gefahren-Figuren, die im Interesse eines großen Publikums liegt, das damit Fragen der Alltagsmoral und der praktischen Lebensführung klären will, wird gleichzeitig zur Grundlage eines weiteren Instrumentalisierungsprozesses, in dem die ohnehin als „wahre Geschichten" erzählten Erlebnisse von einem öffentlichen Publikum für „bare Münze" genommen werden. Den Übergang von der informell erzählten „wahren Geschichte" zur öffentlich skandalisierten „wahren Geschichte" bewerkstelligen in der Regel die Medien, die nun eigene Interessen in diesen Prozeß hineinbringen. Sie können eine Geschichte unter Anwendung ihrer üblichen Dramatisierungsstrategien in den Rang eines „sozialen Problems" erheben, um sie im nächsten Schritt (und im Kontext spezifischer lokaler Konfliktkonstellationen) an konkrete Orte und Personen „zurückzugeben"[91]. Die in den Geschichten instrumentalisierten Gefahren-Figuren und Gefahren-Szenen werden während des Verbreitungs- und Wanderprozesses mit konkreten Personen „ausgefüllt".

---

91 Vgl. etwa die Wandersage über eine Kindesentführung in einer Geisterbahn des Euro-Disneylands in Paris (Brednich 1993, S. 53 ff). In der Aufbereitung durch die lokale Tagespresse wurde diese Geschichte quantitativ dramatisiert: Da war dann zu lesen, daß die Zahl der (im Euro-Disneyland) vermißten Kinder mittlerweile über 200 betragen soll (vgl. ebd. S. 54). Das Euro-Disneyland gerät damit in arge Bedrängnis. Fragen, die sich dann anschließen, lauten: Warum wird nichts gegen das Verschwinden der Kinder unternommen? Sind an dem Komplott vielleicht noch viel mehr Institutionen beteiligt? Und vor allem: Warum ermittelt die Polizei nicht? Was hat sie zu verbergen?

Damit geraten die Sagen-Geschichten zum Klatsch oder zu Gerüchten[92]. Das *Gefahren-Paradox* ist also dadurch geprägt, daß die als real und wirklich behauptete Gefahr sich tendenziell um so weiter verbreitet, je mehr Personen sich vor Gefahren sichern wollen. D.h., daß verbreitete Unsicherheitssituationen die Wahrscheinlichkeit erhöhen, daß die Erzählfunktion der Gefahrenbannung überspringt auf Versuche, konkrete „gefährliche Kategorien" in der unmittelbaren Erzählumgebung zu identifizieren und gegen sie vorzugehen. In diesem durch die Veröffentlichung der Geschichte initiierten Konkretisierungsprozeß von Gefahren verlagert sich alle Aufmerksamkeit auf die Schreckfiguren, die nun gesucht und oft gefunden werden. Nun wird die Frage nach der Tätern gestellt, nach den Wegen und Mitteln, sie zu finden und den vorhandenen Kontrollinstanzen zuzuführen, die für die Bearbeitung des Bösen schließlich zuständig sind.

Morin (1969) hat in seiner Untersuchung zum „Gerücht von Orleans" diesen Mechanismus der Identifizierung und Verfolgung von Sündenböcken aufgezeigt (vgl. auch Ernst 1989). Im Orleans des Jahres 1969 hat die verbreitete Klärung alltagspraktischer Moralfragen vor allem unter Mädchen und jungen Frauen (die die moralische Frage bearbeitet haben, ob es legitim, richtig und wünschenswert ist, sich modebewußt und damit sexuell freizügiger zu kleiden und zu zeigen) eine Gruppe von jüdischen Kleidergeschäftsinhabern zu „gefährlichen Kategorien" werden lassen, denen unterstellt wurde, junge Frauen, die als Kundinnen in ihr Geschäft kamen, in den Umkleidekabinen ihrer Läden mit Spritzen zu betäuben und sie nachts in unterirdischen Kanälen aus der Stadt zu entführen, um sie dem „modernen weißen Sklavenhandel" zuzuführen. Im Münster der frühen 90er Jahre hat es einen Erzieher einer öffentlichen Kinderbetreuungseinrichtung getroffen[93]. Der Mechanismus der Hexenverfol-

92 Nicht immer muß der Personalisierungsprozeß von den Medien ausgehen. Wenn erzählte Gefahren-Geschichten in den Kontext akuter lokaler Konfliktsituationen gestellt werden, ist der Prozeß auch von „unten" nach „oben" denkbar. Der Klatsch identifiziert konkrete, namentlich bekannte Personen (vgl. Bergmann 1987) als Täter oder Opfer. Gerüchte können diese Identifizierung zwar unsicher lassen (sie bleibt unverbürgt), doch gerade diese Unsicherheit macht sie für ein größeres Publikum interessant. Beide Formen informeller Kommunikation – Klatsch und Gerücht – können dann dem Mediendiskurs vorausgehen.

93 Die von Duve (1994) geschilderten Details zum Umfeld des durch die Tagespresse gegangenen sogenannten „Montessori-Prozesses" ähneln den Phantasien, die im Orleans der späten 60er Jahre zum Tragen gekommen sind. Auch hier sind es Bilder von Bemächtigungen unterschiedlichster Art: „Es wurde von Fallgruben, unterirdischen

gung ist bis heute bestehen geblieben. Ausgetauscht wurden und werden lediglich die Dämonen-Figuren und die Handlungen, die ihnen zugeschrieben werden.

Wo Gefahren-Geschichten erzählt werden, die sich „krimineller“ Figuren bedienen, werden ganz andere Probleme und Konflikte moralisch debattiert und geklärt. Kriminalität ist nicht das Problem des breiten Publikums, wohl aber stellt der Kriminalitätsmythos die Gefahren- Figuren und -Szenen für narrative Konstruktionen zur Verfügung, mit denen es seine eigenen Probleme bearbeiten kann. Diese Konstruktionen aber haben mitunter sehr reale Konsequenzen. Konsequenzen, die paradox sind, da sie eine gefährliche Wirklichkeit schaffen, die in der Rezeption gerade gebannt werden sollte.

Das Erzählen von Gefahren-Geschichten II: Szenen mit gefährlichen Verunreinigungen

Eine zweite Kategorie von Gefahren-Geschichten behandelt Gefahren, die über Tierdämonen symbolisiert werden. Spezifische Tiere symbolisieren die Gefahren der Zwischenräumlichkeit; sie stehen für das gefährliche Fremde, das durch Grenzüberschreitungen freigesetzt wird, das sich in das Eigene einschmuggelt, es korrumpiert und zerstört; sie stehen auch für das „Fremde im Eigenen“, das das Eigene verunreinigt. Die in den Geschichten transportierten moralischen Botschaften sind ähnlich gelagert wie die Botschaften der Gefahren-Geschichten mit gefährlichen Personengruppen. Allerdings kommen hier andere Objekte von Moralisierungen hinzu: Es geht gegen den Exotismus, gegen die großen Nahrungsmittelkonzerne und gegen die inkompetente und unmoralische Hausfrau.

Gefährlichkeit manifestiert sich einmal als Wildheit: Hier sind es die sogenannten wilden Tiere, ist es die wilde Natur, die auf die Zivilisation und Kultur trifft und sie bedroht. Gefahren entstehen aber auch durch das Zusammenbringen von Schmutz und Reinheit, durch die Verunreinigung des Sauberen

---

Gängen mit Fledermäusen, Särgen und geschlachteten Frauen phantasiert. Der Turnhallenboden wurde aufgerissen, um nach den Gängen zu suchen“ (Duve 1994, S.239). Die Phantasien über Bemächtigungen sind über die Jahrhunderte erstaunlich stabil geblieben.

und Reinen (vgl. Douglas 1966). Grenzüberschreitungen und Verunreinigungen bringen Anomalien hervor, die in diesen Geschichten meist „eliminiert“ werden. Auch das unterscheidet sie von der vorherigen Kategorie. Die am häufigsten verwendeten Tiersymbole stehen für die wilde bedrohliche Natur: das Krokodil, die Schlange, Anomalien wie der „Rattenhund“ und die Spinne; für die Verunreinigung des Eigenen stehen die Ratte und die Maus. Ich werde auf diese Tiersymbole in den jeweiligen Gefahren-Bildern näher eingehen. Ich interpretiere „gefährlichen Tierdämonen“ analog zu den „gefährlichen Kategorien“ als Gefahren-Bilder, die in Szene gesetzt werden, um – über die Konstruktion von sicheren und unsicheren Orten und Handlungsbereichen – Bewegungsspielräume zu verengen.

Grenzüberschreitung als Verunreinigung

Ähnlich wie bei den „kriminellen Gefahren“ sind die tierischen Gefahren-Geschichten mit Grenzüberschreitungsszenen Ressourcen zur Diskussion von Geschlechterrollen. Mit ihrem Erzählen werden Bilder von Weiblichkeit und Männlichkeit gezeichnet. Die Protagonisten sind überwiegend weiblich, so daß hier fast durchgehend von Protagonistinnen gesprochen werden kann. Das wichtigste tierische Gefahren-Symbol, das Frauen gegenübertritt, ist die Spinne.

Die folgende Geschichte ist Brednich zufolge in Nord- und Mitteleuropa gegenwärtig sehr verbreitet. Sie wird vor allem unter Frauen kommuniziert[94]. Brednich betitelt sie mit „Der Insektenstich“. Die folgende Version wurde von einer Tante des Aufzeichners 1987 bei einem Familientreffen erzählt, als die Rede auf eine geplante Peru-Reise kam:

> „Die Tante beteuert, daß der Schwester eines Freundes folgendes passiert sei: Die Frau hatte in einem afrikanischen Land Urlaub gemacht. Sie wurde von einem Insekt gestochen. Der Stich entwickelte sich erst langsam zu einem kleinen Pickel, der aber nach ihrer Rückkehr stetig wuchs. Schließlich hatte er die Größe eines Furunkels erreicht. Da diese Dame Ärzte tunlichst meidet, versuchte sie mit Cremes und Gelees, diesen Furunkel zu behandeln. Dann, eines Morgens, stand sie auf, ging ins Bad, schaute in den Spiegel, drückte ein wenig an ihrem Furunkel, der plötzlich aufsprang: Eklige kleine, schwarze Spinnen krochen hervor. Die Frau bekam einen hysterischen Anfall und wurde ohnmächtig im Bad gefunden“. (Brednich 1990, S. 63/64)

94 Vgl. Brednich 1990, Klintberg 1990

In dieser Geschichte wird dargestellt, welche Folgen es für Frauen hat, wenn sie – alleine – in das *exotische* Ausland reisen. Die Protagonistin hat mit ihrer Reise in ein afrikanisches Land die Grenze nicht nur des Heimatlandes, sondern auch die Grenzen der kulturellen und moralischen Ordnung überschritten. Sie nimmt weder den „Insektenstich" noch den „Pickel" als gefährlich wahr (wahrscheinlich erkennt sie nicht mal die ursächliche Verbindung zwischen beiden Symptomen). Sie sucht infolgedessen auch keinen Arzt auf [95]und bekommt mit den „ekligen kleinen schwarzen Spinnen" die Quittung für ihre Grenzüberschreitung serviert.

Worin besteht die Grenzüberschreitung? Der Normbruch liegt offensichtlich darin, daß sich die Frau alleine – ohne Ehemann oder Freund, also ohne legitimen männlichen Begleiter und Beschützer – in die weit entfernte Fremde hinauswagt. Es ist wohl keine Überinterpretation, die vielen „ekligen kleinen schwarzen Spinnen" als die Umkehrung der legitimen (nicht so vielen) kleinen hübschen weißen Nachkommen zu betrachten, auf die die Frau verzichtet hat, um sich in der Fremde zu amüsieren. Junge Frauen reisen allein in exotische Länder und kommen als „Spinnen-Schwangere" zurück[96]. Mit den „ekligen kleinen schwarzen Spinnen" werden Frauen für ihre Autonomie und für die Abweichung von der traditionellen Frauenrolle bestraft[97]. Der „Insekten- oder Spinnenstich" ist die illegitime Gegenhandlung zur Erzeugung einer legitimen (weißen) Nachkommenschaft.

Die Gefahren-Bilder in dieser Geschichte sind Bilder des dämonischen, fremden schwarzen Mannes, der die nicht vorhandene legitime weiße Männlichkeit ersetzt. Die Geschichte wird oft in Situationen erzählt, in denen über Reisen in exotische Länder geredet wird. Die jungen weiblichen Protagonistinnen der Spinnenbiß-Geschichten nehmen die Fremde nicht angemessen war, sie blicken auf sie mit den kulturellen und moralischen Normen ihres (westlichen, „zivilisierten") Herkunftslandes[98]. Sie unterschätzen damit die

---

95 In anderen Geschichten mit dem gleichen Erzählmotiv gehen die jungen Frauen sofort zum Arzt, doch besitzt dieser nicht die Kompetenz, eine angemessene Diagnose durchzuführen, und die angeordneten Medikamententherapien versagen. Auch die hiesigen Gesundheitsexperten sind offensichtlich nicht in der Lage, Hilfe zu leisten, wenn die Grenze zum Exotismus überschritten wird.

96 Das Motiv der dämonischen Spinne ist bereits bei Jeremias Gotthelf (1842) und seiner „Schwarzen Spinne" zu finden. Vgl. dazu auch Klintberg 1990.

97 Vgl. zu dieser Interpretation auch Klintberg 1990, Rieken 1995.

98 Die Geschichte hat nicht immer eine rassistische Färbung. In den USA wird auf den Gegensatz von zivilisiertem Norden und wilden Süden (Florida) verwiesen.

Gefahr, die ihnen droht. Frauen diskutieren mit der Spinnenbiß-Geschichte indirekt ihre Kompetenzen im Umgang mit den (männlichen) Fremden. Die Geschichte ist nicht eindeutig in Bezug auf die Gefahr selbst: In den meisten mir vorliegenden Geschichten nehmen die Frauen den Biß oder Stich gar nicht wahr. „Spinnen lauern, so scheint es, in einem Hinterhalt und sind plötzlich da, um ein wehr- und argloses Geschöpf mit Gift zu lähmen und zu 'umgarnen', so daß Gefühle der Hilf- und Machtlosigkeit sowie des Ausgeliefertseins an eine unheimliche Macht assoziiert werden" (Rieken 1995, S. 191). Mit dem Erzählen der Spinnenbiß-Geschichte klären Frauen die Grenzen ihrer (kulturellen) Kompetenzen, und damit die Frage, wie weit sie ihren Bewegungsspielraum definieren. Die Geschichte kann je nach Erzählpublikum moralischere Töne annehmen oder das Moment der Inkompetenz in den Vordergrund stellen. Die Bestrafung von Unmoral steht eher in den Geschichten im Vordergrund, die sich auf die weibliche Eitelkeit beziehen und der „Thrill" der Geschichte aus dem Schrecken vor der Entstellung eines vormals anmutigen und schönen Gesichtes entsteht. Das Erzählpublikum dieser moralischeren Geschichten dürfte vor allem aus (älteren?) Frauen bestehen, die sich von der „heutigen Jugend" und den „emanzipierten jungen Frauen" abgrenzen wollen, während die Kompetenzkomponente bei einem weiblichen Erzählpublikum überwiegen dürfte, das selbst mit Reisen ins exotische Ausland liebäugelt.

Die über gefährliche Tiere symbolisierte Grenzüberschreitung ist nicht nur auf das gefährliche Fremde bezogen. Im Hinblick auf die Definition von Weiblichkeit gibt es eine Reihe von Geschichten, die die Spinne und den Wurm als Verunreinigungssymbole benutzen, um Frauen auf die traditionelle Rolle der Hausfrau zu verpflichten. Gefährlich wird es, wenn Frauen diese Rolle nicht mehr angemessen ausfüllen. Besonders deutlich wird die moralische Verurteilung der Abweichung von der traditionellen Frauenrolle in der folgenden Geschichte, erzählt von einer 27jährigen Buchhändlerin:

„Folgende Geschichte hat mir meine Mutter erzählt, und die sei der Freundin ihrer Arbeitskollegin erzählt worden. Folgende junge Dame hat sich, weil das jetzt so modern und in ist, in einem Fingernagelstudio künstliche Fingernägel aufsetzen lassen. Und nach einiger Zeit, so zirka drei, vier Wochen, bekam sie also unter den künstlichen Nägeln furchtbare Schmerzen. Und daraufhin hat sie dann einen Arzt aufgesucht, und der hat dann gesagt, er müßte also die künstlichen Fingernägel abnehmen, hat das auch getan. Und dann hat er festgestellt, daß sich zwischen dem normalen, also dem menschlichen Nagel und dem künstlichen Fingernagel Würmer Eier abgelegt hatten. Und das soll aus dem Grunde passiert sein, weil die junge Dame mit den künstlichen Fingernägeln zwischenzeitlich irgendwie Hackfleisch zubereitet hat, und das hat sich zwischen den Nägeln festgesetzt und dann da eben Eier getrieben. Und Würmer sind da rausgekommen. Die junge Dame mußte daraufhin in ein Krankenhaus und bekam alle zehn Fingernägel also abgenommen." (Fischer 1991, S. 71/72)

Künstliche Fingernägel und Hackfleisch passen nicht zusammen – das ist zusammengefaßt die moralische Botschaft dieser Geschichte. Erzählt wird sie aber nicht als eine Beispielgeschichte für die Abkehr von der Hausfrauenrolle (obwohl das ja auch denkbar wäre), sondern umgekehrt als warnendes Negativ-Beispiel für Frauen, ihre Natur nicht zu verändern. Die Erzählerin spricht von den „menschlichen Fingernägeln" und den „künstlichen Fingernägeln". Die menschlichen oder natürlichen Fingernägel stimmen überein mit der natürlichen Rolle der Frau als Essenszubereiterin. Die Geschichte transformiert ein soziales Verhältnis in ein natürliche Bestimmung (vgl. Barthes 1976). Sich künstliche Fingernägel aufsetzen zu lassen, geht jedenfalls deutlich zu weit – und endet mit dem schmerzhaften Verlust der natürlichen Schönheit. Die weibliche Eitelkeit und die Bereitschaft, Veränderungen am natürlichen Körper vornehmen zu lassen, darf jedenfalls nicht so weit gehen, daß dadurch die Haushaltspflichten vernachlässigt oder verunmöglicht werden.

Die Invasion liminaler Wesen

Geschichten, in denen die Szene der verdeckten Invasion narrativ ausgestaltet wird, thematisieren das gefährliche Fremde, das von außen in das bislang sichere Eigene eindringt, um es zu zerstören. Das gefährliche Fremde schmuggelt sich ein (oder wird naiverweise, da es sich verstellt, eingeschmuggelt), es verkleidet und verstellt sich, um in das Eigene eindringen zu können. Auch diese Gefahren-Szene läßt sich in der Analogie zu den Geschichten mit „gefährlichen Kategorien" begreifen. Die moralische Botschaft ist lediglich versteckter. Auch das Erzählen dieser Geschichten interpretiere ich als Versuche, die eigene kollektive Identität zu klären. Als negative Kontrastfolie dienen die in Tiersymbole transformierten Bilder des gefährlichen Fremden.

Als Beispiel für die Invasions-Szene dokumentiere ich hier die Geschichte vom „Rattenhund", die vor allem in den 80er Jahren in der Bundesrepublik Hochkonjunktur hatte. Sie wurde erzählt parallel zur öffentlichen Kampagne zur Ausschließung von Ausländern, die in der Hetze gegen „Asylanten" kulminierte. Allein Fischer (1985/86, 1991) präsentiert über 25 Versionen der Geschichte.

„In einer Pause in der Schule erzählte mir meine Freundin nach Weihnachten, daß eine Freundin von ihr, deren Tante letztes Jahr, im Sommer einen Hund aus Marokko mitgebracht hatten, den sie so niedlich fanden. Und ... em ... diesen Hund wollten sie nicht den ganzen Formalitäten ... mit den ganzen Formalitäten konfrontieren und haben ... em ihn dann geschmuggelt, weil er so klein war, er sah aus wie'n kleiner Yorkshire-Terrier. Den haben sie dann mit nach Hause genommen und ... em zu fressen und alles gegeben. Nur der Hund, der fraß nichts. Das ging dann paar Tage so. Die hatten auch 'ne Katze, und die wollten die mit dem Hund zusammenbringen, und das ging auch anfangs. Und als dann 'n paar Tage vergangen waren, war die Katze verschwunden. Daraufhin riefen die Leute den Tierarzt an, und der meinte, das könnte er sich nicht erklären, sie sollten mit dem Hund mal zu ihm kommen. Das haben se dann gemacht. Und der Tierarzt war am Anfang ganz verdutzt, weil er sich nicht erklären konnte, welche Rasse der Hund war. Und ... em er hat die Leute daraufhin wieder nach Hause geschickt, hat aber die ganze Zeit Bücher gewälzt, was das wohl für eine Rasse wär. Und hat dann herausgefunden, daß das eine ausgestorbene Rattenart sein soll, die soll ... em einem ... em südlichen Land kommt, die ... em sich nur von lebenden Tieren ... em ernährt und auch Menschen angreifen würde. Daraufhin hat er dann die Leute sofort wieder angerufen, hat sie gebeten, in die Praxis zu kommen, er hätte ... er wüßte jetzt, wieso der Hund nix frißt. Und ... em das haben die Leute dann gemacht. Und ... em der Arzt hat den Hund direkt eingeschläfert, ... em weil das zu gefährlich war. Ja das wär's." (Fischer 1985/86, S. 178/179)

Die Grenzüberschreitung in dieser Geschichte manifestiert sich weniger in der Tatsache, daß hier Personen ins (exotische) Ausland[99] reisen – es handelt sich schließlich überwiegend um *Ehepaare* – , sie ergibt sich vielmehr dadurch, daß etwas Fremdes in das Heimische/Eigene mitgenommen wird. Damit aber liegt das Hauptgewicht der Geschichte auf der Szene der verdeckten Invasion. Die exotische Ratte wird als Hund verkannt, sie verstellt sich die erste Zeit, um dann ihr „wahres Gesicht" zu zeigen. Wiederum werden Experten zur Expertise des gefährlichen Fremden mobilisiert. Der Tierarzt betreibt Grenzklärungsarbeit und bestimmt den vermeintlichen Hund als eine klassifikatorische Anomalie, als ein zwischenräumliches Wesen, das gegen die grundlegenden „Rasse"-Kategorien verstößt (weder ein Hund noch eine Ratte, wie sie in der zivilisierten Welt vorkommt). Nach seiner Identifizierung als Anomalie wird der Rattenhund (im Konsens mit seinen „Besitzern") vom Arzt getötet. Sicherheit und kulturelle Ordnung wird wiederhergestellt durch die Ausrottung des liminalen Wesens. Als absonderliche Ratte wird der vermeintlich niedliche Hund zum Töten freigegeben.

99 Die Geschichte ist auch aus den USA bekannt. Hier reist das nordamerikanische Ehepaar nach Mexiko, um mit dem „mexican pet" zurückzukehren (vgl. Brunvand 1986 und Fine 1992).

Fischer interpretiert die Geschichte vom Rattenhund als eine ethnozentrische Sage, in der die „heimliche Unterwanderung und Zerstörung der eigenen Kultur durch Angehörige anderer Kulturen" (Fischer 1985/86, S.193) behauptet wird. Die Geschichte klärt damit aber auch gleichzeitig, was genau die eigene Kultur ausmacht und arbeitet so an dem Bild einer kollektiven Identität. Konstruiert wird vor allem ein Gegensatz von Wildheit/Natur und Zivilisation/Kultur. Im Gegensatz zur gemeinsamen Kultur der zivilisierten Länder, in der z.B. Hunde und Katzen zwar nicht sonderlich friedlich miteinander leben, Hunde aber andererseits Katzen auch nicht auffressen, ist die Natur unberechenbar und undurchschaubar. Die Geschichte vom Rattenhund läßt sich als ein Beispiel für kulturellen Rassismus bezeichnen (vgl. Hall 1989a). Die exotischen Fremden zeichnen sich dadurch aus, daß sie sich zunächst nicht zu erkennen geben, um umso heimtückischer zuschlagen zu können.

Eine andere Geschichte mit der Szene der verdeckten Invasion ist die Erzählung von der „Spinne in der Yucca-Palme". Strukturell ähnelt sie der Geschichte vom Rattenhund, inhaltlich ist sie jedoch wieder auf Geschlechtsrollen und besonders auf die weibliche Rolle bezogen. Auch die Geschichte von der „Spinne in der Yucca-Palme" wird vor allem unter Frauen erzählt.

„Die Schwester einer Bekannten aus Kassel hatte eine Yucca-Palme geschenkt bekommen. Nach einiger Zeit bemerkte sie beim Gießen ein Quietschen, das aus dem Blumentopf zu kommen schien. Mit der Zeit kam ihr das ganze etwas unheimlich vor. Deshalb rief sie die Hessische Landesversuchsanstalt an. Die Mitarbeiter dort meinten, sie solle die Pflanze nicht mehr anrühren, sie kämen vorbei. Kurze Zeit später erschienen zwei Mitarbeiter in Schutzanzügen und nahmen die Pflanze mit. Am gleichen Nachmittag riefen sie die Frau an und teilten ihr mit, daß sie noch einmal Glück gehabt hätte, denn in dem Topf habe sich eine ganze Tarantelfamilie eingenistet." (Brednich 1990, S. 102)

Die versteckte Invasion des gefährlichen Fremden vollzieht sich hier über exotische Produkte, die achtlos ins eigene Wohnzimmer gestellt werden. Wieder sind es (männliche) Experten, die das gefährliche Fremde identifizieren und die die (alleinstehende?) Hausfrau retten. In dieser Geschichte ist es die „Hessische Landesversuchsanstalt", deren Mitarbeiter in „Schutzanzügen" anrücken; in anderen Versionen kommen Feuerwehr, Kammerjäger oder Mitarbeiter eines Tropeninstituts. Klintberg (1990) präsentiert eine Geschichte, in der der Geschäftsinhaber des Pflanzenladens, in dem die Palme gekauft wurde, „zwei Männer in Schutzanzügen" losschickt (ebd. S. 204). In wieder anderen Geschichten kommt die Polizei oder „ein Mann in einem Anzug, der wie ein Raumfahreranzug aussah" (Klintberg 1990, S. 206). In mehreren Versionen werden die Spinnen von den jeweiligen Experten in Schutzanzügen getötet.

Volkskundliche Motiv- und Symbolinterpretationen verweisen auf die phallische Form des Yucca-Stammes und sehen in der Geschichte sexuelle Symboliken wirken. Klintberg schreibt dazu: „In der Sage ist die offensichtliche Angst der Frau vor unangenehmen Insekten mit ihrer latent vorhandenen Furcht vor männlicher Sexualität in Verbindung gebracht worden. Die Palme und ihre verborgene Spinne (die in einer Version ihr Gift ejakulationsartig verspritzt) stellen etwas zugleich Verlockendes und Furchterregendes dar, etwas, das zum Untergang führen kann, wenn man es nicht unter Kontrolle bekommt" (Klintberg 1990, S. 208). Vielleicht ließe sich eine andere Überlegung dieser Interpretation vorschalten: Die Protagonistinnen der Yucca-Palmen-Geschichten sind Frauen, die allein nicht in der Lage sind, die Ordnung und Sicherheit des trauten (Familien-) Heims zu gewährleisten. Sie sind leichtsinnig, indem sie das (versteckte aber gefährliche) Fremde in die Wohnungen hineinholen; zu ihrer Rettung müssen andere („einheimische") Männer kommen: die Experten der Identifizierung und Ausrottung gefährlicher Anomalien. Das gefährliche Fremde schmuggelt sich ein, es unterminiert die Ordnung und die Sicherheit der Familie. Die Spinne in der Yucca-Palme symbolisiert die Gefahr, daß Frauen sich mit „exotischen" Fremden einlassen und dabei die herkömmliche „Ordnung der Geschlechter" und die Sicherheit des Familien- und Gemeinschaftsverbandes verlassen. Einheimische Pflanzen, die keine Gefahr beherbergen, und mit denen sich Hausfrauen traditionell auskennen, werden kaum mehr gekauft; die Frauen greifen zum (modischen) Neuen und Unbekannten, zu Dingen, die für die Auflösung von traditionellen Sicherheiten stehen[100]. Dieser Griff nach dem Neuen, Unbekannten und Fremden bedroht Frauen in ihrem eigenen Territorium, daß sie nun nicht mehr beherrschen und in dem sie auf fremde Hilfe angewiesen sind. Mit dem Erzählen dieser Geschichte können Frauen ihre Verantwortlichkeiten und Kompetenzen für Haushalt und Familie diskutieren.

---

100 Die Geschichte von der Spinne in der Yucca-Palme hat in verschiedenen Ländern zu lokalen und regionalen Paniken und zum Boykott von Pflanzengeschäften geführt, die exotische Produkte verkauft haben (vgl. Brunvand 1981, Klintberg 1990).

Ein dritter Typus von Gefahren-Geschichte, der auch mit Tiersymbolen arbeitet, ist die Erzählung, in der die *Verunreinigung* im Mittelpunkt steht. Das kann manchmal zusammen mit einer vorhergehenden Grenzüberschreitung geschehen, läuft aber in vielen Fällen darauf hinaus, daß diese kaum oder gar nicht mehr thematisiert wird, so daß mittels der Verunreinigung Gefahren dargestellt werden, mit denen üblicherweise nicht gerechnet werden braucht, weil den Orten und Räumen, in denen man sich bewegt, getraut wird, sie als vertraut und daher sicher angesehen werden.

Verunreinigungs-Szenen handeln zwar im vertrauten Umfeld, im vertrauten Eigenen, sie identifizieren aber Institutionen, die fremd geworden sind, und von daher als gefährlich angesehen werden. Besonders zwei Szenen stehen im Vordergrund: die Verunreinigung über das Essen & Trinken, über die Nahrungsaufnahme, und die Verunreinigung durch Kleider. In beiden Fällen werden Aussagen über die Institution des Konsums gemacht. Zum einen geht es um das Vertrauen/Mißtrauen in die industrielle kapitalistische Warenproduktion, insbesondere um die industriell hergestellte Nahrung, zum anderen wird wiederum auf das gefährliche Fremde bezug genommen, das sich diesmal in der unmittelbaren Nähe befindet: Die ethnischen Lokale und Restaurants in den deutschen Großstädten sind hier die Moralisierungsobjekte“[101].

Die folgende Geschichte spielt in einer Pizzeria, andere Geschichten konzentrieren sich auf chinesische und fernöstliche, türkische, jugoslawische, griechische und mexikanische Restaurants.

„Wir saßen mal abends beim Giovanni in der Pizzeria. Und da hat der Bekannte eines Freundes von mir folgendes erzählt, was seinem Vetter passiert war: Der hatte sich eine Pizza bestellt und ißt. Und plötzlich hatte er was zwischen den Zähnen. Das ging nicht weg. In der Nacht kriegte er schlimme Zahnschmerzen. Da ist er dann zum Notarzt gefahren. Und der hat ihm da etwas rausgemacht aus dem Zahnfleisch, das schien wie ein Zähnchen zu sein. Der hat sich das im Mikroskop angesehen und meinte, das könnte ein Rattenzahn sein. Am anderen Tag hat er die Polizei angerufen und denen die Sache erzählt. Die haben sich dann den Laden mal angesehen und haben einen Vorratsraum gefunden, und in dem hingen an die fünfzig ... ich weiß nicht, wie viele gefrorene Ratten. Die haben die Ratten in den Pizzas verbacken, nicht.“ (Fischer 1991, S. 65)

101 Hier zeigt sich im Vergleich zu den USA eine gewisse Umkehrung der Themen. In den USA sind die großen Fast-Food-Ketten die Orte von Verunreinigungen, während in Nord- und Mitteleuropa eher das „ausländische Essen“ und die ausländischen Restaurants Orte der Verunreinigung darstellen. Vgl. auch Fine 1992.

Der Erzähler ist ein 42jähriger Angestellter aus Köln. Die Geschichte wurde 1987 erzählt. In ihr wird eine Pizzeria zu einem zwischenräumlichen Ort, an dem die Gepflogenheiten der deutschen (und jeder zivilisierten) Kultur auf den Kopf gestellt werden: Die Ratte ist das Symbol für Unreinheit und Schmutz, die Restaurantgäste – unwissend und in gutem Glauben – werden zu Tabubrüchen verleitet. Wiederum bedarf es der Experten zur Identifizierung und Unschädlichmachung des unreinen Fremden. Mobilisiert werden Ärzte und Polizei. In vielen Geschichten wird explizit über die Schließung der betreffenden ausländischen Restaurants berichtet.

Die Geschichte vom „Rattenzahn in der Pizza" wird bei der Gelegenheit des Essens in einer Pizzeria erzählt. Das Erzählpublikum ist offensichtlich in einer ambivalent wahrgenommenen Situation, die es für sich selbst bearbeiten muß[102]. Es hat die Möglichkeit, die Ambivalenz gegenüber dem „fremden" Essen über Bilder des Fremden zum Ausdruck zu bringen, und kann für sich einen Weg finden, der potentiellen Gefahr zu entgehen. Das kann bedeuten, daß es Pizzerias von nun an lieber meidet, oder aber, daß es differenziert, und die Pizzerias, die für das eigene Essengehen in Frage kommen, aus der Gefahrenzone herausdefiniert.

Auch die folgende Geschichte über mexikanisches Essen – das mittlerweile die Pizza an Exotik übertrifft – wird bei der Gelegenheit eines Besuchs in einem mexikanischen Restaurant erzählt. Die „Geschichtenwelt" ist hier identisch mit der „Erzählwelt" (vgl. Young 1987).

„Ein Bekannter von mir schwärmte lange Zeit für die südamerikanische Küche mit ihren exotischen Gewürzen, bis ihm folgende Geschichte passierte: Auf einer Reise nach Amsterdam fand er beim Bummel durch enge Gäßchen ein kleines mexikanisches Restaurant, das genau seinen Vorstellungen von südamerikanischer Gastlichkeit entsprach. Zusammen mit seiner Freundin ließ er sich vom Wirt ein üppiges und „garantiert original mexikanisches" Menü zusammenstellen. Nie zuvor habe er so köstlich gegessen, schwärmt er noch heute. Nur auf dem Heimweg zum Hotel sei ihnen beiden sehr merkwürdig zumute gewesen. Er selbst sah sich ständig als Adler über dem Viertel kreisen, während seine Freundin nur starr durch die Gegend blickte und seltsame, tierähnliche Laute ausstieß. Beide schrieben dies zunächst dem reichlichen Tequilagenuß zu. Doch als dieser Zustand dem ganzen nächsten Tag andauerte, suchten sie einen Arzt auf. Dieser untersuchte die beiden und bat sie dann, sich zu setzen. Er teilte ihnen mit, daß sie beide unter der Einwirkung von Psilocybin-Pilzen stünden, welche eine Droge enthielten, die vor allem die Indios Südameri-

---

102 Brednich schreibt dazu: „Diese Gaststätten werden häufig aufgesucht, zumal die Speisen dort oft preiswerter sind als in einheimischen Restaurants, aber der ungewohnte Geschmack und die fremdartige Zubereitung der Mahlzeiten verleiten die Gäste dazu, etwas Schlechtes zu vermuten" (Brednich 1990, S. 82).

kas zur Erreichung tranceähnlicher Zustände benutzen. Beide erschraken zutiefst und erinnerten sich lebhaft an das am Abend vorher genossene Mahl, das tatsächlich auch einige fremdartig schmeckende Pilze enthalten hatte. Seit diesem Erlebnis machen beide um exotische Restaurants einen großen Bogen." (Brednich 1990, S. 82/83)

Das Bild, das hier verwandt wird, ist das Bild des „Drogenlandes Mexiko". In beiden Geschichten über „exotische" Restaurants liegt die Unsicherheit und Ambivalenz auf dem Aspekt der wie auch immer verunreinigten Nahrung, die dort angeboten wird. Es gibt aber auch Geschichten, die diese Verunreinigung mit der Grenzüberschreitung, dem unerlaubten Verlassen des eigenen Territoriums, kombinieren. Hier wird das „dining out" als solches moralisiert[103]. In diesen Geschichten[104] essen Ehepaare oder Familien auswärts; doch der Anlaß ist meist die mangelnde Bereitschaft der Ehefrau und/oder Mutter, zuhause den Pflichten zur Essenszubereitung nachzukommen. Rattenzähne, Rattenknochen und andere abscheuliche Dinge finden sich daher immer im Essen der (Haus-) Frauen wieder. Ich illustriere diese Variante mit einer vor allem in der USA verbreiteten Geschichte, die von Fine „Kentucky Fried Rat" genannt wird, und die mehr oder weniger abgewandelt auch in der Bundesrepublik erzählt wird. Diese Geschichte leitet zudem zu einer anderen Gefahren-Quelle über: In den Geschichten über Fast-Food-Ketten oder industriell hergestellten Getränke (z.B. Coca-Cola) ist nicht der Aspekt des Exotismus berührt, werden nicht die „gefährlichen Fremden" und ihre Restaurants als Orte der Zwischenräumlichkeit betrachtet, sondern die großen Fast-Food-Ketten und andere Nahrungsmittelkonzerne.

„There was a wife who didn't have anything ready for supper for her husband. So she quick got a basket of chicken and tried to make her dinner look fancy with the pre-prepared chikken. Thus, she fixed a candle-light dinner, etc. When she and her husband started eating the chicken, they thought it tasted funny. Soon to find out it was a fried rat." (Fine 1992, S. 130)

Die meisten Versionen von „Kentucky Fried Rat" nennen die (Haus-) Frau als Opfer der Verunreinigung, das oft auch tödlich endet (vgl. Fine 1992). Hier werden Frauen dafür bestraft, daß sie die Pflichten ihrer Hausfrauenrolle verletzt haben. Die Frauen kommen ihrer Verpflichtung der Essenzubereitung für die Familie nicht (mehr) nach und öffnen damit den Nahrungsmittel-Konzernen das Tor in die Familie. Die Kontrolle über den Nahrungszuberei-

103 Zur Ambivalenz des „fremden Essens" zwischen Aneignung und Abwehr vgl. Köstlin 1995; zum „dining out" als Form des demonstrativen Konsums vgl. Finkelstein 1994.
104 Vgl. Shorrocks 1980, Fine 1992.

tungsprozeß geht verloren. „Kentucky Fried Chicken“ und vergleichbare Fast-Food-Konzerne werden damit als gefährlich angesehen. Die einzelnen Geschichten unterscheiden sich auch nach dem Maß der Verantwortlichkeit, die sie den Fast-Food-Herstellern zuschreiben; diese variiert von der Nachlässigkeit und Unachtsamkeit bis hin zur skrupellosen, absichtsvollen Verunreinigung von Konsumenten. In den USA gibt es eine Reihe von Geschichten, die die Verantwortlichkeit nicht nur den Unternehmen, sondern auch den einzelnen Bediensteten zuschreiben, die als unsauber und unrein porträtiert werden[105]. In Geschichten, die weiße Amerikaner erzählen, sind diese Bediensteten häufig Schwarze. Turner (1993) hat Geschichten untersucht, die in afroamerikanischen Gemeinden und Milieus erzählt werden, und dabei Umkehrungen der konstruierten Gefährlichkeit gefunden. Geschichten über „Churchs Fried Chicken“, einer Fast-Food-Kette im Süden der USA, in der vor allem Afro-Amerikaner essen, die aber weißen Inhabern gehört, artikulieren den konkreten Verdacht, daß die Kette dem Ku-Klux-Klan gehört, und daß sich in den Produkten, die dort angeboten werden, Stoffe befinden, die sterilisierend wirken. Angenommen wird hier, daß der Ku-Klux-Klan über die Fast-Food-Kette das Ziel verfolgt, die afro-amerikanische Bevölkerung auszurotten.

Geschichten über „gefährliche Produkte“ haben wie die anderen Gefahren-Geschichten auch zwei Moralisierungskomponenten: Die Moralisierung bezieht sich einmal auf die Protagonisten (und auf ihren Normbruch), das andere mal auf die Gefahren-Quelle, auf die Personen-Kategorien oder Institutionen, denen die Gefährlichkeit zugeschrieben wird. Hiesige Geschichten beziehen sich u.a. auf Hamburger und Coca-Cola. Über Coca-Cola existieren so viele Geschichten, daß sich bei Volkskundlern der Begriff „Cokelore“ für diesen Untertyp durchgesetzt hat. Die Geschichten demonstrieren alle die Gefährlichkeit von Coca-Cola. Folgende Erzählung stammt von einer 21jährigen Studentin:

„Vor einigen Monaten hat sich der Bruder einer Freundin eine Dose Cola am Automaten gezogen. Da er großen Durst hatte, macht er den Verschluß auf und trinkt. Die Cola schmeckt aber ganz komisch, ne, nicht wie sonst. Und wie er sie ausgetrunken hat und die Dose nach unten hält, kommt da ein Rattenkopf raus. Da hat er die Dose aufgemacht und sieht darin Kopf und Beine von einer Ratte. Ihm ist speiübel geworden, und er mußte ins

105 Eine gegenwärtig in den USA verbreitete Geschichte hat das Thema Aids aufgegriffen. Die von Langlois (1991) als „Hold the Mayo“ betitelte Geschichte handelt von einem an Aids erkrankten Angestellten einer Fast-Food-Kette, der in die Mayonnaise onaniert und auf diese Weise die Kunden infiziert.

Krankenhaus. Da haben sie ihm den Magen ausgepumpt. Er hat sich bei der Firma beschwert, und die haben ihm 10 000 Mark gegeben, damit er den Mund hält, weil das den Verkauf stören würde." (Fischer 1991, S. 66/67)

Coca-Cola besitzt als industriell hergestelltes Getränk insofern noch einen exotischen Kern, als die Firma nicht alle Getränkezutaten bekanntgibt und damit auch selbst zur Sagenbildung beiträgt. Eine Ratte (manchmal auch eine Maus) in der Coca-Cola steht für den Zusammenbruch des „sicheren" Produktionssystems: Der durch große, anonyme Konzerne betriebenen Nahrungsmittelproduktion ist nicht zu trauen; sie geschieht entweder acht- und verantwortungslos, aus Ignoranz gegenüber den Konsumenten oder um sie zu betrügen, oder gar als Teil eines dämonischen Plans (vgl. Fine 1992 und Turner 1987, 1993). Die kapitalistische Warenproduktion steht dabei grundsätzlich unter Verdacht.

„Consumers feel that in some ways factories and supermarkets would just as soon sell them dirt and dust as long as they would pay for it – and sometimes they really do: the dead mice are proof of this" (Bausinger 1980, S.276).

Die Geschichte kritisiert auch die Entfremdung, die in der industriellen und kapitalistischen Warenproduktion zum Ausdruck kommt: Die Situation der Nahrungsherstellung ist nicht mehr unter Kontrolle des Konsumenten; die Verunreinigung wird zum Symbol der Entfremdung zwischen Produzenten und Konsumenten. Durch Verunreinigungs-Geschichten wird von Seiten einer moralischen Ökonomie Mißtrauen gegenüber einer rein marktorientierten Ökonomie zum Ausdruck gebracht.

„With the market replacing the home as the source of production of food, the control of the individual and the familiy over their life stuff, their food, is passing into institutional hands – to commercial agriculture, to food technology, to impersonal, profit-oriented businesses" (Gusfield 1992, S. 86).

Gegenwärtige Verunreinigungs-Geschichten zielen also sowohl auf kulturelle Abweichung, auf den Exotismus im eigenen Land, als auch auf die Nahrungsmittelindustrie, der Entfremdung und reine Profitorientierung vorgeworfen wird. Mit dem Erzählen solcher Geschichten können sich die Erzähler/innen gesellschaftlich und kulturell verorten. In der Analogie zu den oben vorgestellten Bemächtigungsgeschichten werden hier wiederum grundlegende Vertrauenskrisen bearbeitet. Das Erzählpublikum versucht die Frage zu beantworten, welche „moralisch sauberen" Institutionen (noch) vorhanden sind und klärt dabei auch ganz praktische Fragen der alltäglichen Reproduktion.

Dabei werden „traditionellere" und „modernere" Institutionen gegenübergestellt: die Familie steht der Waren-Produktion gegenüber, wobei die Waren-Produktion als unmoralisch, als außerhalb der Kontrolle durch die moralische Gemeinschaft angesehen wird. Favorisiert wird die Familie als Ort des Nicht-Warenförmigen.

Diese Bearbeitung von Vertrauenskrisen durch das Erzählen von Verunreinigungs-Geschichten bietet – analog zu den Geschichten um gefährliche Kategorien – einen Ausweg aus unsicheren und unbestimmten Situationen. Während im gegenwärtigen Alltag die soziale Reproduktion für einen immer größer werdenden Anteil der Bevölkerung problematischer und unsicherer wird, bieten Geschichten der beschriebenen Art eine Möglichkeit, sich moralisch abzusichern, indem der eigene unsichere Sozialstatus zu einem sicheren moralischen Status wird, der zudem konkrete Gefahrenvermeidungsstrategien zur Verfügung stellen kann.

Das Erzählen von Gefahren-Geschichten III: Was die moderne Technik gefährlich werden läßt

In einer dritten Kategorie von Gefahren-Geschichten steht die Gefährlichkeit der Technik im Zentrum. Auch bei diesen Geschichten existiert ein Kontinuum der Zuschreibung von Verantwortlichkeit, das sich folgendermaßen beschreiben läßt: An einem Pol des Kontinuums steht die Verantwortlichkeit der Protagonisten, die moralische Grenzen überschreiten und dadurch die (moderne) Technik erst gefährlich werden lassen. In diesen Geschichten sichert die Moral vor Schäden und negativen Konsequenzen moderner Technikentwicklung. Am anderen Ende des Kontinuums stehen Geschichten, in denen Technik von sich aus und ohne „Entsicherung" gefährlich wird. Diese Geschichten formulieren wenig Möglichkeiten, wie technischen Gefahren begegnet werden kann. Sie formulieren eine generelle Distanz und ein Mißtrauen in die moderne Technik, indem sie immer wieder auf negative Ereignisse verweisen, die explizit durch die Technik selbst ausgelöst werden. Sicherheit ist über das Erzählen solcher Geschichten nur zu erlangen durch die relative Vermeidung von Gefahren, denen man sich im gegenwärtigen Alltag nicht aussetzen *muß*: das sind in erster Linie Freizeittätigkeiten (wie das Paragliding, das Segelfliegen, Tiefseetauchen usw.). Dieser Verzicht fällt leichter, wenn die besagten Sportarten teuer und damit schwer zugänglich sind, so daß es wenig kostet, sich von ihnen zu distanzieren. Gefährliche sind immer die Sportarten, die andere soziale Kategorien praktizieren.

An zwei Beispielen möchte ich nun das andere – moralische – Ende des Kontinuums illustrieren, das dadurch gekennzeichnet ist, daß die Gefahren der Technik durch moralische Grenzüberschreitung freigesetzt werden. Das erste Beispiel betrifft die Arbeitswelt, das zweite die Reproduktion. Ein 32jähriger Historiker aus Oldenburg erzählt folgende Geschichte aus der Arbeitswelt:

„Als Werksstudent war ich einmal 1973 bei der Kabelmetall in Osnabrück beschäftigt, wo es jede Menge gefährlicher Maschinen zu bedienen gab. Damals waren die Sicherheitsvorkehrungen noch nicht zu streng wie heute. Immerhin war Alkoholgenuß während der Arbeit streng verboten. Der Vorgänger an meiner Maschine hat einmal einen Finger verloren. Besonders gefährlich war eine große Metallpresse, die sich in einem bestimmten Rhythmus öffnete und schloß. Durch diese Presse hindurch konnte man den Raum verlassen. Es wäre jedoch nie jemand auf den Gedanken gekommen, dies zu tun. Bis auf einen Rosenmontag im Jahr zuvor: Da wurde nicht viel gearbeitet, sondern den ganzen Tag nur getrunken, eine Runde nach der anderen. Einer der Arbeiter mußte einmal hinaus, und statt wie üblich einen Bogen um die Presse herum zu machen, ging er mitten durch sie hindurch. Zu seinem Pech hatte er aber den Rhythmus falsch berechnet. Drei Tage soll man anschließend gebraucht haben, um die Presse wieder sauber zu kriegen." (Brednich 1991, S. 51)

Gefährlich wird die Presse durch den Normbruch des Arbeiters, der sich nicht ans Alkoholverbot gehalten hat und damit seinen Tod selbst verursacht und verschuldet hat. Geschichten dieser Art weisen den bedienenden Personen klare Verantwortlichkeiten zu, sie machen aus der Frage, wie Maschinen gesichert werden können, ein Disziplinierungsproblem. Eine Vielzahl von Geschichten über makabere Arbeitsunfälle werden denn auch im Kontext der Unterweisung von Bedienungspersonal, d.h. während der Ausbildung von Ausbildern, erzählt (vgl. Brednich 1993, S. 105 ff). Sie werden aber auch von Arbeitern weitergegeben, die sich selbst in riskanten Arbeitssituationen befinden. Gefährlich wird die Technik, wenn sich die Personen, die sie benutzen und bedienen, nicht an die Regeln halten und die „Sicherheitsgrenzen" übertreten. Es ist also nicht die Technik, die problematisch und riskant ist, sondern der fehlerhafte und verantwortungslose Umgang mit ihnen, der zu Gefährdungen führt.

Gamson (1992), der versucht hat, herauszufinden, ob und inwiefern der politische Mediendiskurs in der Lage ist, beim Publikum moralische Empörung zu produzieren, kommt zu dem gleichen Befund, daß der narrative Rahmen, der formelle und informelle Diskurse auszeichnet, die Aufmerksamkeit auf motivierte Akteure lenkt und damit ablenkt von den strukturellen Bedingungen von Ereignissen. „As news events unfold and changes appear in the conditions of people's daily lives, human agents are typically identified as causual agents in a morality play about good and evil or honesty and corruption“ (Gamson 1992, S. 34). Dieser narrative Rahmen ermöglicht ihm zufolge dem Publikum zwar die moralische Verurteilung von („hochstehenden“) Personen, er verhindert aber zugleich, daß dieses Moralisieren auf soziale Strukturen und Verhältnisse übergreifen kann. Gamson, dessen Untersuchung auf Gruppendiskussionen aufbaut, in denen er in Kleingruppen mediale Themen diskutieren läßt, präsentiert einige Passagen dieser Diskussion, in der an einigen Stellen (von ihm aber nicht näher beachtet) moderne Sagen zitiert werden, um die Gefährlichkeit moderner Technik zu exemplifizieren. Die Geschichten werden im Zusammenhang mit der Diskussion über die Atomkraft erzählt. Gamson selbst ist überrascht, daß das Thema Atomkraft auch über die Ressourcen des Erfahrungswissen angegangen, und nicht lediglich Medienressourcen verwendet werden. Bei näheren Betrachten kommen hier aber statt eigenes Erfahrungswissen moderne Sagen zum Vorschein.

Um die Gefährlichkeit der Atomkraft zu belegen und zu verdeutlichen erzählt ein Befragter, ein Kaufhausangestellter in den 20ern, daß er auf einer Bootsfahrt auf dem Hudson-River, als sie gerade am dortigen AKW vorbeifuhren, die Geschichte gehört hat, daß die Angestellten des Atomkraftwerks sich statt der vorgesehenen Instruktionsfilme zur Gewährleistung der Sicherheit Pornofilme anschauen.

„And it turned out that they got the safety films and put'em in a drawer, and they ordered porno flicks – and they sat around and watched porno movies instead of watching what they were supposed to. So, that is, what scares me.“ (Gamson 1992, S. 131/132)

An einer anderen Stelle in der Diskussion über die Atomkraft führt eine Putzfrau in den 30ern an, daß sie gelesen hat, daß Arbeiter in Atomkraftwerken die höchste Alkoholismus-Rate haben. Sie zieht einen Vergleich zur Technik auf Vergnügungsparks und formuliert dazu:

„You know, I stopped going to carnevals for the most part of the same reasons – that's my thought on nuclear power plants. I tell my kids – if there' an amusement park that is there permanently, that's one thing. You kind of know it's secure. But you dont know what person set up this ride today. What they were doing last night. They could have been loaded or high as kites and put the thing together this morning. And I think that about nuclear power plants too.“ (ebd., S. 154)

Dieser Vergleich mit Vergnügungsparks wird zwar nicht mit einer „wahren Geschichte“ gezogen, aber die Formulierungen zielen in die gleiche Richtung wie eine Reihe andere Geschichten über Vergnügungsparks, in denen Unfälle auf mangelnde Disziplin und Unmoral der Arbeiter zurückgeführt werden. In der letzten Passage ist die feine Differenzierung interessant: Nicht alle Vergnügungsparks sind potentiell unsicher und gefährlich, sondern nur die Parks, in denen die dort arbeitenden Personen Durchreisende sind. Sie gehören nicht zur Community, zur moralischen Gemeinschaft, und werden daher mit Mißtrauen belegt.

Die zitierten Diskussionspassagen bei Gamson lassen sich als Bestätigung meiner Interpretation lesen, daß Alltagsdiskussionen um Sicherheit und Unsicherheit letztlich den Erzählern dazu dient, für sich selbst und ihre augenblickliche Lebenssituation Gewißheit, Eindeutigkeit und Bestimmtheit zu produzieren. Um dies zu erreichen, konstruieren die Erzähler moralische Charaktere, von denen sie sich positiv absetzen können. Damit aber ist Moral und Disziplin eine Leit- und „Sicherheits-Linie“, mit der sich ihr eigener moralischer Status aushandeln läßt.

Sagen-Geschichten behandeln technische Gefahren nicht nur in der Arbeitswelt, sondern auch im Haushalt bzw. im Reproduktionsbereich. Die modernen Haushaltsgeräte werden zu Gefahren-Quellen, wenn moralische Normen verletzt werden. Fine (1992) sieht in diesen Geschichten die „Moral“ vermittelt, sich an die Gebrauchsanweisung zu halten: „ ... the moral is that microwaves should be used according to instructions and that the machine is potentially deadly when misused“ (Fine 1992, S. 30). Ich interpretiere diese Geschichten anders: Es geht in ihnen weniger um den eher oberflächlichen Hinweis, sich an die Gebrauchsanweisung zu halten. Moderne Sagen benutzen die moderne Technik vielmehr auf die gleiche Art und Weise, wie sie „gefährliche Kategorien“ oder „gefährliche Tiere“ und Verunreinigungen benutzen: Über das Gefahren-Moment wird eine bestimmte Moral verbreitet, die sehr wenig mit der Technik an und für sich, aber sehr viel mit Disziplin, Wohlanständigkeit und Respektabilität zu tun hat.

Dies wird besonders deutlich in der folgenden Sage, die von einer Studienreferendarin erzählt wird. Die Erzählerin distanziert sich allerdings von ihr dadurch, daß sie dem Aufzeichner (Brednich persönlich) mitteilt, daß sie so recht nie an die Geschichte geglaubt hat. Aus dem Erzählkontext heraus ist dies sehr plausibel, da die Studienreferendarin die Geschichte mitteilt im Anschluß an einen Vortrag von Brednich über moderne Sagen. Der Text ist insofern auch ein Beispiel dafür, welche distanzierenden Erzählstrategien eingesetzt werden, um sich vorab gegen Zweifler abzusichern. Die Erzählung bekommt dadurch mehr den Charakter eines *narrativen Gerüchts*. Die mitgeteilten Ereignisse müssen die Erzählerin immerhin ziemlich bewegt haben, sonst wäre sie kaum zu folgender ausführlicher Erzählung motiviert und in der Lage gewesen.

„Neulich hab ich von einer unglaublichen Story gehört, die möchte ich Ihnen erzählen, weil sie gut in Ihre Sammlungen passen würde. Das soll in Wiesmoor in Ostfriesland passiert sein, aber ich hab da nie so recht dran geglaubt. Eine Kollegin, die dort an der Schule unterrichtet, hat mir das erzählt. Da war ein junges Ehepaar, die wollten ihr Kind taufen lassen. Und der Säugling sah halt noch ziemlich blaß aus. Sie wollten aber, daß er nett aussieht zur Taufe, schönes braunes Gesicht im weißen Taufkleidchen ... Also, da sind sie doch auf die Idee gekommen, mit dem armen Wurm in ein Bräunungsstudio zu ziehen, und haben das Kind unter die Höhensonne gelegt und ziemlich lang schmoren lassen. Das Baby soll dabei die ganze Zeit lustig in die Lampe geblinzelt haben. Aber das Ergebnis war schlimm. Das Baby soll Verbrennungen dritten Grades gehabt haben und erblindet sein. Der Arzt hat sich so aufgeregt, daß er der Mutter eine Ohrfeige verpaßt hat. Dann hat er die Eltern wegen Körperverletzung angezeigt. Was daraus geworden ist, weiß ich nicht ... jedenfalls ging die Sache auch durch alle Zeitungen." (Brednich 1993, S. 87)

Auch in dieser Geschichte wird moderne Technik durch fehlerhafte Benutzung gefährlich, aber die Gefährlichkeit ist nicht nur eine Frage des richtigen Gebrauchs. Das Solarium ist gefährlich, weil es eine Täuschungstechnik ist. Die Eltern wollen das Aussehen ihres Kindes verändern und damit einen Zustand vorspiegeln, der eigentlich nicht existiert. Zudem riskieren und gefährden sie die Gesundheit des Säuglings wegen des schönen Aussehens, einer Äußerlichkeit, die im starken Kontrast zum Zweck der (Tauf-) Veranstaltung steht. Das Handeln der Eltern wird nicht ihrer Inkompetenz zugeschrieben, sondern ihrer Verantwortungslosigkeit. Die irreparablen Schäden des Kindes, die Ohrfeige des Arztes und die Strafanzeige, die noch angehängt wird, verweisen auf die moralischen Grenzüberschreitungen, die die Eltern in dieser Geschichte begangen haben. Ihr Motiv wird moralisch diskreditiert. Die Geschichte benutzt die Bräunungstechnik lediglich, um den verantwortungslosen Umgang mit Kindern zu moralisieren. Die Eltern verkehren die Wertehierarchie, die offensichtlich für die Erzählerin bedeutsam ist: Statt auf Gesundheit und Aufrichtigkeit sind sie auf Schönheit und äußerliche Werte bedacht.

Gefahren-Geschichten helfen den Erzählern zwar bei der Artikulation ihrer Unsicherheiten, doch sind sie alle so konstruiert, daß als Lösung die Situationsvermeidung aufscheint. Es gibt keinerlei Hinweise auf eine kompetente Bearbeitung von problematischen Situationen und auch keinerlei Versuche, die Gefahr zu entmystifizieren. Bestätigt wird auch immer wieder die Inkompetenz der Akteure, das Angewiesensein auf Rettung durch andere. Doch die Voraussetzungen einer erfolgreichen Rettung ist das Akzeptieren der herrschenden Ordnung der Geschlechter, des herkömmlichen Generationenverhältnisses und das Vertrauen in die „bewährten" gesellschaftlichen Institutionen. Aus den Geschichten läßt sich nur eine Lehre ziehen: die Vermeidung von Gefahren durch den Verzicht auf neue Erfahrungen, die lustvoll, vertrauensvoll, interessant, aber auch schwierig sein könnten.

Moralische Geschichten und die Szenen des Normbruchs

Mit „moralischen Geschichten" sind hier Erzählungen gemeint, die ohne Gefahren-Figuren auskommen. Es sind Disziplinierungsgeschichten, die mit der Furcht vor den unmittelbaren negativen Konsequenzen des eigenen normabweichenden Handelns arbeiten. Unsicherheiten kommen über folgende implizite Fragen zum Ausdruck: Bin ich selbst in der Lage, mit den Anforderungen einer neuen, mir noch unbekannten Situation umzugehen? Was kann passieren, wenn mir das nicht (ganz) gelingt? Wie weit sind meine Spielräume? In diesen Geschichten werden Protagonisten vorgeführt, die mit bestimmten problematischen Situationen nicht zurechtkommen, oder die den „Ärger" selbst in Gang setzen. Die Geschichten konstruieren einen Zusammenhang zwischen einem ungewöhnlichen Ereignis und seinen Folgen. Zu fragen ist dabei, auf welche unterschiedliche Weise dieser Zusammenhang hergestellt wird. Moralische Geschichten schreiben den Akteuren Verantwortlichkeiten zu. Vor allem Motive und Intentionen werden zugeschrieben. Blum/McHugh (1975) sehen in Motiven Konzepte, Handlungen auf Akteure zu beziehen. Der Gebrauch und die Zuschreibung von Motiven sind für sie „eine bestimmte Weise, soziales Handeln zu begreifen" (Blum/McHugh 1975, S.173). Motive stellen einen Zusammenhang her zwischen einer Handlung und einem Akteur, sie sind – indem sie Gründe, Absichten und Ziele für eine Handlung eines

Akteurs benennen – Antworten auf „Warum-Fragen“ (Schütz 1971). Mit der Zuschreibung von Motiven werden aus Handlungen „Ereignisse“ und nicht Zufälle.

Die („reinen“) moralischen Geschichten lassen sich in zwei Gruppen unterteilen. In einer Unterkategorie geht es um Zuschreibung von Verantwortlichkeiten, die zweite Sub-Kategorie bezeichne ich als Respektabilitäts-Dramen, in denen Respektabilitäts-Normen gesetzt werden, die sich wiederum in mehrere Untertypen aufteilen: es gibt das Drama von Verheimlichung und Aufdeckung, das Drama der (versehentlichen) Veröffentlichung von Privatem, das Drama der Folgen von Disziplinlosigkeit und die (unabsichtliche) Täuschung von Täuschenden.

Die Zuschreibung individueller Verantwortlichkeit. Szenen des Unfalls und Unglücks

Die Szene des Unfalls und des Unglücks verteilt individuelle Verantwortlichkeiten. Sie moralisiert Akteure als riskant und unkontrolliert, als achtlos, unbekümmert und verantwortungslos. Szenen des „Unfalls“ und des „Unglücks“ stellen somit keine amoralischen Situationsdefinitionen dar (sie geschehen nicht aus „Zufall“), sondern identifizieren Normbrüche. „Unfälle“ und „Unglücke“ sind selbst zu verantworten, es sind Szenen, in denen individuelle Akteure „versagen“. Die Unfall-Szene als poetisches Bild[106] (vgl. Burke 1957, Gusfield 1981) verweist auf eine Verletzung der moralischen Ordnung, Akteure haben „etwas falsch gemacht“. Die durch die Unfall-Szene artikulierte Moral favorisiert die Eigensicherung und Schadensvermeidung durch diszipliniertes und normtreues Handeln.

Szenen des Unfalls und des Unglücks lassen sich zunächst danach unterscheiden, ob Akteure sich mit ihrem Handeln selbst schädigen oder ob sie auch andere gefährden oder schädigen. In den Situationen, wo Akteure sich selbst schädigen, ist das riskante und das disziplinlose/unmoralische Handeln zu unterscheiden. Die *Risiko-Geschichten* des Sagen-Diskurses sind durch

106 Burke unterscheidet zwischen „semantischen“ und „poetischen“ Bedeutungen des menschlichen Diskurses. Während semantische Bedeutungen dem ähneln, was konventionell als wissenschaftlich (neutral) akzeptiert wird, nehmen poetische Bedeutungen einen Standpunkt und eine Haltung gegenüber einem Objekt ein. Die Sagen-Geschichten beinhalten poetische Bedeutungen.

Eigengefährdungen gekennzeichnet. Die Protagonisten sind überwiegend jung und männlich. Sozialer Handlungsbereich riskanten Handelns ist vor allem der Straßenverkehr:

„Von einem PKW-Fahrer, der einmal in großer Gefahr war, wurde die folgende Geschichte erzählt: Ich fuhr mit meiner Familie auf der Autobahn von Göttingen nach Nörten-Hardenberg. Plötzlich überholte uns ein Motorradfahrer ohne Kopf mit aufheulender Maschine. Ich bremste vor Schreck und wurde nun von einem LKW überholt, der Stahlplatten geladen hatte. Eine dieser Platten ragte über das Heck des Wagens hinaus. Auf dieser Platte lag der abgerissene Kopf. Als ich das sah, verlor ich die Nerven und fuhr in den Graben." (Brednich1990, S. 36/37)

Diese Geschichte variiert den Erzählstil, indem das Ereignis aus einer Beobachter-Position in der Ich-Form eigenerlebter Erlebnisse erzählt wird. Brednich präsentiert noch eine weitere Variante:

„In der Nähe von Frankfurt fuhr einmal ein Motorradfahrer auf der Autobahn. Er wurde von einem Lastwagen überholt. Aus der Ladefläche des Wagens ragte waagerecht eine Metallplatte heraus, die den Motorradfahrer köpfte. Der Fahrer des Motorrades fuhr noch einen halben Kilometer ohne Kopf hinter dem Lastwagen her." (Brednich 1990, S. 37)

Beide Geschichten demonstrieren die Folgen riskanten Motorradfahrens – in der ersten Geschichte aus der Perspektive des vergleichsweise sicheren (aber nun auch gefährdeten) PKWs. Was zunächst nach zwei Versionen der gleichen Geschichte aussieht (und von Brednich auch so „verbucht" wird), stellt sich aber nach genauerem Hinsehen als zwei sehr verschiedene Geschichten heraus. In der ersten überholt der Motorradfahrer den LKW, in der zweiten Geschichte verhält es sich genau umgekehrt. Hier entpuppt sich der LKW-Fahrer als unverantwortliche Person, denn „aus der Ladefläche ragte waagerecht eine Metallplatte heraus, die den Motorradfahrer köpfte". Obwohl die Szene nicht sehr genau beschrieben wird, wird deutlich, daß der Lastwagenfahrer – ob durch die falsche Beladung und fehlende Kennzeichnung oder (möglicherweise zusätzlich) durch „falsches Fahren" – den Unfall herbeiführt und folglich zu verantworten hat. Diese Sichtweise verändert die Geschichte von einer über eine riskante Motorradfahrt zu einer Erzählung über die Verantwortungslosigkeit des Lastwagenfahrers. Brednich zitiert noch einen Schluß einer englischen Variante, der am ehesten als (weitere) negative Konsequenz des verantwortungslosen Fahrens des Lastwagenfahrers Sinn macht: Da ist davon die Rede, „...daß der Lastwagenfahrer beim Anblick des kopflosen Motorradfahrers einen Herzanfall erleidet und sein Wagen in eine Bushaltestelle hineinrast, wo er eine Mutter mit Kind überfährt" (Brednich 1990,

S. 37). Diese Version – von der mir leider nicht der vollständige Text vorliegt – schildert die dramatisch gesteigerte negative Konsequenz unverantwortlichen Handelns: Eine völlig unschuldige Mutter (da am Straßenverkehr nicht beteiligt) muß sterben, dazu ihr Kind, nochmals eine Steigerung der Unschuld, die sich der Schuld des LKW-Fahrers gegenüberstellen läßt. Bei Brunvand (1986, S. 56 f.) findet sich eine englische Version der Geschichte, die Nachlässigkeit bei der LKW-Beladung als Grund für den Unfall nennt: Die Stahlplatten sind nicht richtig befestigt worden, lösen sich und köpfen dabei den überholenden Motorradfahrer. Auch hier fährt der LKW-Fahrer in der Folge eines Herzanfalls in eine Gruppe von Menschen, die an einer Bushaltestelle stehen.

Eine Geschichte über das verantwortungslose Handeln des LKW-Fahrers ist auch die von Fischer präsentierte „Version", erzählt einer 18jährigen Schülerin:

„Also, da fährt jemand mit dem Motorrad über die Autobahn und überholt einen Tieflader. Der hat Stahlbleche geladen, die seitlich über den LKW hinausragten, aber nicht gekennzeichnet waren ... mit einer Fahne, mit so einer roten. Und der überholt den. Und das Nächste, was man mir erzählt hat, war, daß der LKW-Fahrer aus dem Fenster guckt und wird von einem Motorradfahrer ohne Kopf überholt. Ja, der LKW-Fahrer, der hat einen Schock erlitten und kam ins Krankenhaus." (Fischer 1991, S. 57/58)

In dieser Geschichte nun wird die Verantwortungslosigkeit des Lastwagenfahrers explizit herausgehoben. Die Stahlbleche ragten seitlich über den LKW hinaus und waren nicht mit einer roten Fahne gekennzeichnet. Schließlich kommt auch der LKW-Fahrer mit einem Schock ins Krankenhaus – eine im Vergleich zur englischen Version milde Form poetischer Gerechtigkeit.

Als eigentliche Risikogeschichte bleibt allein die erste Version bestehen, in der der Motorradfahrer „mit aufheulender Maschine" den LKW überholt. In der folgenden „reinen" Risikogeschichte gehen der Unfall und sein Ausgang vollständig zu Lasten des Motorradfahrers. Sie wird 1979 in Lüneburg von einem 17jährigen Schüler in einem Gespräch über das Motorradfahren erzählt:

„Der ältere Bruder eines Bekannten hat erzählt, was einem seiner Freunde passiert ist. An einem ziemlich warmen Sommertag wollte er mit seinen Freunden einen Motorradausflug machen und ist zu einer Tagestour aufgebrochen. Die Motorradgruppe hatte sich für ihren Ausflug eine besonders hügelige und kurvenreiche Strecke ausgesucht. Alle waren recht ausgelassen und auf Risiko aus. Plötzlich verlor der letzte Fahrer die Kontrolle über sein Motorrad und fuhr in den Wald hinein gegen einen Baum. Er hatte Glück und wurde vor dem Aufprall von der Maschine geschleudert, die völlig demoliert war. Ganz verstört und verwundert, mit dem Schrecken davongekommen zu sein, richtete sich der Motorradfahrer auf und nahm den Helm ab. Plötzlich kippte er nach vorn und war tot. Sein Kopf war nur noch von dem Helm zusammengehalten worden." (Brednich 1990, S. 51)

Diese Horrorgeschichte führt die grauenvollen Folgen riskanten Handelns vor. Der Motorradfahrer wird dabei selbst für den Unfall und dessen tödlichen Ausgang verantwortlich gemacht. Er äußert noch selbst Verwunderung darüber, „mit dem Schrecken davongekommen zu sein" und führt mit dem Abnehmen des Helmes praktisch seinen eigenen Tod herbei. Wer auf Risiko aus ist – so könnte man die moralische Aussage dieser Geschichte zusammenfassen – dem kann auch kein Schutzhelm und keine andere Sicherheitsmaßnahme mehr helfen. Sie sind reine Illusion und richten gegen den Willen der Handelnden nichts aus.

In der letzten Risikogeschichte, die ich hier präsentieren möchte, wird das Risiko mit einer Umkehrung der (moralischen) Ordnung assoziiert. Rettung wäre hier möglich gewesen, wenn die Ordnung eingehalten worden wäre. Die Geschichte wird von einer 22jährigen Studentin erzählt:

„Also, es ereignet sich ein Motorradunfall. Der Fahrer liegt bewußtlos im Straßengraben. Und dann kommen auch Helfer, um den zu retten. Und die sagen dann also: 'Der hat den ... Kopf ganz verdreht!' Also der ist nach hinten gedreht. Und die drehn ihm den Kopf wieder richtig. Und hinterher stellen se also fest, daß der die Jacke verkehrt rum anhatte." (Fischer 1991, S. 58)

Der Versuch der Helfer, die gestörte Ordnung wiederherzustellen, endet tödlich. Die Helfer können sich in das (die Ordnung verkehrende) Handeln des Motorradfahrers nicht hineinversetzen. Rettung wäre möglich gewesen, wenn die moralische Ordnung eingehalten worden wäre. Die Kompetenz der Retter beschränkt sich auf das Handeln innerhalb der Ordnung. Die verkehrt angezogene Jacke wird somit zu einem Symbol der Unordnung, das nicht nur auf individuelle Verantwortlichkeit für Unfälle verweist, sondern diese Unfälle auch moralisch rahmt: Daß der Motorradfahrer nicht gerettet werden konnte, hat er sich selbst zuzuschreiben. Er hat die Ordnung auf den Kopf gestellt und ist zum Opfer seiner eigenen, absichtsvollen Verkehrung geworden.

Welche Funktion hat das Erzählen dieser Unfall-Geschichten, die um das Risiko kreisen? Auffallend viele Motorradfahrer- und andere Risiko-Geschichten werden von jungen Frauen und/oder PKW-Fahrern erzählt, während die Protagonisten der Geschichten meistens junge Männer sind. Die Motive und Erklärungen für Unfälle, die in den Geschichten enthalten sind, ob sie sich nun auf Leichtsinn, Disziplinlosigkeit oder absichtsvolle Normbrüche beziehen, benennen alle ein menschliches Fehlverhalten, das auf eigene Entscheidungen zurückzuführen ist. Das Erzählpublikum kann sich – in der Situation eigener Unsicherheit und Unerfahrenheit, also insbesondere in der Position „junger Verkehrsteilnehmer" – mit dem Erzählen dieser Geschichten vor eigenen Schädigungen und Verletzungen moralisch abzusichern versuchen: Wenn man sich im Straßenverkehr vorsichtig und regeltreu verhält, dann kann einem auch nichts passieren. Das Erzählen dieser Geschichten wird zu einem *Ritual der Schadensabwehr*. Nötig dazu ist die soziale Distanzierung von den Protagonisten, die alters- oder geschlechtsmäßige Abgrenzung, die es ermöglicht, die eigene Kategorie, zu der man sich rechnet, aus der Schadenszone herauszudefinieren. So erzählen beispielsweise „gestandene" Verkehrsteilnehmer und PKW-Fahrer von den Risiken des Motorradfahrens oder von den absonderlichen Eigenschaften und Handlungsweisen von Motorradfahrern, denen man sowieso nicht über den Weg trauen kann; so erzählen vor allem jüngere Frauen von der Risiko- und Normbruchbereitschaft junger Männer, denen sie ihre eigene Normtreue und Vernunft entgegenhalten können. Geschichten dieser Art werden oft im Straßenverkehr selbst erzählt, beim Autofahren etwa; ihr Erzählen bannt die Gefahr an Ort und Stelle.

Unfall-Geschichten florieren folglich in pädagogischen Settings, in denen es um Erziehungsmaßnahmen und Einübungen in Selbstdisziplin geht. Sie sind nicht zur Entwicklung von Fahrkompetenz gedacht, sondern dienen der Warnung vor Normabweichung und Grenzüberschreitung. Der Straßenverkehr wird so zu einem Handlungsbereich, in dem Normtreue honoriert und Abweichung sanktioniert wird. In diesem Moralparadigma ist die Aushandlung der Zugehörigkeit zu vermeintlich normtreuen Bevölkerungsgruppen wichtiger als die gemeinsame Erarbeitung von Wissen, auf welche Weise Straßen sicherer werden können. Am folgenden Beispiel aus einer anderen Untersuchung werde ich versuchen zu zeigen, auf welche Weise der Zuwachs an unmittelbarem Erfahrungswissen systematisch verhindert wird.

Lehmann (1976), der bei seinen Beobachtungen über „Das Leben in einem Arbeiterdorf" Formen und Inhalte alltäglicher Kommunikation untersucht hat, ist als Feldforscher zufällig bei einem Autounfall in der Nähe des Dorfes präsent, bei dem zwei junge ortsfremde Leute ums Leben kommen. Er beobachtet das Reden der Umstehenden über den Unfall am Ort des Geschehens und am selben Abend die Diskussion über das Ereignis in einer Gaststätte des Ortes. Am Unfallort selbst kann Lehmann bereits festhalten, daß neben Überlegungen, ob die Verunglückten Überlebenschancen haben, vor allem die „Schuldfrage“ debattiert wird. Diese ist – wie er schreibt – schnell geklärt, „...obgleich kein einziger der Anwesenden den Hergang des Ereignisses gesehen hatte: überhöhte Geschwindigkeit“ (Lehmann 1976, S. 134).

Am Abend berichtete ein etwa 30 Jahre alter Industrieschlosser: „Ich habe mit Kurt L. gesprochen. Der war da. (Was den Tatsachen entsprach). Er hat gesagt, daß er gleich gewußt hat, da kommt keiner lebend 'raus. Das Auto war nur noch so lang. – (Breitet die Arme ca. 1,5m weit aus.) – Hinterher hat er gesehen, daß der Tacho auf 130 stehengeblieben war. Die fahren auch alle wie die Henker.“ Besonders der letzte Satz fand lebhaften Beifall der Zuhörer und wurde im weiteren Verlauf der Unterhaltung in nur wenig modifizierter Form immer wieder aufgegriffen: „Die jungen Leute fahren wie die Wahnsinnigen.“ „Die fahren heute ja alle wie die Schweine“, hieß es. Nun hatte auch der Autor einen Blick in das Innere des Unfallautos geworfen und dabei festgestellt, daß die Tachonadel in ihre Ausgangsposition – auf den Nullpunkt – zurückgeschnellt und nicht bei 130 km stehengeblieben war, als sich das Unglück ereignete. Was mochte also den Erzähler oder seinen Gewährsmann bewogen haben, hier die objektive Unwahrheit zu verbreiten? – Auch nach anderen Unfällen, bei denen der Verfasser allerdings den Unfallort nicht persönlich inspiziert hatte, war immer wieder in den nachfolgenden Gesprächen dieses gänzlich unwahrscheinliche Phänomen des stehengebliebenen Geschwindigkeitsmessers aufgetaucht.“ (Lehmann 1976, S. 134)

Lehmann interpretiert die Verwendung des Bildes vom stehengebliebenen Tachometer als Strategie der Wahrheitsbeweises: Bewiesen werden soll, daß der Unfall auf ein Fehlverhalten der Unfallopfer zurückzuführen ist. Lehmann weiter:

„Die Gefahr, der sich jeder Autofahrer aussetzt, wenn er sein Fahrzeug benutzt, wird verstärkt immer dann bewußt, wenn er Zeuge eines Unfalls wird. Die betreffenden Informanten standen, als sie über den Hergang des Unglücks und die stehengebliebene Tachonadel sprachen, noch deutlich unter dem Eindruck des bestürzenden Ereignisses. Das Grauen vor dem unbegreiflichen Geschehen und die Sorge, ein ähnliches Schicksal könne auch sie selbst treffen, verlangten nach einer rationalen Lösung, nach einer beruhigenden Erklärung. Die Rationalisierung sollte dabei helfen, beim Erzähler und seinen Zuhörern Angst zu lindern. Zu hohe Fahrgeschwindigkeit, diesem häufig benutzten Erklärungsmuster für Unfälle, liegt das Fehlverhalten eines Menschen zugrunde, sie kommt gleichsam durch persönlichen Entschluß zustande. (...) Die stehengebliebene Tachonadel wird zum Zeugen, der die Hypothese von der Schuldhaftigkeit oder dem Leichtsinn des Handelns und seiner zwangsläufigen Folgen absichern soll.“ (Lehmann 1976, S. 134/135)

Der von Lehmann geschilderte Erzählmechanismus trifft sich im Kern mit dem Erzählen moderner Sagen. Ausgehend von realen Schadensereignissen werden Erklärungen gesucht, die für Dritte funktional sind, und die aus ihrer Perspektive den Ereignissen einen Sinn geben. Analog funktioniert das Erfin-

einem Nachthemd bekleidet, stellte sich seine Frau an die Autobahn und wurde wenig später von einem Polizeiauto mitgenommen. Während sie den Polizisten ihre Geschichte erzählte, nahmen diese die Verfolgung auf. Die Ehefrau wurde gebeten, sich zu verstecken. Als sie auf den Wagen mit dem Anhänger trafen, hielten die Polizisten das Auto mit Hilfe der Kelle an. Auf ihr Verlangen, den Campingwagen untersuchen zu dürfen, reagierte der Fahrer erst etwas mürrisch, war dann aber sehr erschrocken, als die Polizisten wieder herauskamen und ihm mitteilten, daß alles in Ordnung sei und er in Ruhe weiterfahren könne. Vollkommen überrascht erzählte er dann, daß eigentlich seine Frau im Anhänger sein müßte. Die Polizisten lächelten und deuteten auf ihren Streifenwagen, in dem die Frau saß. Erleichtert atmete der Ehemann auf, vor allem, als er erfuhr, daß die Polizisten nach diesem Denkzettel von einer Anzeige absehen wollten." (Brednich 1990, S. 53)

In dieser Geschichte vermischen sich ein expliziter Normbruch (der – verantwortliche – Ehemann läßt seine Frau im Wohnwagen schlafen) mit Achtlosigkeit und Unbekümmertheit. Der Ehemann und Fahrer des Gespanns kümmert sich nicht weiter um seine Ehefrau, die er verbotenerweise im Wohnwagen schlafen läßt. Er kommt seinen Beschützer-Pflichten nicht nach, und gerät dadurch in die Konkurrenz mit der Polizei, die als wahrer „Freund und Helfer" der Ehefrau auftritt. Sie ist im richtigen Moment zur Stelle, um den Ehemann an seine Pflichten zu erinnern. Im Vordergrund steht der Verstoß gegen Beschützer-Verpflichtungen. Statt der Polizei hätten auch weniger freundlich gesinnte Personen auf die Frau treffen können, die „nur mit einem Nachthemd bekleidet" in die Situation gebracht wird, fremde Autos anhalten zu müssen. Zumindest aber ist die Situation eine peinliche. Der Ehemann hat so oder so in seiner Rolle als Beschützer versagt.

Eine schwedische Version der Geschichte legt mehr Nachdruck auf die Sanktionierung des Ehemannes. Hier hat das Versagen des Beschützers gravierendere Folgen. Klintberg (1990) berichtet von einem schwedischen Ehepaar, das mit dem Wohnwagen in der Bundesrepublik Urlaub macht. „Auf dem Rückweg war der Mann gezwungen, die ganze Nacht über zu fahren, um nicht die Fähre zu verpassen, auf der sie Plätze gebucht haben. Die Ehefrau wird am Straßenrand vergessen – jedoch nicht nackt (wie in anderen Versionen), sondern mit einem dünnen Nachthemd bekleidet. In einer Version verliebt sich der deutsche Polizist in sie, und die Geschichte endet damit, daß sie sich von ihrem Mann scheiden läßt, um den Polizisten zu heiraten" (Klintberg 1990, S. 186).

In einer anderen Geschichte wird nicht die Ehefrau, sondern das Kleinkind „vergessen": Eine 32jährige Buchhändlerin aus Bremen erzählt die folgende

den und Erzählen moderner Sagen: Unsicherheiten und Ängste lassen durch Risiko-, Verantwortlichkeits- oder Gefahren-Konstrukte bearb indem plausible und glaubwürdige Motive und Erklärungen für den U herangezogen werden, die außerhalb der eigenen „Möglichkeiten" liegen stehengebliebene Tachonadel ist in diesem Sinne das funktionale Äquiv zu modernen Sagen, die durch ähnliche Strategien beglaubigt und für ausgegeben werden. Was dabei „auf der Strecke bleibt", sind die Mög keiten, aus selbst erlebten oder zumindest selbst beobachteten Unfä Schäden und Verletzungen Lehren zu ziehen für einen angemessenen Um mit dem Straßenverkehr. In den von Lehmann beobachteten und doku tierten Situationen geht es offensichtlich um eine unmittelbare Gefahren nung für das Publikum, so daß auf die Bilder und Konzepte zurückgegr wird, die breit zugänglich sind und den Anwesenden bereits zur Verfü stehen: Bilder der risikobereiten und unvernünftigen Jugend und die Ver auf „überhöhte Geschwindigkeit als wichtigste Unfallursache. Beides stabile und regelmäßige Angebote im Mediendiskurs der 70er und 80er J (vgl. Steinert/Cremer-Schäfer/Hancke-Stehr/Stehr 1990). Straßenverke unfälle werden über diese Bilder und Konzepte im hegemonialen Rahmen Eigenverantwortlichkeit für Unfälle belassen.

Die Zuschreibung von Eigenverantwortlichkeit bekommt in den Un Geschichten, in denen patriarchale Verpflichtungen thematisiert werden, e eindeutigeren moralischen Charakter. Die Protagonisten sind jeweils acht unbekümmert, leichtsinnig und verantwortungslos. Achtlosigkeit und U kümmertheit sind moralische Bewertungen, die sich auf das wie auch im geartete „Versagen" von „Verantwortlichen" bezieht. Thematisiert sind d vor allem die Rollen von (Ehe-) Männern und von Vätern bzw. Eltern (Er hungsformen). Die zwei Beispiele, die ich hier anführe, sind beide ebenfalls Bereich Straßenverkehr angesiedelt und inhaltlich auf das Moment des laubs-*Vergnügens* bezogen. Die erste Geschichte wird in der volkskundlic Erzählforschung unter dem Titel „Die vergessene Ehefrau" gesammelt. einem Campingplatz am Neusiedler See in Österreich erzählte im Septem 1988 ein Ehepaar folgende Geschichte:

„Ein ihnen befreundetes Ehepaar fuhr vor einigen Jahren mit dem Wohnwagen nach S nien. Während der Fahrt wurde die Ehefrau sehr müde und beschloß, einige Stunden Anhänger zu schlafen. Während einer kurzen Rast ihres Mannes stieg auch die Ehef aus, um sich etwas zu bewegen. Als der Mann wieder losfuhr, bemerkte er nicht, daß se Frau nicht mehr im Anhänger schlief. So fuhr er alleine weiter in Richtung Süden. Nur

Geschichte vom „Baby auf dem Autodach“ nach dem Bericht ihrer Freundin, die das Ehepaar kennt, dem das passiert ist:

„Ein junges Ehepaar aus Oldenburg wollte zu Ferienbeginn in den Schwarzwald in Campingurlaub fahren. Sie hatten ziemlich viel Zeugs dabei, was man halt zum Campen alles so braucht. Und natürlich ihr zehn Monate altes Baby, für das sie extra eine Tragetasche gekauft hatten. Kaum waren sie losgefahren, begann das Unglück: eine Reifenpanne! Da sie einen Variant fuhren, mußten sie zum Freilegen des Ersatzreifens das ganze Gepäck ausräumen, ein Mordsumstand! Da es für das Baby im Wageninneren zu heiß wurde, bekam es einen luftigen Platz oben auf dem Autodach. Als die Panne behoben und alles wieder im Auto verstaut war, ging die Fahrt endlich weiter, aber schon nach wenigen Kilometern ein Entsetzensschrei im Wagen: ‘Das Baby!’ In der ganzen Aufregung war es auf dem Verdeck vergessen worden, und dort ist es jetzt nicht mehr. Wie besengt rasten sie zurück an die betreffende Stelle, und o Glück! Das Baby hatte in seiner wippenden Tragetasche eine sanfte Landung im Straßengraben gemacht und war schon von einer Polizeistreife in Obhut genommen worden.“ (Brednich 1993, S. 85)

Alle mir vorliegenden Varianten dieser Geschichte enden glimpflich. Die Eltern verletzen keine offensichtlichen Normen, aber sie sind von der Situation überfordert, und denken mehr ans Campen als an ihr kleines Kind, das dem Urlaubsvergnügen möglicherweise sowieso nur im Wege steht. Die Situation drückt jedenfalls eine Ambivalenz gegenüber dem Kind aus, die auch das „Vergessen“ erklärt. Die Eltern sind jeweils sehr jung, und das Kind ist nur wenige Monate alt. Erzählt wird die Geschichte dagegen auch von älteren, aber „frischgebackenen“ Eltern. Schechter (1988) rekapituliert die Situation, in der ihm diese Geschichte erzählt wurde. Er interpretiert sie im Kontext einer Generation, die das Heiraten und Kinderkriegen zeitlich nach hinten in die 30er verschoben hat. Sie wird demnach auch für neue, aber gar nicht mehr so junge Eltern interessant, die das Kinderkriegen bewußt an ein anderes, „eigenes“ Leben anschließen. Die Geschichte bietet dann die Möglichkeit, sich von jungen Eltern zu distanzieren, knüpft aber genau an die eigene unsichere Situation an, sich nun auf Kinder einstellen zu wollen oder zu müssen. Ähnlich wie bei der „vergessenen Ehefrau“ ist die Polizei rechtzeitig als „Freund und Helfer“ zur Stelle, um das zu tun, wozu die Eltern nicht in der Lage sind. Die Polizei sanktioniert hier aber nicht, sondern erinnert an die neue Verpflichtung und Verantwortung, die es zu realisieren gilt.

Ganz anders sieht die Verantwortungslosigkeit in der folgenden Geschichte aus. Hier geht es nicht mehr um junge oder „frischgebackene“ Eltern, sondern um eine grundsätzliche Art und Weise, Kinder sich selbst zu überlassen. Mit dieser Geschichte können sich insbesondere Mittelschichtseltern von Eltern aus der Arbeiterklasse absetzen, die ihren Kindern zwar – der Logik der Geschichte zufolge – mehr Freiraum gönnen, sie dafür aber auch verstärkt Gefahren aussetzen. Die folgende Geschichte verbindet auf elegante Weise diese Gefahr mit der eigenen Verantwortungslosigkeit:

„Ein Fernfahrer aus Volkerode bei Göttingen kommt zwischen zwei Fahrten kurz nach Hause, um seine Familie zu besuchen. Auf der Straße vor seinem Haus liegt ein großer Pappkarton. Der Fahrer überfährt diesen Karton, ohne sich weiter darum zu kümmern. Nachdem er den Wagen abgestellt hat, geht er ins Haus, um seine Familie zu begrüßen. Da er seinen kleinen Sohn vermißt, fragt er nach dessen Verbleib. Als die Frau dem Manne erklärt, daß der Kleine auf der Straße mit Kartons spiele, läuft der Mann aus dem Haus und kommt völlig verstört wieder zurück. Er hat seinen eigenen Sohn überfahren." (Brednich 1990, S. 50)

Der Tod des Kindes ist die Strafe für beide Elternteile. Die Mutter ist verantwortungslos dadurch, daß sie das kleine Kind (mit Kartons) auf der Straße spielen läßt, der Vater handelt verantwortungslos, indem er über Gegenstände auf der Straße einfach hinwegfährt.

Diese Unfall- und Unglück-Geschichten verteilen individuelle Verantwortlichkeiten zwischen Achtlosigkeit, Leichtsinnigkeit und Verantwortungslosigkeit. Sie klären jeweils, wer für was verantwortlich ist, konstruieren somit die Bilder von der „guten" Mutter, dem „guten" Vater, dem gutem (treusorgenden und beschützenden) Ehemann. Schäden und Verletzungen lassen sich diesen Geschichten zufolge vermeiden, wenn verantwortlich gehandelt wird. Diese Verantwortlichkeit impliziert die Zurückschraubung des eigenen Interesses und die Bereitschaft, sich um andere zu kümmern.

Respektabilitäts-Dramen

Die zweite Unterkategorie der moralischen Geschichten bezeichne ich als Respektabilitäts-Dramen. Unter Respektabilität verstehe ich hier in Anlehnung an Ball (1970) eine kommunikative Strategie, die eine ganz bestimmte Rhetorik aufweist. Diese Rhetorik ist strukturiert an den zwei polaren Dimensionen von Wahrheit/Aufrichtigkeit und Irrtum/Unrichtigkeit, und von Präsentieren/Vorzeigen/Bekennen und Verbergen. In der Darstellung von Respektabilität sind folgende Strategien möglich: die Wahrheit sagen, die Wahrheit verbergen und den Irrtum/die Unwahrheit verbergen. Ball zufolge ergeben sich daraus drei mögliche Strategien der Manipulation, um Respektabilität in der

Interaktion herzustellen: 1/ die Präsentation von Tugenden, 2/ die Verdekkung von Lastern/Fehlern und 3/ tugendhaftes Auftreten, wo andere Umstände eigentlich überwiegen. Zur Verdeckung von Lastern stehen wiederum drei Strategien zur Verfügung: Verstecken, Verneinen/Leugnen und Lügen.

Die Respektabilitäts-Dramen unter den modernen Sagen führen Strategien der Verdeckung von Lastern vor, des Begehens von Irrtümern, des Verschweigens und Verheimlichens von Normbrüchen und der Anwendung von Unwahrheiten und Lügen. Vergnügen bereiten die Geschichten nicht nur durch den Sieg von Wahrheit und Tugend, sondern vor allem durch die Art und Weise, wie die Wahrheit ans Tageslicht gerät, oder wie eine vermeintlich respektable Handlung zu einem Normbruch gerät.

Im Zentrum der Respektabilitäts-Dramen steht die *Täuschung*. In den Worten von Goffman (1980) artikulieren diese Dramen eine Fälschung an den Rahmenrändern. Um es vorwegzunehmen: Täuschungen, ob in „guter" oder in schädigender Absicht, ob scherzhaft oder ernsthaft, werden in der Regel negativ bewertet und verurteilt. Respektabilitäts-Dramen identifizieren im Akt der Täuschung den eigentlichen Normbruch. Verurteilt wird das Verheimlichen, das Verstecken und Verstellen, das Verkleiden – alles Handlungen, die der Aufrichtigkeit und Sichtbarkeit widersprechen. Täuschungsmanöver haben negative Konsequenzen. Vier Sub-Kategorien lassen sich unterscheiden: Die stärkste Kategorie behandelt die Szene der Verheimlichung und Aufdekkung; ein zweiter Sub-Typ spielt mit der (versehentlichen) Enthüllung von Privatem; die dritte Unter-Kategorie thematisiert die Selbsttäuschung im Sinne eines Rahmungs-Irrtums (Goffman 1980), und die vierte Unter-Kategorie führt die (unabsichtliche) Täuschung von Täuschenden vor. Diese Respektabilitäts-Dramen spielen mit den Momenten der Peinlichkeit und Schadenfreude.

Sehr viele Geschichten, die die *Szene der Verheimlichung und des Aufdekkens* entfalten, behandeln die Sexualität. Dies erklärt sich aus der Situation, daß Sexualität öffentlichen, „offiziellen" Normierungen unterliegt, dabei aber vor allem privat praktiziert wird und dadurch auch unter der Bedingung einer breiten öffentlichen Thematisierung im Alltag immer noch tabuisiert ist. Die Norm der Privatheit macht sexuelle Normbrüche möglich, die, da sie im „Verborgenen" geschehen, nur schwer kontrollierbar sind. Moderne Sagen decken verheimlichte Normbrüche auf. Sexuelle Grenzüberschreitungen werden hier durch Veröffentlichung sanktioniert. Neben der Peinlichkeit als noch geringster Folge stehen andere, schwerwiegendere negative Konsequenzen: Sie reichen von körperlichen Verletzungen bis hin zu den sehr langfristigen Folgen einer ungewollten und illegitimen Schwangerschaft.

Im folgenden präsentiere ich zwei typische Beispiele von Aufdeckungs-Geschichten, die auf illegitime sexuelle Beziehungen und auf illegitime Selbstbefriedigung verweisen. In beiden Fällen wird die mangelnde Selbstkontrolle und Selbstdisziplin moralisiert. Die erste Geschichte kennt die volkskundliche Erzählforschung als „Scheidenkrampf": Die Geschichte vom Scheidenkrampf wird vor allem von Frauen erzählt. Die folgende Version wurde 1989 der Schwester der Aufzeichnerin erzählt. Ihr selbst war sie ca. 1981 von einer Bekannten erzählt worden.

„Eine etwas etepetete Frau wohnt mit ihrem Mann in einer Werkswohnung von VW in Baunatal. Als ihr Mann zur Kur weg ist, nutzt sie die Gelegenheit und lädt ihren Liebhaber zu sich ein. Na ja, und als es dann so zum Geschlechtsverkehr zwischen den beiden kommt, überfällt sie plötzlich das schlechte Gewissen, und sie kriegt einen Scheidenkrampf, so daß der Liebhaber aus ihr nicht mehr rauskommt. Irgendwie gelingt es ihnen, einen Krankenwagen zu rufen. Als die beiden dann auf der Trage aus dem Haus getragen werden sollen, versucht man die Schmach noch in Grenzen zu halten, indem man ein Laken über die beiden deckt. Im Krankenhaus kann dann der Arzt den Scheidenkrampf mit einer Spritze lösen." (Brednich 1990, S. 121/122)

Gefährlich wird die Sexualität durch die illegitime Beziehung: Das schlechte Gewissen der Frau verursacht den Scheidenkrampf. Der heimliche Ehebruch wird dadurch zwangsläufig aufgedeckt. Die Grenzüberschreitung führt dazu, daß ein „fremder" männlicher Experte die beiden Liebenden voneinander befreien muß. Aus eigener Kraft gelingt es nicht.

In anderen Geschichten ereignen sich entweder Unfälle/Unglücke beim Liebesakt (das illegitime und „liebestolle" Paar wird im Auto eingeklemmt und muß von der Feuerwehr befreit werden; ein anderes Auto fährt auf das eigene auf und verhindert damit den „coitus interruptus"), oder die vorhandenen Kleinkinder veröffentlichen die illegitime Liebesbeziehung oder die normverletzende sexuelle Praktik der Eltern[107]. Neuere Geschichten greifen auf die jüngsten Entwicklungen der Technik zurück. In ihnen wird der Ehebruch oder die Verletzung von Sexualitäts-Normen über das Video festgehalten und durch „technische Pannen" veröffentlicht. Die meisten Geschichten begnügen sich mit der peinlichen Situation, die für die normverletzenden Paare entsteht.

107 Vgl. hierzu vor allem Brunvand 1981, 1984, 1986, 1989, 1993.

Geschichten über sexuelle Selbstbefriedigung beinhalten stärkere Konsequenzen des Normbruchs: Männer kastrieren sich und Frauen verletzen sich an „scharfen Objekten“. In der folgenden Geschichte ist die vorgeführte Sanktion eine soziale: Die sich selbst befriedigende Frau ist gezwungen, ihr soziales Umfeld zu verlassen. Die präsentierte Version einer Männergeschichte wird von einem Medizinstudenten erzählt:

> „Eine Frau, die bei Siemens als Schreibkraft arbeitet, pflegte aus unerfüllten sexuellen Gelüsten heraus täglich in der Mittagspause mit einer Cola-Flasche auf dem Damenklo zu onanieren. Wie das Leben so spielt, saugte sich diese Flasche jedoch eines Tages am Muttermund fest. Da die Frau zu ihrem Leidwesen an diesem Tag auch noch Hosen trug (unter einem weiten Rock hätte sie vielleicht das Mißgeschick verbergen und einen Arzt erreichen können), konnte sie die Toilette nicht verlassen. Als schließlich nach einiger Zeit eine Putzfrau zum Reinigen des stillen Örtchens auftauchte, bat sie diese um Hilfe. Praktisch wie diese Putzfrau veranlagt war, besorgte sie vom Hausmeister einen Hammer, zertrümmerte die Flasche und befreite die arme Sekretärin aus der peinlichen Situation. Obwohl die Helferin einen schönen Batzen Schweigegeld erhalten hatte, machte die Geschichte in der Firma bald die Runde, so daß die Sekretärin nach ‘unbekannt’ verzog.“ (Brednich 1993, S. 81/82)

Die Protagonistin dieser Geschichte verkehrt die Dinge, sie begeht eine groteske symbolische Inversion, indem sie die Cola-Flasche nicht zum Trinken, sondern für das sexuelle Vergnügen benutzt. Sie verdreht damit die Klassifizierungen des Körpers. Zusätzlich verkehrt sie Arbeit und Vergnügen und verwischt deren räumliche und zeitliche Grenzen. Zum Verhängnis werden ihr vor allem die Hosen, die ein weiteres Verstecken/Verdecken unmöglich machen. Die Geschichte sanktioniert damit eine weibliche Protagonistin, die vom herkömmlichen Stereotyp einer Sekretärin, die es mit ihrem Chef „treibt“, abweicht, als „emanzipierte“ (hosentragende) Frau auf Männer verzichtet und zur sexuellen Befriedigung auf sich selbst zurückgreift. Es ist demnach vor allem ein Abweichen vom herkömmlichen Frauenbild, das hier vorgeführt wird.

Mit dem Erzählen der hier präsentierten Sexualitäts-Geschichten werden wiederum Geschlechterrollen diskutiert. Die Erzähler/innen können sich von den Protagonistinnen (sozial und moralisch) distanzieren, um sich selbst als anständig(er) darzustellen.

Konflikt-Geschichten: Gegenschläge in Statuskämpfen

Ein anderer Typus von Sagen-Geschichten geht von der Situation des Normbruchs und seiner Aufdeckung ein Stück weiter hin zur expliziten Sanktionierung des Normbruchs durch die Geschädigten. Diese Rache- oder Gegenschlagsgeschichten beinhalten keine Unfälle, Unglücke oder Zufälle als negative Konsequenz des Handelns, sondern verweisen auf die explizite und bewußte Reaktion von Geschädigten auf Beeinträchtigungen und Verletzungen. Diese Geschichten vom Gegenschlag stehen im Kontext von Norm-Konflikten, die wiederum ein Ausdruck für umkämpfte Verhältnisse zwischen sozialen Kategorien sind, und davon, daß in diesen Verhältnissen oder „Ordnungen" Veränderungen eintreten. Sie stehen vor allem im Kontext sich wandelnder Geschlechter- und Generationsverhältnisse, aber auch von Veränderungen in den anderen sozialen Machtverhältnissen (zwischen Klassen/Schichten und in hierarchischen Situationen). Die Konfliktgeschichten haben Gewinner und Verlierer; es sind die einzigen Siegergeschichten unter den modernen Sagen, denn hier werden Beeinträchtigungen, Schädigungen und Ehrverletzungen (zumeist) vom Geschädigten selbst auf einfallsreiche, listige oder handfeste Art zurückgegeben. Der „handfeste" Gegenschlag ist vor allem das Reaktionsmuster von „Handarbeitern", schlagfertig und mit dem Mittel symbolischer Demütigung reagieren Untergebene gegenüber Vorgesetzten; die listige Reaktion wird vor allem Frauen zugeschrieben. Im folgenden möchte ich zwei typische Rachegeschichten vorstellen, die sich einmal auf das Geschlechterverhältnis, das andere mal auf den Generationenkonflikt beziehen. Die verletzte männliche Ehre ist Gegenstand der folgenden Geschichte:

> „Einem Bekannten meines Deutschlehrers, der Fernfahrer ist, ist folgendes passiert: Er kam von einer seiner Fahrten einmal früher als sonst zu seiner Frau zurück und hatte sie in der gemeinsamen Wohnung in einem Neubaugebiet von Neuhaus im Solling mit ihrem Geliebten überrascht. Die Frau und der Geliebte sagten ihm, er solle sich nicht so anstellen und sie allein lassen. Das tat er auch, lieh sich auf einer benachbarten Baustelle dieses Neubaugebietes von einem Kumpel einen vollen Betonmischer aus und füllte damit das offene Cabriolet des Liebhabers, das noch vor der Haustür stand, voll." (Brednich 1990, S.27)

Obwohl die Szene der „Entdeckung und Vergeltung" des Ehebruchs in mehr oder weniger modifizierter Form bereits mehrere Jahrzehnte zurückreicht, ist die hier präsentierte Geschichte relativ neu und für die Gegenwart relevant, weil Ehefrau und Liebhaber keine Anstalten (mehr) machen, ihren Normbruch zu leugnen, ihn zu erklären oder sonstwie zu verantworten. Gerade die fehlende Verantwortung des Normbruchs (die Uneinsichtigkeit in die Verwerflichkeit ihres Handelns) dürfte den Gegenschlag des betrogenen Ehemannes rechtfertigen. Er richtet sich allerdings allein gegen den Liebhaber. Am „spiegelverkehrten" Gegenschlag, der in einer symbolischen Ejakulation besteht, die nun einen kostbaren Raum des Liebhabers „ausfüllt", wird deutlich, daß hier Besitzrechte des Ehemannes verletzt wurden: Er rächt sich am Eigentum des Liebhabers, der vorher einen Raum ausgefüllt hat, der ihm nicht zusteht. Hinzu kommt aber noch ein zweites Moment: Der soziale Status des Liebhabers ist ein anderer und höherer als der des Ehemanns. Während der Ehemann als Fernfahrer rechtschaffen seiner Arbeit nachgeht und lediglich nach getaner Arbeit verdientermaßen nach Hause zur Frau zurückkehrt, symbolisiert die Figur des Liebhabers den demonstrativen Müßiggang. Der Liebhaber wird als „Playboy" erkennbar: Ganz im Gegensatz zum Arbeitsfahrzeug des Ehemanns steht das offene Cabriolet für Reichtum und demonstrativen Konsum. Während der Ehemann arbeitet, frönt der „Playboy" dem Vergnügen. Der Gegenschlag stellt damit nicht nur wieder die Besitzrechte des Mannes auf die Sexualität seiner Frau heraus, er bekommt auch eine besondere Legitimität als Bestrafung des demonstrativen Müßiggangs. Damit aber werden auch verschiedene Männlichkeits-Bilder diskutiert. Der rechtschaffene Fernfahrer ist der „Ernährer" seiner Frau (die als Hausfrau tätig ist); er steht dem Liebhaber gegenüber, der – da er wohl nicht oder nicht regelmäßig und diszipliniert arbeitet – sich dem (illegitimen) Vergnügen widmen kann. Es stehen sich hier Produzenten und Nichtproduzenten („Schmarotzer") gegenüber.

Die Geschichte des „Sportcabriolets mit Betonfüllung" ist historisch vielfach variiert worden, zuletzt auch durch eine Umkehrung des erfolg- und ruhmreichen Gegenschlags in eine zutiefst beschämende Selbstschädigung: Der vermeintliche Ehebruch war ein Irrtum, der Liebhaber stellt sich als Autohändler heraus, und das mit Beton vollgefüllte Cabriolet ist ein Geburtstagsgeschenk der Ehefrau für ihrem Mann[108]. Der Held verwandelt sich wegen seiner übertriebenen Eifersucht und seines Besitzanspruches in eine lächerliche Figur. Klintberg (1984) interpretiert diese andere und neuere Version durch einen Wandel des moralischen Standpunktes zur außerehelichen Sexualität. Dies wird aber durch die veränderte Version nicht ausgedrückt, denn die Frau wird lediglich irrtümlicherweise verdächtigt. Die neuere Version gehört

108 Vgl. Brunvand 1981.

in die Kategorie von Respektabilitäts-Dramen, die das vorschnelle Urteil verurteilen, und auf der richtigen Wahrnehmung beharren. Der Fernfahrer und Ehemann wird zur lächerlichen Figur dadurch, daß er seinen Verdacht nicht erst überprüft. Denn das tut er in dieser Version genau nicht: Er sieht durch das Fenster eine männliche Gestalt und „weiß schon Bescheid". Von daher spricht viel dafür, die neuere Version als eine Frauengeschichte zu begreifen, die über das Bild des lächerlichen (Ehe-) Mannes das männliche Heldenbild demontiert. Die Frau in der umgekehrten Version ist zumindest eine, die eigenständig handelt und sogar Geschäfte tätigt, die über sehr viel Geld verfügen kann, über dessen Ausgabe sie auch bestimmt. Sie agiert selbständig und ist nicht mehr die passive Ehefrau, die nur auf das Heimkommen ihres Mannes wartet. Die Geschichte steht im Kontext der Zeichnung von Männlichkeits- und Weiblichkeits-Bildern. Der Ehebruch als paleosymbolische Szene dient lediglich dazu, diese Bilder anzuwenden, um die Geschlechterrollen zu klären. Der Ehebruch selbst ist immer noch tabu.

Über das Erzählen von Rachegeschichten kann sich das Erzählpublikum erstmals direkt mit den Protagonisten identifizieren und somit das richtige Rollenbild auf in einer positiven Form herausstellen. Über den Gegenschlag kann sich nur derjenige freuen, der ihn moralisch gerechtfertigt sieht, und der damit auch Schadenfreude gegenüber dem Normbrecher äußern kann.

Um einen Statuskonflikt zwischen Männern geht es auch in der folgenden Fernfahrer-Geschichte, die eine 28jährige Studentin erzählt, „die die Geschichte beim Trampen von einem Fernfahrer aus Norddeutschland gehört hat, der den 'Helden' der Erzählung persönlich gekannt haben will".

„Ein Lastwagenfahrer hat die Fahrt unterbrochen, um in einer kleinen Raststätte auf dem Land ein Frühstück einzunehmen. Als er gerade beim Kaffee sitzt, biegen drei Motorradfahrer in Lederjacken auf schicken Highrisermaschinen auf den Parkplatz ein und setzen sich zu dem Fernfahrer an den Tisch. Sie versuchen, ihn in ein Gespräch zu ziehen, aber als er einsilbig bleibt, beginnen sie damit, ihn anzupöbeln: der eine ißt seine Spiegeleier auf, der zweite nimmt sich die Pommes frites, und der dritte zieht die Tasse Kaffee zu sich herüber und trinkt sie aus. Der Fernfahrer läßt sich durch all dies nicht provozieren, bleibt ungerührt, zahlt bei der Wirtin seine Zeche und geht. Als er weg ist, meinen die Motorradfahrer zur Wirtin: 'Das war aber mal ein ängstlicher Mann!' – 'Ja', erwidert die Wirtin, 'und ein schlechter Autofahrer ist er auch; gerade hat er beim Zurücksetzen drei Motorräder plattgefahren!" (Brednich 1990, S. 35/36)

Hier werden dem Fernfahrer (als Typ des rechtschaffenen Mannes) junge Männer als „Außenseiter" gegenübergestellt (zu diesen Männlichkeits-Bildern vgl. Steinert 1997), die nichts anderes zu tun haben, als rechtschaffene Leute zu provozieren. Die jungen Motorradfahrer sind „troublemaker“. In der Geschichte werden sie als unnütze Müßiggänger gezeichnet, die sich auf den demonstrativen Konsum verlegen („schicke Highrisermaschinen“) und von der Arbeit anderer leben (sie nehmen dem Fernfahrer sein Essen weg). Die Rache des Fernfahrers trifft mit den Motorrädern die Symbole des demonstrativen Konsums und Müßiggangs. In anderen Versionen der Geschichte wird wahlweise auch von Rockern oder Hippies gesprochen (vgl. Baker 1976).

Geschichten von Rache und Gegenschlag sind die einzigen Heldengeschichten, die positive Figuren darstellen. Ihr Erzählen steht im Kontext von Statusauseinandersetzungen, wobei mit ihnen die Grundlagen des Sozialstatus herausgestellt werden. Die Sieger und Helden sind Vertreter einer Arbeitsmoral, deren Vorherrschaft gerade angefochten wird.

Das Erzählen von Diskreditierungs-Geschichten: Klärung von Zugehörigkeit und Aushandlung von Überlegenheit

Das Erzählen von Diskreditierungs-Geschichten klärt soziale und kulturelle Zugehörigkeiten und ermöglicht die Schaffung kollektiver Identitäten. Es benennt die Merkmale, die die eigene Gruppe ausmacht, in Abgrenzung zu anderen Kategorien. Die Geschichten konstruieren dabei den Gegensatz von Kompetenz und Inkompetenz. Die Klärung von Zugehörigkeit hat soziale, kulturelle und geschlechtsspezifische Dimensionen. Es geht überwiegend um die Herausstellung der kulturellen Identität, der Geschlechterrolle, des sozialen Status und die Darstellung professioneller Identität/Kompetenz. Mit dem Erzählen dieser Geschichten wird Überlegenheit dargestellt und Zugehörigkeit ausgehandelt. Diskreditierungs-Geschichten zeigen, wohin soziale und kulturelle Inkompetenz führt, sie legitimieren die Ausschließung anderer Kategorien und disqualifizieren diese aufgrund ihres behaupteten Andersseins[109].

109 Soziale und kulturelle Kategorien werden über das Vorführen ihrer Inkompetenz diskreditiert. Damit werden Gegenbilder zur eigenen sozialen und kulturellen Identität entworfen, die mitteilen, was die eigene Identität ausmacht. Der Sagen-Diskurs greift hierzu auf die massenmedial angebotenen Bilder des Fremden zurück. Die Benutzung von negativen Fremdheitsbildern zur Konstruktion des positiven Eigenen ist ein wesentlicher Grundaspekt des Sagen-Diskurses. Mitunter finden sich in dieser Abgrenzung auch rassistische Diskurselemente. Doch im Vordergrund von verallge-

Nicht moralische Vergehen stehen hier im Vordergrund, sondern Unfähigkeiten, die sich auf das Einhalten der sozialen und kulturellen Klassifikationsschemata beziehen. Im einzelnen geht es um kulturelle, um soziale um professionelle Kompetenzen. Mit dem Erzählen der Geschichten wird also Status- und Identitätspolitik betrieben.

Diskreditierungs-Geschichten kreisen vor allem um folgende Szenen: die Verwechslung und das Verkennen (im Sinne des Goffmanschen Rahmungs-Irrtums), die Szene des „Reinfalls" auf Täuschungen (aus Naivität und Unwissenheit) und die Szene des Unglücks/Unfalls aus Torheit, Leichtsinn und Selbstüberschätzung.

Die Szene der Verwechslung und des Verkennens:
Der Rahmungs-Irrtum und seine Folgen

Die Szene der Verwechslung und des Verkennens klärt vor allem Zugehörigkeiten und Mitgliedschaften und schreibt sozialen Kategorien ihren „angemessenen" Ort zu. Szenen der Verwechslung werden z.B. verwandt, um kulturelle Identitäten darzustellen. Hier geht es um die Diskreditierung von Fremden als kulturell inkompetent.

Die folgende Geschichte wird von einem 32jährigen Angestellten erzählt. „Er hat die Erzählung (...) von einem Freund gehört. Dieser Freund, so versicherte der Erzähler, sei absolut seriös und vertrauenswürdig. Deshalb glaube er auch, daß sich alles wirklich zugetragen habe."

„Ein polnischer Naturwissenschaftler und seine Frau verließen Anfang der achtziger Jahre ihr Land und bauten sich in Saarbrücken eine neue Existenz auf. Die ersten Jahre waren für das Paar sehr schwer. Sie hatten wenig Geld, und beide hatten Probleme mit der deutschen Sprache. Die Frau, die zunächst einmal keine Arbeit fand, blieb zu Hause und erledigte den Haushalt. Sie bemühte sich, möglichst billig einzukaufen, weil das Geld ja knapp war. Sie kaufte fast immer in einem nahegelegenen Supermarkt ein. Anstelle von frischem Fleisch kaufte sie günstigere Büchsen, deren Inhalt sie für Gulasch hielt. Mit den Jahren ging es bei dem Paar bergauf. Auch beherrschten beide die deutsche Sprache immer besser, nur das Lesen fiel ihnen noch schwer. Nachdem nun mehr Geld da war, ging die Frau dazu über, statt der Büchsen frisches Fleisch einzukaufen. Als sie wieder einmal an der Kasse

---

meinerbaren Abgrenzungs- und Ausschließungsbereitschaften steht der Vorwurf der kulturellen Inkompetenz, der Vorwurf der Verkehrung des eigenen Ordnungssystems. Die Botschaft lautet: Wer sich in einem Raum nicht auskennt und sich darin nicht kompetent bewegen kann, der gehört nicht in ihn hinein.

des Supermarktes stand, fragte die Kassiererin sie mitleidig: 'Ist ihr Hundchen denn gestorben? Sie kaufen ja schon seit langem kein Hundefutter mehr!' "(Brednich 1991, S. 98)

Die polnischen Einwanderer in der Geschichte sind kulturell inkompetent, sie brechen unwissentlich ein hiesiges Eßtabu. Als Fremde kennen sie sich im deutschen Supermarkt nicht aus und können auch die deutsche Sprache nicht zur Orientierung nutzen. Ihre Inkompetenz entlegitimiert aber ihre Anwesenheit in einem für sie fremden Land, in dem sie sich (aus welchen Gründen auch immer) – in schwierigen Zeiten – eine Existenz aufbauen wollen. Mit der Geschichte werden die Fremden degradiert, denn sie ernähren sich wie Tiere (genauer: wie Hunde, die als Haustiere über „Herrchen" oder „Frauchen" verfügen). Daß es sich beim männlichen Protagonisten um einen Naturwissenschaftler handelt, der nun auch im Hinblick auf seinen Sozialstatus degradiert wird, ist ein Nebenaspekt.

Die Fremden stellen die kulturelle Ordnung auf den Kopf. Was in dieser Geschichte als Verkennen angesprochen ist, als Verwechseln von Nahrungsmittelabteilungen im Supermarkt, wird in anderen Geschichten zur absichtsvollen Umkehrung, die aus kultureller Andersartigkeit begründet wird: Ausländer werden als Hundefleischesser dargestellt, was besonders problematisch und auch verurteilenswert dann wird, wenn deswegen die Hunde in der unmittelbaren Umgebung verschwinden. Andere Fremde verwechseln den Balkon ihrer Mietwohnung mit einem Schweinestall und schlachten hier Schweine oder Ziegen; wieder andere verwechseln den Fußboden ihrer Wohnung mit einer Wiese und Weide, um Hühner und anderes Getier zu halten. Erzähler dieser Geschichten können damit ihrer eigene Zivilisiertheit darstellen und sich von den „Wilden" abgrenzen.

Die Verwechslungs-Szene betrifft aber nicht nur die Darstellung kultureller Identität, sie verweist auch auf soziale Räume, die von bestimmten Kategorien nicht verstanden und folglich auf „verkehrte Weise" angegangen werden. So gibt es z.B. den über viele Geschichten ausgebreiteten männlichen Verdacht, daß Frauen sich nicht angemessen im Straßenverkehr bewegen können. Sie verwechseln Radargeräte mit Mikrowellen, und bringen sie, als Sperrmüll definiert (der ja auch am Straßenrand steht oder liegt), ihren Ehemännern zum Reparieren mit nach Hause.

Die Szene des Reinfalls auf Täuschungen

In Geschichten mit dieser Szene haben naive und inkompetente Protagonisten einen Schaden zu verzeichnen. Der Schaden wird auf ihre Inkompetenz zurückgeführt, so daß sich beim Erzählpublikum Schadenfreude einstellt. Über Inkompetenzen dieser Art läßt sich lachen, wenn und weil das Publikum sich als kompetent definieren kann. Der Reinfall verweist dabei auf unterschiedliche Aspekte: er kann sich auf ein übertriebenes Vertrauen in unbekannte Personen beziehen und darauf, daß aus einem Reinfall keine Lehren gezogen werden, er kann sich darauf beziehen, daß man sich mit den Gepflogenheiten der Situation, in die man sich begeben hat, nicht auskennt und so „übers Ohr gehauen wird". In diesen Geschichten geht es um Statuspolitik und um die Herstellung von Überlegenheit. Die folgende Narration kursiert vor allem unter Frauen:

> „Eine Bekannte meiner Arbeitskollegin wollte sich endlich einmal wieder ein schönes Abendkleid leisten. Nach langem Suchen fand sie in einer exklusiven Boutique das passende Kleid und entschloß sich, es zu kaufen, obwohl es ihr eigentlich viel zu teuer war. Es mußte allerdings zuerst noch gekürzt werden und wurde deshalb direkt zur Änderungsschneiderei gegeben. Als die Kundin wenige Tage darauf früher als erwartet in die Boutique kam, um das Kleid abzuholen, bekam sie es noch in der Verpackung von der Änderungsschneiderei übergeben, da niemand im Geschäft sich die Mühe gemacht hatte, den Karton vorher zu öffnen. Um das Kleid ihrem Mann am Abend vorführen zu können, nahm sie es zu Hause heraus und entdeckte folgende Notiz des Schneiders an den Inhaber der Boutique: Aus China importierte Billigware ändern wir eigentlich nicht!" (Brednich 1990, S. 70)

Die Protagonistin der Geschichte ist ein naives Opfer, das sich auf dem Gebiet teurer Qualitätsware nicht auskennt. Sie erkennt die Billigware nicht und fällt auf die Täuschung rein. Frauen, die das Erzählpublikum dieser Geschichte hauptsächlich ausmachen, haben die Möglichkeit, sich mit ihr von der Protagonistin in mehrerer Hinsicht zu distanzieren. Die Protagonistin ist naiv und unwissend, sie kennt sich mit guter Qualität nicht aus und läßt sich durch die „Exklusivität" der Boutique täuschen; sie hat offensichtlich auch gar nicht das Geld für ein exklusives Kleid. Die Protagonistin will mehr sein als sie eigentlich ist. Daher fällt es leicht, sich von ihr zu distanzieren, als einer Frau, die einen höheren sozialen Status demonstriert als den, der ihr eigentlich zusteht. Damit begeht sie selbst eine (Vor-) Täuschung, so daß ihr Reinfall zusätzlich moralisch legitimiert ist.

Die Szene der Torheit, des Leichtsinns und der Selbstüberschätzung

In eine andere Sub-Kategorie der Diskreditierungs-Geschichten fallen Geschichten, in denen die Torheit von Protagonisten vorgeführt wird. Sie stehen im Kontext des Laien- und Experten-Gegensatzes, aber auch im Zusammenhang von anderen sozialen Hierarchien und Statusauseinandersetzungen. Mit ihnen wird wiederum eine Statusabgrenzung verfolgt. Der Erzähler der folgenden Geschichte ist ein Student aus Köln, der sie selbst während eines Segelurlaubs in der südlichen Ägäis gehört hatte.

„Während eines Griechenland-Urlaubs hatten sich zwölf junge Leute aus Deutschland eine große Segelyacht ausgeliehen und kreuzten damit in der Ägäis. Mitten auf dem Meer kamen sie während eine Flaute auf die Idee, schwimmen zu gehen. Nacheinander sprangen sie alle ins Wasser, zuletzt auch der Steuermann. Erst in diesem Augenblick bemerkten sie zu ihrem Schrecken, daß sie vergessen hatten, die Leiter der Yacht zum Wiedereinstieg herabzulassen. Ohne Leiter fanden sie keinerlei Möglichkeit, auf das Schiff zurückzukommen. Es trieb ab, und alle zwölf Leute ertranken." (Brednich 1991, S. 71)

Eine vergleichbare Geschichte ist die vom Kettenkarusell, auf das – nach der Aufstellung am späten Abend – eine Gruppe von Karussell-Aufstellern hintereinander aufsteigt, und alle dabei vergessen, jemanden zurückzulassen, der das Karussell wieder abstellen kann. Hier sind prinzipiell zwei Erzählfunktionen denkbar. Die erste Funktion wird in der zitierten Geschichte deutlich. Der Erzähler segelt selbst, so daß hier weniger eine soziale Distanzierung von den „Seglern" anzunehmen ist als die Warnung vor Leichtsinn und Unüberlegtheit. Eine Warnung, die wohl am ehesten an Anfänger gerichtet werden kann. Eine andere Funktion bekommt die Erzählung, wenn es gegen die Personen-Kategorie „Segler", wenn es gegen Leute mit einer Yacht geht, und die Erzähler sich selbst über diese Diskreditierung als fähiger herausstellen können, nach dem Motto: „Segler sind reich aber dumm".

Diskreditierungs-Geschichten sind sehr flexibel und daher leicht an unterschiedliche Erzählkontexte anzupassen. Mit wie wenig Aufwand Erzählungen verändert werden können, möchte ich mit folgender Geschichte dokumentieren, die in unterschiedlichen Erzählkontexten einen völlig anderen Sinn bekommt, und die mir selbst mitsamt Erzählkontext angetragen wurde. In seiner neuesten Sammlung hat auch Brednich (1996) diese Geschichte aufgenommen. Ich präsentiere zunächst die Geschichte von Brednich und im Anschluß daran den selbst erhobenen anderen Erzählkontext. Erzählt wird die folgende Geschichte von einer Journalistin, die sie von ihrer Schwester gehört hat.

„Eine alte Dame, die in der Nähe von Kassel wohnte, hatte wie alle einen Packen gelbe Säcke für die Wertstoffsammlung erhalten und wußte nicht genau, was sie damit machen sollte. Die Nachbarn sagten ihr, das habe mit der Sammlung von Verpackungen für den grünen Punkt zu tun. Also fing sie treu und brav an, die grünen Punkte aus allen Packungen auszuschneiden, aber sie wunderte sich, daß sie ihren gelben Sack nicht vollbekam, während alle ihre Nachbarn immer ihre prall gefüllten Säcke hinausstellten. So ging sie kurz entschlossen zum Bürgermeister und beschwerte sich, daß ihr Sack mit dem grünen Punkt nicht voll werde. Der hat sie dann aufgeklärt. Meine Kusine behauptet sogar, in Kassel sei tatsächlich einmal ein Sack angekommen mit lauter abgeschnittenen grünen Punkten darin.“ (Brednich 1996, S. 54/55)

Die Geschichte enthält keine Kritik am durch den Grünen-Punkt angekurbelten Verpackungsmüll, sie macht sich – im Gegenteil – über die Leute lustig, die das System vermeintlicherweise nicht nachvollziehen können. Es ist eine „alte Dame“, die den Sinn der Sammlung nicht begreift. Die Geschichte diskreditiert alte Leute als inkompetent.

Im Vergleich dazu hier die Fassung, die mir persönlich weitergegeben (1994) wurde: Erzählort ist die Küche einer Kinderbetreuungseinrichtung. Nach dem Mittagessen räumen mehrere Mütter die Küche auf, stellen das Geschirr in die Spülmaschine und werfen die Essensreste in den Mülleimer. Für Verpackungsmüll wird der „gelbe Sack“ gesucht, der aber nicht auffindbar ist, worauf sich eine Mutter negativ über das System des „Grünen Punktes“ äußert und die getrennte Sammlung als unsinnig bezeichnet. Der zunächst nicht auffindbare gelbe Sack ist offensichtlich der Anknüpfungspunkt, der bei der Erzählerin die Geschichte „auslöst“. Sie wendet sich an jene Mutter und erzählt folgende Geschichte:

„Da kenn ich eine tolle Geschichte, die hat mir eine Nachbarin erzählt. Die Geschichte ist wahr, sie ist wirklich passiert ... Da kommt eine ältere Frau an eine amtliche Dienststelle und beschwert sich darüber, daß sie so viele gelbe Säcke bekommt. Das wäre ja eine große Energieverschwendung. Der Beamte fragt sie dann, warum denn, ob sie die Säcke denn nicht voll kriegen würde. Daraufhin öffnet sie den von ihr mitgebrachten Sack, und da fallen lauter Schnipsel mit dem ‘Grünen Punkt’ drauf raus.“

Die Zuhörerin – von mir für das Genre der modernen Sage sensibilisiert – fragt nach, ob die Geschichte denn wirklich wahr wäre und wer sie ihr erzählt hätte. Daraufhin bestätigt die Erzählerin nochmal den Wahrheitsgehalt: „Doch, das ist so passiert, das glaub ich auch, so sind sie, die Deutschen!“ Die Zuhörerin kommentiert weiter: „Dann hat die Frau ja doch viel Abfall produziert.“ Worauf die Erzählerin lacht und bestätigt: „Ja, das stimmt“.

Die Geschichte bekommt hier dadurch eine andere Wendung, als sie offensichtlich als Beleg, als Beispiel dafür erzählt wird, wie inkompetent *die Deutschen* sind. Die ältere Frau steht hier auf einmal für „die Deutschen" insgesamt. Diese Umrahmung der eigentlichen Geschichte/Handlung bekommt seinen Sinn nur über weiteres Kontext-Wissen: Der Lebensgefährte der Erzählerin und Vater ihres gemeinsamen Kindes ist Portugiese; für die Erzählerin stellt das Thema „Ausländerfeindlichkeit der Deutschen" einen zentralen Kommunikationsaspekt dar. Sie sieht sich von der „deutschen Ausländerfeindlichkeit" persönlich betroffen. Erst in diesem Kontext wird verständlich, warum die alte Dame in der Geschichte zur inkompetenten Deutschen wird. Der Kontext macht aus dieser Erzählung eine Geschichte der Gegenmoralisierung. Über die Geschichte selbst aber läßt sich die Kritik am Grünen Punkt auf die Konsumenten und Benutzer verschieben: Nicht der Grüne Punkt ist problematisch und unsinnig oder ökologisch kontraproduktiv, sondern die Benutzer sind inkompetent. Auf ihre Kosten geht der Witz der Geschichte.

Karnevaleske und symbolische Inversionen: Der subversive Diskurs der modernen Sage

Eine geringere Anzahl von Sagen-Geschichten kehrt die moralischen Botschaften um bzw. verändert die Richtung der Moralisierung „nach oben". Wenn man die moralischen Geschichten und ihre vielfältigen Moralisierungsstrategien überwiegend als einen affirmativen Diskurs bezeichnen kann, der die moralische Grenzüberschreitung als für die Ordnung gefährlich, als Folge mangelnder Disziplin, Verantwortlichkeit und Respektabilität begreift, als einen Diskurs, der an den bestehenden Macht- und Autoritätsverhältnissen festhält und unterdrückte und benachteiligte soziale Kategorien diskreditiert und degradiert, so gibt es doch auch einige Geschichten, die als subversive oder Gegenmoralisierungs-Geschichten bezeichnet werden können. Zum Teil sind dies explizite Umkehrungen von existierenden moralischen Geschichten, z.T. konstituieren sie aber auch das eigene Sub-Genre der *karnevalesken Geschichte.* Eine Form der karnevalesken Inversion ist die Umkehrung einer Gefahren- und Schreck-Geschichte in eine *Trickster-Geschichte.* Die Dämonengestalten und Schreckfiguren werden in Trickster-Gestalten verwandelt, die Ironie ins Spiel bringen. Trickster-Figuren wollen zwar Böses, tun aber letztlich (ungewollt) Gutes. Der Begriff des Tricksters stammt aus der ethnologischen Literatur[110], er kennzeichnet dort eine paradoxe Gestalt, die gerade aus dem Normbruch heraus die Welt erzeugt und auch weiterhin gesellschaftlich Bedeutendes schafft. Die Normübertretung hat hier keine negativen sondern positive Konsequenzen. In der indianischen Mythologie z.B. übernimmt Trickster vor allem drei Rollen: die des Kulturheros, des listigen Betrügers und des Tölpels (vgl. Weber/Weber 1983). Der Trickster ist eine amoralische Figur, die durch das Ausleben ihrer Triebe gekennzeichnet ist, er bricht alle Tabus, wird aber dafür nicht sanktioniert.

„Der Gaukler ist die Personifizierung der menschlichen Zwiespältigkeit. Er ist der Archetyp des komisches Geistes, die Verspottung des Identitätsproblems, der Vorfahre des Clowns, der Narr aller Zeitalter, die Verkörperung der Absurdität der Existenz.“ (Diamond 1976, S. 144)

In Bezug auf den Diskurs der modernen Sage zeigt sich, daß auch dort die Trickster-Figur gezeichnet wird, als eine Figur der ironischen Verkehrung, die es ermöglicht, über die herrschende Ordnung und ihre Moral zu lachen und sie zu verspotten. Sie ist daher Teil von „norm demolition derbies“ (Jewett/Lawrence 1976), in denen aus der Ordnung herausgetreten werden kann, um sie lächerlich zum machen. Folgende Szenen der ironisierenden Umkehrung der Ordnung lassen sich unterscheiden:

– die Umkehrung der Gefahren-Geschichte: Hier wird die Grenzüberschreitung zur Rettung und der gefährliche Dämon verwandelt sich in eine Trickster-Figur, die unabsichtlich Gutes tut; oder der vermutete Dämon taucht gar nicht auf und die Angst vor Gefahren wird ausgelacht;

110 Während der Trickster in Stammesgesellschaften eine ambivalente und amoralische Figur darstellte (vgl. Diamond 1976), bekommt die Trickster-Figur in herrschaftlich überlagerten Stammesgesellschaften unterschiedliche Bedeutungen. Sekoni (1994) zeigt am Beispiel der Trickster-Geschichten der Yoruba in Nigeria, daß die Figur des Tricksters mittlerweile sowohl in affirmativen als auch in kritischen Geschichten vorkommt, dort aber jeweils unterschiedliche Plot-Funktionen hat. Als Normverletzer und -Zerstörer ist er Teil eines die Ordnung bestätigenden Diskurses, der vor allem in offiziellen pädagogisch-propagandistischen Kontexten zum Tragen kommt. Als Aufdecker der unterdrückenden Qualität herrschender Normen, über die symbolische Umkehrung der Ordnung, ist er Teil eines subversiven Diskurses, der vor allem inoffiziell tradiert wird.

- die Umkehrung der moralischen Geschichte: Hier wird der Normbruch nicht sanktioniert, sondern belohnt; die Täuschung wird nicht moralisiert, sondern honoriert; der Bösewicht selbst wird zum bewunderten trickreichen Täuscher;
- die Umkehrung der Diskreditierungs-Geschichte: Hier wird das Vorurteil nicht bestätigt, sondern selbst sanktioniert; soziale Diskreditierungen und Degradierungen werden nach oben gerichtet.

Umkehrungen von Gefahren-Geschichten

In den Gefahren-Geschichten werden – wie wir gesehen haben – die unterschiedlichsten Bilder gefährlicher Kategorien als Schreckfiguren benutzt, um Frauen und Männer in die herrschende Ordnung der Geschlechter einzubinden. Gefahren-Umkehrungsgeschichten stellen diese Ordnung auf subtile und subversive Weise in Frage. Ich präsentiere hier ein (seltenes) Geschichtenbeispiel aus der Sammlung von Lauf (1990), das er ohne weiteren Kommentar als Variante des Geschichtentypus der „abgerissenen Hand" bezeichnet. In diesem Geschichtentypus werden gefährliche Anhalter als Schreckfiguren vornehmlich gegen Frauen aufgefahren, um sie auf ihre traditionelle Rolle zu verpflichten und von Selbstbestimmung und Selbständigkeit abzuhalten. Zunächst eine typische affirmative Geschichte in Kurzform:

> „Eine Frau ist allein in ihrem Auto im Ausland unterwegs. Als sie einen Tramper mitnehmen will, versucht dieser, sie zu vergewaltigen. In letzter Not kann sich die Frau gerade noch ins Auto retten und die Tür zuwerfen. Bei der Ankunft an ihrem Zielort findet sie im Inneren ihres Wagens die abgeschlagene Hand des Übeltäters." (Knierim 1985, S. 234)

Geschichten dieser Art warnen Frauen vor den gefährlichen illegitimen Männern, die immer dann auftreten, wenn sie sich von den legitimen Männlichkeiten abkehren, um ihre eigenen Wege zu gehen[111]. Die von Lauf präsentierte

111 Am Geschichtentypus der „abgeschlagenen Hand" oder der „abgerissenen Finger" läßt sich historisch gut zeigen, daß die gegen Frauen aufgefahrenen Schreckfiguren sich am jeweils vorherrschenden öffentlichen Kriminalitätsbild orientieren. Sind die gefährlichen Anhalter der 50er Jahre zunächst noch die Un-Menschen, die „Bestien in Menschengestalt", die „Psychopathen" und „Frauenmörder" (vgl. dazu Strasser 1984), so werden sie in den 60er Jahren zu gewalttätigen Jugendlichen (Rocker, Jugendbanden), deren Symbole der Schlagring oder das Schnappmesser/Stilett darstellen, die sich dann an der abgeschlagenen Hand wiederfinden. (vgl. Sandersson 1969, Bred-

Geschichte interpretiere ich nun als Umkehrung der Angstgeschichte von der „abgerissenen Hand", die im Anhalter den fremden, bösen Mann sieht. Die Umkehrung kommt m.E. durch eine weibliche Bearbeitung einer traditionellen Männergeschichte zustande:

„Eine Frau will wegen eines Ehestreits zu ihrer Mutter fahren. Ihr Mann bereitet ihren Reiseproviant vor. Sie packt alles ein und fährt mit dem Auto los. Auf der Strecke sieht sie einen Tramper. Um nicht allein zu sein, nimmt sie ihn mit. Bei näherer Betrachtung erscheint er ihr merkwürdig. Er setzt sich nach hinten. Im Radio hört sie dann eine Information der Polizei: Ein Schwerverbrecher sei ausgebrochen. Es folgt eine konkrete Personenangabe. Da sagt der Tramper, 'jetzt wissen Sie ja, wer ich bin' und zückt eine Pistole. Sie fährt weiter, während er sich über das Essen hermacht und gemütlich Kaffee trinkt. Danach ist es lange still. Die Frau wundert sich, dreht sich um und sieht ihn tot: vergiftet." (Lauf 1990, S. 130)

Hier wird die Figur des gefährlichen Anhalters in ihrer negativen Eindeutigkeit zurückgewiesen. Die (unsichtbare) Gefahr droht der Frau von ihrem eigenen Ehemann. Der Anhalter wird von einem Dämon zu einer Trickster-Gestalt: Er hat zwar auch Böses vor und bemächtigt sich bereits ihres Essens & Trinkens, doch gerade dadurch tut er unwissentlich Gutes, er rettet die Ehefrau vor dem Vergiftungstod, den er selbst erleidet. Die Geschichte verortet demnach Gefahren dort, wo die affirmativen Geschichten sie gerade verneinen: in der Sphäre der eigenen Paarbeziehung.

Die Geschichte bekommt in der Umkehrung auch eine andere Struktur. Der „moralische Automatismus" von Normverletzung und negativer Konsequenz kommt nicht mehr zum Tragen; dagegen erhält nun der *Zufall* Einzug in die Geschichtenstruktur. Erst das zufällige Zusammentreffen zweier zunächst negativer Elemente (Motive von Ehemann und Anhalter) läßt daraus eine positive Konsequenz (die Rettung der Frau) entstehen[112].

Andere Gefahren-Umkehrungsgeschichten machen sich über die Angst vor gefährlichen Kategorien und ihrem Tun lustig. Dieses Auslachen der Angst findet sich vor allem im Kontext von Diebstahls- und Einbruchs-Geschichten. In diesen Geschichten wird die *Übertreibung* der Angst und der Vorsicht moralisiert. Strukturell sind sie so angelegt, daß vermutete und befürchtete kriminelle Schädigungen ausbleiben, dafür aber die eigene übertriebene Angst

---

nich 1990, Klintberg 1990). In der 80er Jahren sind die „gefährlichen Anhalter" nicht selten dunkelhäutige Ausländer. Oder der Überfall findet – wie in der hier präsentierten Geschichte – im Ausland statt.

112 Zum Zufall und anderen Umkehrungs-Elementen als Aspekt von „nonsense" vgl. Stewart 1978.

und Vorsicht zur Schädigung führen. Die folgende Geschichte erzählt eine 26jährige Fremdsprachenkorrespondentin, die sie von ihrer Mutter gehört hatte. Deren Quelle wiederum war eine Arbeitskollegin, in deren Bekanntenkreis sich die Geschichte zugetragen haben soll.

„Ein Ehepaar aus Darmstadt fährt für einige Zeit in Urlaub und bittet ein befreundetes Ehepaar aus der Nachbarschaft, sich für die Zeit der Abwesenheit um ihr Haus zu kümmern. Es gab keine Probleme, bis eines Tages die Tiefkühltruhe undicht wurde, und der aufgetaute Inhalt in Verwesung überging. Den Freunden des Hauses blieb nichts anderes übrig, als die Truhe abzuschalten und den Inhalt zu entsorgen. Als die Eigentümer des Hauses aus ihrem Urlaub zurückkehrten, bedankten sie sich bei ihren Freunden für die mit dem Hauseinhüten verbundenen Mühen. Als sie von dem Pech mit der Tiefkühltruhe erfuhren, fragten sie vorsichtig zurück, ob denn auch wirklich der ganze Inhalt der Truhe auf dem Müll gelandet sei, denn sie hätten aus Sicherheitsgründen dort ihren gesamten Schmuck deponiert.“ (Brednich 1993, S. 40/41)

Statt durch einen Einbruchsdiebstahl verlieren die Urlauber ihre Wertgegenstände durch die eigene übertriebene Angst und Vorsicht. Es läßt sich dieses Beispiel auch als moralische Geschichte typisieren, die die negativen Konsequenzen des übertriebenen Sicherheitsbedürfnisses vorführt. In jedem Falle aber wird in ihr die Angst vor der Kriminalität ausgelacht und die Kriminalitäts-Panik verneint. In einer anderen Geschichte steht ein Mann nachts auf, weil er meint, Einbrecher gehört zu haben, und bewaffnet sich, um im nächsten Moment die Treppe herunterzufallen und sich dann noch einige weitere Verletzungen zuzuziehen, so daß seine Angst und Abwehrbereitschaft zum „selbstverschuldeten“ Krankenhausaufenthalt führt.

Umkehrungen von moralischen Geschichten

Die moralischen Geschichten thematisieren in der Regel die negativen Konsequenzen des Normbruchs, um an ihnen die Norm darzustellen. Es gibt einige wenige Geschichten, in denen umgekehrt verfahren wird: Hier zahlen sich Normbrüche aus, Normtreue führt zu Schäden, und Täuschungen werden nicht moralisiert, sondern honoriert. Umkehrungs-Geschichten dieser Art sind keine offensiven Anti-Disziplinierungs-Geschichten, sondern sie moralisieren manchmal auf eine subtilere Art und Weise, manchmal werden die herrschenden Beurteilungskriterien und Klassifizierungen umgekehrt oder durchkreuzt. In ihnen wird nicht die „grauenhafte“ Konsequenz unmoralischen Handelns vorgeführt, sie erlauben dagegen die Darstellung der Norm über Verfehlungen, die durch das eigene Glück und die Dummheit der Kontrolleure gerade nochmal „gut“ ausgehen, sie erlauben aber auch das Lachen über Normbrüche und Schäden, die naive Protagonisten durch schlaue und trickreiche Täuscher/Betrüger erleiden.

Es gibt in diesem Zusammenhang ein Sub-Genre von Kriminalitäts-Geschichten, die um den „Trickdiebstahl“ und den „Trickbetrug“ kreisen, um absichtsvolle Täuschungen zu schädigenden Zwecken, die der Schläue und Verschlagenheit der Täter die Einfältigkeit der Opfer gegenüberstellen. Diese Geschichten machen aus der Kriminalitäts-Panik karnevaleske Veranstaltungen im Sinne von Bachtin[113]. Um über den (kriminellen) Schaden, den andere erleiden, lachen zu können, bedarf es einiger Bedingungen. Ein Moment ist benannt mit der Gegenüberstellung vom naiven, einfältigen Opfer und dem verschlagenen Täter, ein anderes Moment ist die Charakterisierung der Opfer als reich und/oder müßig: Sie sind entweder reich genug, um den Schaden zu verschmerzen, oder nicht nur reich, sondern auch müßig und haben die Schädigung verdient, da ihr Reichtum sich nicht auf anständiger Arbeit gründet. In diesen Geschichten erwächst die Befriedigung und das Vergnügen des Erzählpublikums nicht aus der Vorführung negativer Konsequenzen, sondern umgekehrt aus ihrem Ausbleiben[114]. Ein Beispiel ist die Geschichte einer 24jährigen Studentin aus Bremen:

> „Einem Bremer Geschäftsmann ist kürzlich das Auto gestohlen worden, ein großes Fahrzeug mit Autotelefon. Die Trauer über den Verlust war entsprechend groß. Am nächsten Tag fällt dem Geschäftsmann ein, daß er doch eigentlich den Dieb mit Hilfe des Autotelefons zur Rückgabe des Wagens auffordern könne. Gesagt, getan! Tatsächlich meldet sich am anderen Ende der Leitung der Dieb am Telefon, und noch bevor der Besitzer zu Wort kommt, fragt ihn der Dieb, ob der Wagen mit verbleitem oder bleifreiem Benzin betankt werden müsse.“ (Brednich 1993, 23/24)

In anderen Varianten beschwert sich der Autodieb über das Fehlen der Schlüssel für die Autobar, in wieder anderen bietet er bei dieser Gelegenheit dem Besitzer seinen eigenen Wagen zum Rückkauf an. Die Opfer sind meist

113 Koepping (1984) identifiziert in der „krummen Intelligenz“, die die Dichotomisierung von Weisheit/Dummheit verwischt, ein wesentliches Merkmal traditioneller Trickster-Figuren. Die Trickster-Figuren gegenwärtiger Kriminalitäts-Geschichten zeichnen sich zwar durch besondere Schläue und Verschlagenheit aus, aber es fehlt das Moment der Dummheit und Tölpelhaftigkeit. Dieses Moment wird dagegen auf die Opfer übertragen, über die das Erzählpublikum in dieser Konstellation dann lachen kann.

114 Vgl. auch Buchan 1981.

wenig realitätstüchtig, zu vertrauensselig und vor allem lernunfähig. Oft erleiden sie daher einen doppelten oder dreifachen Schaden.

„Ein deutsches Ehepaar fährt mit dem eigenen Wagen an den Gardasee, um Urlaub zu machen. Vor dem Hotel, in dem die beiden ein Zimmer gebucht haben, steht ein Page, der sie freundlich begrüßt. Der junge Mann läßt sich die Autoschlüssel geben, um den Wagen in die Hotelgarage zu fahren. Das Gepäck will er anschließend gleich aufs Zimmer bringen. Das ältere Ehepaar ist entzückt über den freundlichen Empfang und geht auf sein Zimmer. Hier allerdings warten die beiden vergeblich auf ihre Koffer. Der Page war nicht echt und hatte sich mit dem Auto und Gepäck aus dem Staub gemacht. Den beiden Urlaubern ist nun die Freude an den Ferien vergangen. Sie fahren kurze Zeit später mit der Bahn nach Hause. Schon am nächsten Tag aber erhalten die zwei einen Brief, in dem das Hotel am Gardasee ihnen als kleine 'Wiedergutmachung' für den Urlaubs-Schreck eine Woche Aufenthalt auf Kosten des Hauses anbietet. Das Paar ist erfreut über diese Aufmerksamkeit und reist umgehend wieder an den Gardasee. Doch der Brief stellt sich als übler Scherz heraus. Niemand in dem Hotel weiß etwas von einem Gratis-Aufenthalt. Zudem sind alle Zimmer ausgebucht. Die beiden Deutschen fahren mit den Zug völlig entnervt wieder heim. Doch als sie die Tür zu ihrer Wohnung aufgeschlossen haben, trifft sie beinahe der Schlag: Einbrecher haben ihr Heim völlig ausgeplündert." (Brednich 1990, S. 62)[115]

Kriminalität wird auch in den Geschichten zum Karneval, die die Täter- und Opfer-Kategorien durchkreuzen und vermischen. In der folgenden Geschichte sind es die (späteren) Opfer, die mit ihren Begierden nach Luxuskonsum ihre eigene Schädigung erst produzieren. Sie schaffen selbst die Nachfrage nach gestohlenen Gütern.

„Eine Hamburger Familie war gerade im Spanien-Urlaub gewesen. Auf der Rückfahrt machten sie in Lyon in Frankreich Station und benutzten die Pause, um ein Antiquitätengeschäft zu besuchen. Dort entdeckten sie drei herrliche antike Stühle, wie sie selbst schon drei besaßen. Als sie mit ihrer stolzen Erwerbung in Hamburg ankamen, mußten sie feststellen, daß ihre Wohnung ausgeräumt worden war und sie ihre eigenen Stühle gekauft hatten." (Brednich 1993, S. 36)

Brednich, der diese Geschichte in seine Sammlung aufgenommen hat, interpretiert sie als „angstbesetzte Diebstahlsgeschichte". Ich interpretiere sie im Sinne von Bachtin als eine gegen oben gerichtete Lachgeschichte, die sich dadurch auszeichnet, daß die geschädigten Personen ihrer eigenen Begierden zum Opfer gefallen sind. Andere Varianten sind etwas expliziter: Da werden den Käufern „Möbelkataloge" vorgelegt, aus denen sie ihre eigenen Möbel (ihr Geschmack bleibt offensichtlich über die Jahre konstant!) zum Kauf aus-

115 Goffman (1980) präsentiert in seiner „Rahmenanalyse" eine Geschichte mit dem gleichen Motiv des doppelten Schadens als Beispiel für Täuschungsmanöver.

wählen, womit sie den Diebstahl/Einbruch quasi selbst in Auftrag geben[116]. Nicht Angst, sondern Schadenfreude stellt sich ein. Ganz nebenbei zeigen sich auch andere Seiten des Karnevals: Wie selbstverständlich sind es Ausländer/Fremde, die als Diebe herhalten müssen.

Umkehrungen von Diskreditierungs-Geschichten

Diskreditierungs-Geschichten werden in der Regel erzählt als Beispielgeschichten, die der Konstruktion sozial und kulturell differenter Kategorien dienen, durch die das Erzählpublikum seinen eigenen Status aufwerten und seine eigene kulturelle Identität formulieren kann. Der Diskreditierungs-Diskurs der modernen Sage bestätigt in den meisten Geschichten die öffentlich hergestellten und angebotenen Bilder der Fremdheit und Andersartigkeit, indem er sie für seine eigenen Zwecke benutzt. Nur sehr wenige Geschichten weichen von diesem Muster ab. Umkehrungen von Diskreditierungs-Geschichten finden sich in zwei Ausprägungen. Ein Typus von Umkehrungs-Geschichten läßt Ambivalenzen zu. Die Fremden (um die es hauptsächlich geht) sind nicht eindeutig Dämonen oder sonstige Bösewichter, sondern in vielerlei Hinsicht auch bewundernswert. In einem zweiten Typus steht das Handeln der Rechtschaffenen im Vordergrund; sie geraten durch ihre eigenen Vorurteile in die peinlichsten Situationen. Vorurteile werden nicht bestätigt, wie in den Diskreditierungs-Geschichten, sondern infragegestellt und kritisiert.

Eine ambivalente Haltung zu „Fremden“ läßt sich am Beispiel der folgenden Geschichte über DDR-Besucher (kurz vor der „Wiedervereinigung“) verdeutlichen, die in den meisten Geschichten eher eindeutig negativ bewertet und verurteilt werden. Die Geschichte erzählt eine 26jährige Hausfrau, „deren Freundin die Frau kennt, der diese Geschichte im Januar 1990 passiert sein soll“ (Brednich 1991, S. 15).

„Die folgende Geschichte spielt während der Zeit, als an DDR-Besucher noch Begrüßungsgeld gezahlt wurde. Eine junge Göttinger Frau 'parkt' ihren Kinderwagen mit einem etwa anderthalbjährigen Kind darin vor einem Supermarkt, um schnell ein paar Einkäufe zu erledigen. Als sie zurückkommt, ist der Kinderwagen leer. Voller Aufregung sucht sie in der ganzen Gegend nach ihrem Kind, fragt die Passanten und schaltet schließlich die Poli-

116 Fischer, der ebenfalls eine Geschichte mit diesem Erzählmotiv dokumentiert, betitelt sie mit „Der Auftragsdiebstahl“ (Fischer 1991).

zei ein. Aber alles ist vergeblich, von dem Kind findet sich nicht eine Spur. Aber nach einer Weile ist es plötzlich wieder in seinem Kinderwagen. Folgendes stellt sich heraus: Ein Ehepaar aus der DDR, das zu Hause ein etwa gleichaltriges Kind hat, hatte sich das Baby 'ausgeliehen', um mit seiner Hilfe auf den Paß des eigenen Kindes im Neuen Rathaus ein zusätzliches Begrüßungsgeld kassieren zu können. Das Paar entschuldigte sich für die Aufregung und schenkte der Mutter des Kindes einen Strauß Blumen." (Brednich 1991, S.15)

Diese Geschichte ist voller Mehrdeutigkeiten. Zunächst wird deutlich, daß es gar nicht so sehr um die DDR- und Begrüßungsgeld-Problematik geht, sondern um ein Anliegen von Müttern mit Kindern. Eine junge Frau läßt ihr Kleinkind unbeaufsichtigt vor dem Supermarkt im Kinderwagen liegen. Die Geschichte debattiert also Fragen des Umgangs mit Kleinkindern und ist folglich vor allem für Mütter von Kleinkindern von Interesse. Doch entgegen dem üblichen Muster der Grenzüberschreitungsgeschichte, wird das Kind nicht entführt, um z.B. als „Ersatzteillager für Organe" zu dienen oder um als Behältnis für den Schmuggel von Drogen zu fungieren[117]. Die Entführung ist durch harmlosere Interessen motiviert, die Mutter kommt mit dem Schrecken davon und wird immerhin symbolisch entschädigt. Die DDR-Besucher sind eher Trickster-Figuren, die sich aus der Leichtfertigkeit und Verantwortungslosigkeit der Mutter einen Vorteil verschaffen[118]. Die präsentierte Geschichte ist eine moralische Geschichte im Hinblick auf das Handeln der Mutter; lediglich die Figuren des Zwischenraums sind durch Ambivalenz geprägt und nicht eindeutig als Dämonen gezeichnet.

In der zweiten Kategorie der Diskreditierungs-Umkehrungen führen Vorurteile zu negativen Konsequenzen. Die ironische Verkehrung läßt aus der Rechtschaffenheit einen Normbruch werden läßt. Dabei geht es vornehmlich um Rahmungs-Irrtümer, um den irrtümlichen Verdacht aufgrund von Vorurteilen. Brednich zitiert einen Kollegen, der einen Freund kannte, dem folgendes in New York passiert ist:

„Er kam in seinem Hotel am Broadway an und entschloß sich, nachdem er geduscht und zu Abend gegessen hatte, noch zu einem kleinen Spaziergang durch die nächtlichen Straßen. Es waren noch viele Leute unterwegs. Plötzlich fühlte er sich von hinten von einem Fremden am Handgelenk berührt. Er drehte sich um und sah einen Schwarzen hinter sich; im gleichen Augenblick entdeckte er, daß seine Armbanduhr fehlte. Er hielt den Schwarzen

117 Vgl. dazu Campion-Vincent 1993.

118 Es läßt sich hier anmerken, daß vor allem die „DDR-Geschichten" Ambivalenzen zum Ausdruck bringen, während andere Nationalitäten (!) eindeutig negativ gezeichnet werden

mit beiden Armen fest und herrschte ihn an: 'Give me that watch!' Der Schwarze war vollkommen überrascht und gab bereitwillig die Uhr heraus. Als mein Freund in sein Hotelzimmer zurückkam, lag seine Armbanduhr im Bad auf der Spiegelablage" (Brednich 1990, S. 56).[119]

Der irrtümliche Verdacht läßt das vermeintliche Opfer zu einem Täter werden. Verurteilt wird mit dieser Geschichte das Vorurteil, daß alle Schwarzen Diebe und Kriminelle seien. Verurteilt wird aber auch die praktizierte Selbsthilfe, die einen Täter produziert hat.

An einem anderen aktuellen Beispiel aus der Bundesrepublik läßt sich der Charakter dieser Umkehrungs-Geschichten deutlicher machen. Brednich hat sie selbst 1988 von einem Hotelportier in Berlin gehört, „... der mit dieser Geschichte seine Sympathie mit den Punkern ausdrücken wollte".

„In Berlin steigt ein Punker in die U-Bahn und setzt sich ruhig auf einen freien Platz. Eine Frau ihm gegenüber fängt an, auf die Jugend allgemein und auf den Punker insbesondere laut zu schimpfen; schließlich beleidigt sie ihn wegen seines Äußeren. Der Punker bleibt ganz gelassen. An der nächsten Station sieht er, wie ein Kontrolleur einsteigt. Bevor sie kontrolliert werden, ergreift er hastig die Fahrkarte der schimpfenden Frau und ißt sie auf. Von den Mitfahrenden will dann keiner bestätigen, daß die Frau vorher eine Fahrkarte in der Hand hatte. Sie muß Strafe wegen Schwarzfahrens bezahlen." (Brednich 1990, S. 50)

Im Sommer 1992 habe ich diese Geschichte leicht variiert im Fernsehen gehört: Ulrich Wickert hat sie als „wahre Geschichte" zum Abschluß einer Tagesthemen-Moderation erzählt und dabei die Handlung in eine Wiener Straßenbahn verlegt. Die beschimpfte und beleidigte Person war diesmal ein Schwarzer[120]. Brednich präsentiert in seinem neuesten Sammelband (1996)

---

119 Eine motivverwandte Geschichte findet sich in Smith 1983.

120 Zur Verbreitung unterschiedlicher Varianten dieser Geschichte vgl. Campion-Vincent 1995. 1992/93 ist die zuerst zitierte und von Ulrich Wickert variierte Geschichte (der diskriminierte Fahrgast ist ein Schwarzer und kein Punk) vom Filmemacher Pepe Danquart in einem Kurzfilm verfilmt worden. Sein Film erhielt einen Oscar. Interessanterweise (und leicht nachzuvollziehen) gab es nach der Oscar-Verleihung Plagiat-Vorwürfe an Danquart. Durch diese Vorwürfe wird der hohe Verbreitungsgrad der Geschichte und die Verschiedenheit der vermittelnden Medien deutlich. Wie sich in der FR vom 25.3.94 nachlesen läßt, ist die Story für einen Werbespot der Osloer Verkehrsvertriebe benutzt worden. Danquarts Produktionsfirma weist außerdem darauf hin, daß Danquart lediglich eine wahre Begebenheit umgesetzt habe. „Der Produktionsfirma liege die schriftliche Erklärung einer Frau vor, die die Schwarzfahrer-Geschichte 1991 in einer Baseler Straßenbahn selbst erlebt haben will." Es gab auch Gerüchte, daß die Szene Teil eines anderen Langfilms sei.

eine weitere Variation des gleichen Erzählmotivs. Der Erzähler hat sie 1992 von seiner Frau gehört, die sie wiederum von einer Freundin gehört hatte.

„An einer Straßenbahnhaltestelle stiegen zwei sportlich gekleidete Schwarze und zwei Inder zu. Eine ältere Frau begann daraufhin sofort zu schimpfen und beschwerte sich lauthals darüber, daß Ausländer es wohl nicht mehr nötig hätten, einen Fahrschein zu lösen. Die beiden Inder wandten sich ab, aber die beiden Schwarzen gingen auf die Frau zu, griffen sie unter die Arme und hoben sie bis zur Decke. Als sie sie oben hatten, sagten sie ganz ruhig im reinsten Ruhrpott-Deutsch zu ihr: 'Ist'ns jetzt gut, Muttchen?', setzten die sprachlos gewordene Frau wieder ab und zeigten ihre Monatskarten. Die übrigen Fahrgäste klatschten Beifall." (Brednich 1996, S. 42)

Die beiden zuletzt zitierten Geschichten können als Gegenmoralisierungen bezeichnet werden. Diskreditierte Minderheiten – ob Punks oder Ausländer – wehren sich auf subtile und effektvolle Weise gegen Diskriminierungen. Die Diskreditierung wendet sich gegen die ältere Frau, die am Schluß in beiden Geschichten einer „Sanktionskoalition" (von Beschimpften und übrigen Fahrgästen) gegenübersteht. Die Ironie der ersten Geschichte entsteht aus dem Moment, daß die Diskreditierten das Vorurteil „beim Wort nehmen", sich entsprechend dem Vorurteil verhalten, um auf diese Weise den Gegenschlag zu praktizieren. Der Punker ißt die Fahrkarte auf, und benimmt sich damit genau so „unmöglich", wie es die ältere Frau wohl einem „Punker" zutraut. Eine von Campion-Vincent (1995) präsentierte mündliche Version der „Schwarzfahrergeschichte" stellt diesen Aspekt deutlicher heraus. Dort beschwert sich die ältere Frau beim Schaffner, daß der Punk ihre Fahrkarte gegessen hätte, was der allerdings für ein Vorurteil und eine schlechte Ausrede hält. In den Versionen mit Schwarzen als Diskreditierten kommt das Element der Unzivilisiertheit und des Kannibalismus hinzu. Das wird wiederum in mündlichen Versionen besonders deutlich, in denen am Schluß der schwarze Fahrgast der älteren Frau mitteilt, daß er das nächste Mal nicht mehr nur ihren Fahrschein, sondern sie selbst essen werde (vgl. Campion-Vincent 1995).

In der zweiten Geschichte wird in der Gegenwehr gegen die Diskreditierung nochmal eine Differenz zwischen den Diskreditierten hergestellt. Daß die Inder sich abwenden, kann höchst unterschiedlich interpretiert werden; jedenfalls handeln „Inder" in der Geschichte anders als „Schwarze", die sich zudem über ihre Sprache als Inländer ausweisen und auch noch ordnungsgemäß (zum Beweis der unrechtmäßigen Beschuldigung) ihre Monatskarte vorzeigen. Möglicherweise haben die Inder ja gar nicht zuwenig Courage, um sich zur Wehr zu setzen, sondern fühlen sich tatsächlich beim Schwarzfahren ertappt – weshalb sie sich still abwenden. Beide Anti-Diskreditierungs-Geschichten sind also höchst ambivalent. Sie drücken zwar eine moralische Mißbilligung der offenen Diskriminierung von Minderheiten aus, doch geschieht dies über die Benutzung von Bildern des Fremden, die deren Differenz und Andersartigkeit behaupten.

5 Die Moral der Geschichte(n)

Die Moral der Rechtschaffenheit in den Phasen der Nachkriegsentwicklung

Im Anschluß an die Erzählanalyse gilt es nun, die in den Geschichten vermittelte Moral zusammenfassend inhaltlich näher zu bestimmen und den Phasen der bundesrepublikanischen Nachkriegsentwicklung zuzuordnen. Die in den Sagen-Geschichten transportierte Moral wird überwiegend über negative Fälle dargestellt. An den vorgeführten Negativ-Figuren und Normverletzungen kristallisieren sich die „Eckpfeiler" der positiv bewerteten Normen & Werte. Das Bild, das sich hier ergibt, ist ziemlich eindeutig: Hochgehalten wird die *disziplinierte Lebensweise*: Arbeit und Arbeitstugenden, Selbstkontrolle, Verzicht, Sparsamkeit und Familiensinn. So ziemlich alle Handlungen, die hiervon abweichen, führen zu negativen Konsequenzen. Moralisch verurteilt werden Permissivität, Hedonismus, Vergnügen, Kontrollverlust, demonstrative Körperlichkeit (außerhalb von Arbeit und Produktion) und demonstrativer Konsum und Müßiggang (vgl. Veblen 1970). Es zeichnet sich also ein klares Bild einer Moral der Rechtschaffenheit (vgl. Steinert 1982) ab, von der gesagt wird, daß sie vor Gefahren und Risiken, vor Schädigungen und Beeinträchtigungen sichern kann.

Die Geschichten stellen inhaltlich die Situationen und Handlungen in ihren Mittelpunkt, die moralisch verurteilt werden. Folglich steht nicht die rechtschaffene, disziplinierte Arbeit im Vordergrund, sondern die Freizeit und das Vergnügen. Über 90% der Geschichten beziehen sich auf Situationen der „leisure time": Urlaub/Reisen, Freizeit/Hobbys, Konsum, Drogenkonsum, Motorradfahren als Freizeitvergnügen, Restaurantbesuche, Situationen des demonstrativen Essen & Trinkens, sexuelles Vergnügen, besonders außerhalb von Ehe und Partnerschaft u.a.m. Wer rechtschaffen arbeitet, diszipliniert lebt und sich in der freien Zeit für die Arbeit reproduziert, der stellt das moralische Ideal der Sagen-Geschichten dar, kommt aber als Protagonist in ihnen nicht vor.

Die Geschichten äußern ein tiefes Mißtrauen gegen die materiellen (und „zeitlichen") Auszahlungen der Arbeit in Form des Konsums. Der Konsum steht konträr zu den Werten der Respektabilität, der moralischen Disziplin und der Sparsamkeit. Er wird als Einfallstor für Disziplinlosigkeit, Hedonismus und Permissivität begriffen. Das Erzählpublikum der modernen Sagen hält an der alten Arbeitsmoral und Rechtschaffenheit fest. Die moderne Sage läßt sich daher als eine Artikulationsform vor allem des „absteigenden Kleinbürgertums" (Bourdieu 1987) bzw. der vom Abstieg bedrohten Mittelschichten verstehen, die zur Erlangung bzw. zum Erhalt ihres sozialen Status nur auf Arbeit und moralische Disziplin zurückgreifen können[121].

Soziale Zielobjekte der modernen Sage sind die sozialen Kategorien, die sich auf die eine oder andere Weise der „leisure class" zurechnen lassen. Veblen (1970) und Matza/Sykes (1961) haben gezeigt, daß die „leisure class" sozial oben und unten identifiziert werden kann: „Oben" sind es die „Reichen & Müßigen", die zur Zielscheibe werden, „unten" werden die undisziplinierte, hedonistisch orientierte Jugend und „abweichende Männer" zur Zielscheibe, die nicht in „anständige" Arbeitsverhältnisse eingebunden sind und auf unehrliche Weise ihre Existenz sichern. Einige Figuren der modernen Sagen kombinieren Elemente von oben und unten. Während die „gefährlichen männlichen Kategorien"[122] – vom Straßenräuber bis zum Frauenmörder – auf „unten" und auf das gefährliche Konsumieren verweisen, werden die Figuren der demon-

---

121 Vgl. hierzu auch Hall u.a. 1978, Steinert 1984. Bourdieu präsentiert als Beispiel für das „absteigende Kleinbürgertum" eine Bäckersfrau, die „nicht aus dem Rahmen fällt" (vgl. Bourdieu 1987, S. 542-547). Diese Bäckersfrau ließe sich als idealtypische Sagen-Erzählerin begreifen. Sie bringt die Moral der Pflicht und Disziplin auf den Punkt: Die Betonung von Sauberkeit, Sparsamkeit, Unauffälligkeit, die Abneigung gegen demonstrativen Konsum, gegen Restaurants und Hotels, gegen das Ausgehen und gegen den Müßiggang. Der moralische Inhalt eines Großteils der Geschichten findet sich verdichtet in ihren Aussagen wieder, mit dem Unterschied allerdings, daß ihre Erläuterungen, wie sie von Bourdieu wiedergegeben werden, keine Negativ-Figuren enthalten, die eine Kontrastfolie zu der von ihr artikulierten Moral darstellen könnte.

122 Zur Funktion von Bildern abweichender Männlichkeiten vgl. Kersten 1991. Steinert (1997). Speziell zur Figur des Straßenräubers als Negation rechtschaffener Männlichkeit vgl. Hall u.a. 1978.

strativen Muße und des demonstrativen Konsums „oben“ in der Regel als Opfer ihrer eigenen Unmoral dargestellt. Die gefährlichen Kategorien der Sagen-Geschichten sind Negationen des Bildes eines anständigen, tüchtigen und sich selbst beherrschenden Arbeiters.

In der großen Sub-Kategorie der Verunreinigungs-Geschichten steht ebenfalls der Konsum im Zentrum der Verurteilung. Sowohl im Hinblick auf Luxuskonsum als auch im Sinne der Verletzung der Werte der Häuslichkeit, Tüchtigkeit, Sparsamkeit und des Familiensinns (z.B. durch Ausgehen und Auswärtsessen) wird das Konsumieren zur „gefährlichen“ Handlung. Auch die Gefahren der modernen Technik werden über das verurteilenswerte Vergnügen und durch Disziplinlosigkeiten erst freigesetzt. Selbst die moderne Technik im Haushalt wird skeptisch betrachtet, da sie für die Hausfrau „leisure-time“ ermöglicht. Als explizit gefährliche Orte werden Vergnügungsparks vorgeführt, die die „Technik des Vergnügens“ beherbergen. Auf dem Arbeitsplatz wird Technik dann gefährlich, wenn statt der Arbeit dem Vergnügen nachgegangen wird.

Die Moral der Rechtschaffenheit ist aber nicht statisch und ahistorisch. Ihre Artikulation erfolgt in spezifischen sozio-historischen Kontexten und bezieht sich folglich auf unterschiedliche „Herausforderungen“. Ich werde im folgenden eine zeitliche Einordnung des Erfinden und Erzählens der unterschiedlichen moderner Sagen vornehmen, und ihre „Quellen“ und Erzählkonjunkturen auf die Phasen der sozio-ökonomischen Nachkriegsentwicklung beziehen[123]. Drei Phasen des Moral-Diskurses der modernen Sage in der Nachkriegszeit lassen sich unterscheiden:

- die Phase der Abwehr des Konsums (60er und frühe 70er Jahre),
- die Phase der Verurteilung der Permissivität (70er Jahre)
- die Phase der Abwehr der Genuß-Moral (80er Jahre bis heute).[124]

---

123 Zum Zwecke der historischen Einordnung beziehe ich mich auch auf die großen anglo-amerikanischen und übrigen europäischen Sammlungen, die es möglich machen, die Entstehungs- und Veränderungsgeschichte einzelner Erzählungen zurückzuverfolgen.

124 Zu dieser Phaseneinteilung in bezug auf den öffentlichen, massenmedialen Moral-Diskurs vgl. Cremer-Schäfer/Stehr 1990a und Steinert/Cremer-Schäfer/Hancke-Stehr/Stehr 1990.

Die Abwehr der Konsums (60er und frühe 70er Jahre)

In der Phase der Nachkriegsentwicklung, die Steinert (1984) über die ökonomische Intensivierungsstrategie gekennzeichnet hat, und in der die instrumentelle Arbeitshaltung wichtig und öffentlich propagiert wurde, wehrt der Moral-Diskurs der modernen Sage die Konsumideologie ab. Es wird ein deutliches Votum gegen die Möglichkeit von Auszahlungen des Arbeitens in Form von Freizeit und Konsum abgegeben. Die Moralisierung richtet sich darauf, gesellschaftlich neu entstandene Möglichkeiten wieder zu unterbinden und zu zerstören. Die moralische Entrüstung speist sich nicht aus der progressiven Kritik des Konsums als Ersatzbefriedigung, sondern aus der Befürchtung, daß der Konsum und das mit ihm mögliche Vergnügen die Orientierung auf Arbeit und damit die Disziplin an sich untergräbt. Sie zielt auf die negativen, weil die Verhältnisse verändernden, Folgen des Wohlstands und des Überflusses. Zwei wesentliche Folgen der „Konsumgesellschaft" sind die sich verändernden Verhältnisse zwischen den Geschlechtern und Generationen. Die modernen Sagen bearbeiten in dieser Zeit die „Krise der Männlichkeit" und die allgemeinere „Krise der Autorität", besonders der elterlichen Autorität. Ehrenreich hat diese Krisen für die USA, die dort etwas früher aufgetreten sind, beschrieben:

> „Für die (...) Männer (...) stellt der Überfluß eine unerwartete Bedrohung ihrer Männlichkeit dar. Einkaufen gehörte schließlich zur traditionellen Domäne der Frau, und mit zunehmender Bedeutung des Konsums wuchs auch die Bedeutung der Frau. Der Mann verdiente zwar das Geld, aber im großen und ganzen bestimmte die Frau, wie es ausgegeben wurde. Die Werbung für teure Konsumgüter richtete sich an die Frauen. In ihren Häusern am Stadtrand, den Tempeln des Konsums, waren die Frauen die Priesterinnen und der Mann der Ministrant." (Ehrenreich 1994, S. 39/40)

Das Konsumieren ermöglicht den Frauen mehr Bewegungsfreiheit, es befreit sie von der Enge des privaten Raumes und läßt neue, weiblich dominierte Öffentlichkeiten entstehen (vgl. Fiske 1989). Sie werden über den Konsum „aus dem Haus" gelockt, hinein in die Welt der Geschäfte und Kaufhäuser. Machtverschiebungen ergeben sich auch im Generationenverhältnis. Die Jugend wird in dieser Phase zum bedeutenden Konsumfaktor und kann ihre gesellschaftlichen Möglichkeiten ausbauen, obwohl sie noch nicht (voll) in die Produktion integriert ist. Doch gerade hier setzen die modernen Sagen an. Geschichten dieser Phase sind geprägt durch einen Disziplinierungs-Diskurs, der das Konsumieren und die durch den Konsum gewonnenen neuen Freiräume moralisiert, und der die Forderung vorträgt, die sozialen Kategorien, die von der Konsumorientierung profitieren und an Status gewinnen konnten, wieder „einzugrenzen“ bzw. auszuschließen. Moralisierte Kategorien dieser Phase sind folglich vor allem Jugendliche und Frauen. Der Konsum wird moralisiert als Einfallstor eines generellen Hedonismus, der die gewohnte (Reproduktions-) Ordnung der Mittelklasse untergräbt. Das hat Rückwirkungen auf das Bild der Männlichkeit, die als eine versorgende und beschützende zunehmend in die Krise gerät. In den Geschichten schlägt sich dies konkret folgendermaßen nieder:

- Die Jugend wird gefährlich: Die Geschichten, die in dieser Phase erfunden und erzählt werden, füllen die Figuren der „Folk-Devils“ durch Jugendliche aus. So werden beispielsweise männliche und weibliche Jugendliche gefährlich als Drogenkonsumenten, die im LSD-Rausch Babys in die Backröhre schieben; die männliche Jugend wird in der Figur „gewalttätiger Anhalter“ rechtschaffenen Männern und Frauen zur Gefahr.
- Männer werden gefährlich: Die Dämonen dieser Phase sind nicht mehr die Unmenschen, die an der Grenze von Natur und Kultur zu finden sind (die „wilden Bestien“, „Verrückten“ und „Irren“, die in den 50er Jahren das Bild des Bösen prägen, vgl. Cremer-Schäfer/Stehr 1990a), sondern „gefährliche soziale Kategorien“, zu denen vorzugsweise Männer gehören, die als Gegenbilder disziplinierter und kontrollierter, also „guter“ Männlichkeiten dienen: Triebtäter und Frauenmörder. Die Dämonen-Figuren symbolisieren die Verneinung der Rechtschaffenheit, der Disziplin und der traditionellen Arbeitsmoral. Sie stehen für Hedonismus, für die Bereitschaft und den Willen, das Vergnügen vor die Arbeit zu stellen, oder dafür, auf Arbeit ganz verzichten zu wollen; sie stehen für Disziplinlosigkeit und Kontrollverlust, für das ungehemmte Ausleben triebhafter Impulse.
- (Junge) Frauen sind gefährdet: Frauen, die die neuen Möglichkeiten und Bewegungsfreiheiten zu nutzen suchen, werden zu Beinahe-Opfern von Frauenmördern oder anderen „gefährlichen Kategorien“ (vorzugsweise wieder von Jugendbanden und Rockern). Sie werden aus Modeboutiquen entführt und Mädchenhändlerringen zugeführt. Frauen unterliegen aber noch anderen Gefahren, die sich aus Situationen der Unbeherrschtheit, der Disziplinlosigkeit und des Konsums ergeben: Junge Frauen, die Wert auf Schönheit legen, die modische Frisuren und moderne freizügigere Kleider tragen, nehmen ein übles Ende; junge Mädchen, die die Pille nehmen, wer-

den krank, und Jugendliche, die sich sexuell selbst befriedigen, kastrieren sich – unabsichtlich natürlich; Mädchen und junge Frauen, die modische und luxuriöse Kleider einkaufen, werden in den „Tempeln des Konsums" von Schlangen gebissen. Die Umkleidekabine ist *der* symbolträchtige Ort des Verbrechens: Hier werden Frauen entführt, verstümmelt, vergiftet, drogenabhängig gemacht.

- Männer sind gefährdet: Auch Männer, die ihren patriarchalen Verpflichtungen nicht nachkommen, sind durch die bösen Männer gefährdet, die ihnen den Platz streitig machen. Nachlässigkeit und Verantwortungslosigkeit haben z.T. tödliche Konsequenzen.
- Symbole des aufkommenden Massenkonsums geraten zur Zielscheibe; sie werden dazu benutzt, die Gefährlichkeit des Konsums zu demonstrieren: Viele Geschichten der Zeit moralisieren z.B. das „Erfrischungsgetränk" Coca-Cola („Mach mal Pause, trink Coca-Cola"): Es ist verunreinigt, zersetzt den Magen und Arbeiter, die bei der Herstellung in die Getränkecontainer hineinfallen. Während es in den USA schon früh das Fast-Food war, das moralisch verurteilt wurde, sind es in Europa zu dieser Zeit eher chinesische Restaurants und italienische Pizzerias, in denen Ratten, Mäuse und Hunde verarbeitet werden.
- Neue technische Errungenschaften, die die Arbeit im Haushalt erleichtern, werden zu Unglücksorten: Katzen verschwinden und ertrinken in der Waschmaschine[125]. Der aufkommende Massentourismus bringt Probleme, Risiken und Gefahren mit sich: Auch in der Fremde sind Kinder und Frauen gefährdet; Familien, denen auf der Reise die Großmutter stirbt, die aber lieber edle Teppiche einkaufen als die Überführung der Oma zu bezahlen, wird die tote Großmutter, die für den illegalen Heimtransport in die neuen Teppiche eingewickelt wird, gestohlen[126].
- Die Fremden sind noch gefährlich in der Fremde. In diesen frühen Geschichten kommen sie nur ausnahmsweise ins eigene Land. Das Fremde wird gefährlich, wenn Mann und Frau als Paar oder Familie (noch einträchtig zusammen und nicht allein) sich zu ihm hinbegeben. Damit wird

---

125 In späteren Jahren wird die Mikrowelle für Haustiere zum gefährlichen Ort. Die Waschmaschine ist nicht nur bedeutsam, weil sie die weibliche Hausarbeit erleichtert, sie fördert auch den Abbau von früher und strenger Reinlichkeitserziehung der Kleinkinder.

126 Eine herausragende Version der Geschichte von der „gestohlenen Großmutter" findet sich in Dégh (1995). Sie wurde bereits in den 60er Jahren erzählt und festgehalten.

das Reisen ins exotische, anderskulturelle Ausland moralisiert. Die anderen, z.T. völlig umgekehrten, in jedem Falle unverständlichen Normen anderer Kulturen führen zu tödlichen Mißverständnissen. Reisen nach Marokko z.B. enden mit der Entführung von Frau und Tochter in den Harem eines Scheichs oder in der Zwangsprostitution. Die Öffnung kultureller Grenzen hat negative Konsequenzen: Familien die ins Ausland reisen, um sich in der Fremde zu vergnügen (statt im eigenen Land zu bleiben und hier redlich zu arbeiten), werden auseinandergerissen. Die gefährlichen Fremden in der Fremde sind die Negativfolie für die Darstellung anständiger und noch „funktionierender" Patriarchen, die sich ihrer Beschützerrolle bewußt sind, und ihre Familie nicht den Gefahren der Fremde – in denen sie selbst machtlos sind – aussetzen.

- Die moderne Medizin wird moralisiert: Da sie Krankheiten entmoralisiert (und Krankheit als etwas betrachtet, für das Kranke keine Verantwortung tragen) steht sie prinzipiell unter Verdacht. Medizinische Technik und Medikamentenentwicklung ermöglichen den reuelosen Konsum und Genuß; sie untergraben damit die Disziplin. Krankheit ist in den Sagen-Geschichten eine wesentliche Moralisierungs-Ressource; sie ist eine negative Konsequenz eines unmoralischen Lebenswandels[127]. Die in den Geschichten artikulierte Kritik an der Institution Medizin entspricht einem verallgemeinerbaren Kritikmuster: Kritisiert wird von einer konservativen Moralposition aus die Enteignung der Krankheit, gleichzeitig auch die Entfremdung der Medizin, die sich in der Abkehr von der Person des Kranken ausdrückt seiner Behandlung als eine Ware. Dieser letzte Aspekt der Kritik der Warenförmigkeit der Medizin ist vom Ressentiment geprägt, von der Unterstellung, daß die Medizin von der Krankheit und/oder dem Sterben lebt. Sie profitiert von der Krankheit rechtschaffener Personen. Dieses Ressentiment geht soweit, daß der Medizin in dieser Phase unterstellt wird, zuzulassen, „Personen lebendig zu begraben". (Das kommt vor allem in der Thematik des Scheintodes zum Tragen). Die betreffenden Geschich-ten bestätigen, daß der „wirkliche Tod" noch nicht eingetreten ist, und das Begräbnis dennoch stattfindet.
- In einigen Geschichten kommen aber auch Gegentendenzen zum Ausdruck. Es gibt einige Gegenmoralisierungs-Geschichten, in denen Jugend-

127 Zur moralisierenden Sichtweise von Krankheit als Strategie der Bearbeitung der eigenen Situation einer gefährdeten Identität vgl. Dornheim 1983, Lehmann 1976.

liche sich für die nächtens vom Vater abgeschnittenen langen Haare durch symbolische Degradierungen rächen (Arm- und Hosenbeine des guten Anzugs des Vaters werden abgeschnitten, was ihn zum Kind degradiert). Frauengeschichten fordern die Gleichbehandlung, sie nehmen Männer in die Pflicht: Moralisiert wird ihre Doppelmoral, ihre Bereitschaft zum Ehebruch, die als Angriff auf die Ehe bewertet wird. Angemahnt wird männliche Diszipliniertheit und Selbstkontrolle (gegen das Trinken und andere männliche Exzesse). In all diesen Gegenmoralisierungs-Geschichten bleibt es aber bei der durchgängigen Verurteilung des Konsums. Es werden lediglich Verantwortlichkeiten anders verteilt.

Die Verurteilung der Permissivität und ihrer Folgen (70er Jahre)

In den 70er Jahren findet gerät die „Konsumgesellschaft" in die Krise. Freizeit und Freiheit im Konsumparadies ist nicht mehr selbstverständlich und nicht mehr als gesellschaftsübergreifendes Modell darstellbar. Die ökonomische Krisensituation markiert den Beginn einer anhaltenden Auseinanderentwicklung der Gesellschaft, der erzwungenen Reduktion der Bedürfnisse auf der einen und die unverminderte Konsumhaltung auf der anderen Seite. Es entwickelt sich neben der bisherigen „instrumentellen Arbeitsmoral" eine Arbeitsmoral des „Sich-Durchbringens" und der Bereitschaft, Unsicherheiten und Zumutungen von Verzicht und symbolischen Gratifikationen zu akzeptieren. Im diskursiven Raum der Gesellschaft entsteht die Rede von der „permissiven Gesellschaft", deren negative Folgen es über die Eingrenzungen von überschießenden Ansprüchen zu bearbeiten gelte. In dieser Phase formulieren die Sagen-Geschichten die Angst vor den Folgen von Nachgiebigkeit und Überfluß.

> „Zeigte die Nachgiebigkeit (...) nicht auch, wie verdorben die waren, die sie praktizierten? Ist das ständige irregeleitete Nachgeben nicht etwa schädlich? Verrät es nicht eigentlich nur mangelnde Selbstbeherrschung? Wer Kindern, Jugendlichen und Armen, gern unangebrachte Freiheiten gewährt, ist der nicht wahrscheinlich zügellos und undiszipliniert?" (Ehrenreich 1992, S. 165)

Permissivität wird als das Einfallstor für den Niedergang aller traditionellen Werte angesehen, sie wird als Folge von Konsum, Überfluß und liberalen, antiautoritären Erziehungsformen begriffen, die die moralischen Grenzen niedergerissen haben[128]. Die Geschichten dieser Phase bearbeiten die neuen Möglichkeiten und die Grenzerweiterungen, die stattgefunden haben. Die Krise der Männlichkeit hat sich verstärkt.

- Frauen sind immer noch gefährdet. Nun aber werden sie wegen des „Exzesses der Emanzipation" moralisiert: Frauen verreisen entweder gemeinsam ohne ihre Ehemänner und landen „in der Gosse", von Straßenräubern ausgeraubt, von Zuhältern zwangstätowiert oder finden sich in Pornoblättern auf der Titelseite wieder; oder sie reisen alleine, ohne Begleitung eines legitimen Partners, und werden dafür von gefährlichen Fremden verunreinigt, vergiftet, verstümmelt und (ab Mitte der 80er) mit AIDS infiziert; Frauen entschließen sich zum Verzicht auf männliche Partner und Familiengründung und werden dadurch zum bevorzugten Opfer illegitimer bösen Männer; junge alleinstehende Mütter setzen ihre Kinder dem Drogenrausch aus; junge Frauen werden schwanger, weil sie im selben Wasser baden, in dem zuvor männliche Mitbewohner einer Studenten-WG hineinonaniert haben; an Kindern und ihren Handlungen wird vorgeführt, wohin die „anti-autoritäre" Erziehung geführt hat (sie schädigen und verletzen andere Leute nach Lust und Laune).
- Männer werden nun für ihre Disziplinlosigkeit und mangelnde Selbstkontrolle moralisiert: Sie übernehmen keine angemessene Verantwortung mehr für ihre Familien, trinken am Steuer, besuchen Bordelle und sorgen für ungeliebten, illegitimen Nachwuchs (z.B. in Form „schwarzhäutiger Kinder", weil der letzte Kunde der besuchten Prostituierten ein Schwarzer war, und er den Samen des vorherigen Kunden seiner Frau übertragen hat).
- Moralisiert werden jetzt vor allem die Fremden, die sich in das eigene Land hinein schmuggeln, um es kulturell zu unterwandern. Diese Moralisierungen sind z.T. in Symboliken versteckt: in Geschichten über exotische Produkte, die konsumiert werden, und in denen sich gefährliche Tiere befinden. Das Bild des gefährlichen Fremden dient meist wieder dazu, den „Exzeß der Emanzipation" von Frauen zu moralisieren. Frauen greifen

128 Während z. B. die Werbung für Alka-Seltzer das reuelose Genießen empfiehlt, werden Sagen-Geschichten erfunden und erzählt, in denen das hemmungslose Trinken dazu führt, daß das Alka-Seltzer mit dem Kukident für die Oma verwechselt wird, oder Geschichten darüber, daß die Anti-Baby-Pillen der Mutter von der Tochter durch Aspirin-Tabletten vertauscht werden, worauf sich die Tochter zwar noch eine zeitlang amüsieren kann, dann aber eingespannt ist in der Betreuung ihres kleinen Geschwisterchens.

nicht mehr auf das Bekannte und Altbewährte zurück, sie holen sich statt dessen „das Fremde" ins eigene Haus, dessen sie aber nicht mehr „Herr werden". Aber auch in der Fremde sind Fremde – nun vor allem für alleinstehende oder alleinreisende junge Frauen – gefährlich. Frauen werden von Spinnen gebissen und müssen deren „Nachwuchs" austragen; sie werden von Würmern befallen oder von gefährlichen Fremden beraubt und verstümmelt.

Die Phase der Abwehr der Genuß-Moral (80er Jahre bis heute)

Im Kontext der gespaltenen Gesellschaft votiert die moderne Sage für die Revitalisierung der moralischen Disziplin über die Bestätigung der Verzichtsmoral, des Sichbescheidens. Abgewehrt wird die Moral der Erfolgreichen, das Motiv des Erfolgs, der sich in Genuß und Luxuskonsum auszahlen soll[129]. Die Angst vor dem Konsum ist von Ehrenreich (1994) als Ausdruck eines grundlegenden Konfliktes der Mittelklasse herausgearbeitet worden. Der Ruf nach traditionellen Werten ist ihr zufolge eine Strategie, den sozialen Abstieg zu verhindern. Die Angst, daß durch die vermuteten Folgen des Überflusses (Verlust der Selbstkontrolle, Unfähigkeit, Bedürfnisbefriedigungen aufzuschieben, Anfälligkeit für Süchte u.a.m.) die Nachkommenschaft der Mittelklasse unfähig wird, sich zu behaupten, läßt den Konflikt zwischen traditionellen Werten und Hedonismus zu einem zentralen Konflikt in der modernen Gesellschaft werden.

> „Der Ruf nach Tradition ist nicht nur, wie viele offenbar glauben, der überfällige Pendelschwung weg vom hohlen Modernismus schwankender Werte, geringen Konzentrationsvermögens und träger Bequemlichkeit. 'Traditionelle Werte' sind nur ein Kontrapunkt *im* Modernismus, ja vielleicht eines seiner notwendigen Merkmale. Je breiter der Pfad zu dem, was als Nachgiebigkeit und Niederlage erscheint, desto lauter die Rufe nach Disziplin und Kampf." (Ehrenreich 1994, S. 255)

Im Kontext dieser Auseinandersetzung, die innerhalb der „Mittelklasse" (Ehrenreich 1994) bzw. zwischen den aufstrebenden und absteigenden Fraktionen (Bourdieu 1984) stattfindet, bekommt die Nachkommenschaft eine besondere Symbolkraft: Die Kinder stehen für die Zukunft, sie sind der Vorgriff auf die

---

129 Zur Gegenüberstellung der Moral der Pflicht und der Moral des Genusses vgl. Bourdieu 1987.

Zukunft, die Hoffnungsträger der Erwachsenengeneration. Wenn die Sorge um das Wohlergehen von Kindern thematisiert wird, steht damit die soziale Zukunft der Mittelklasse zur Debatte. Kinder stehen aber auch für Verwundbarkeit und Verletzbarkeit. Sie symbolisieren Schutzbedürftigkeit und Unschuld. Soziale Ängste werden in den modernen Sagen über die Sorge um die Unverletztheit der Kinder zum Ausdruck gebracht. Geschichten über die Gefährdung und Schädigung von Kindern sind folglich interpretierbar als ein Votum gegen die hedonistischen Tendenzen in der Gesellschaft, die für diese Gefährdung verantwortlich gemacht werden[130]. Die Eltern sind dabei besonders in der Pflicht. Sie sind das primäre Ziel der meisten Geschichten dieser Phase. Der Vorwurf an sie lautet: Sie sind verantwortungslos geworden, sie denken nur noch an das Vergnügen, so daß die Zukunft der Kinder und damit der Gesellschaft auf dem Spiel steht[131]. In der dritten und gegenwärtigen Phase der Nachkriegszeit sind die Kinder die zentrale Sorge der Sagen-Geschichten:

- Die Kinder sind gefährdet: Eltern lassen ihr Baby verunglücken, indem sie es auf dem Autodach vergessen, so daß wieder der Super-Patriarch – die Polizei – zu Hilfe eilen muß; Eltern vergessen die „inneren Werte“, sorgen sich nurmehr um die Schönheit ihrer Kinder und lassen dabei ihr Baby im Solarium verglühen. Kinder erleiden Unfälle, sie werden auch zu Opfern krimineller Figuren – wobei ihre Opferwerdung wiederum erst möglich wird durch unachtsame bis unmoralische Eltern: Kinder, die mit ihren Eltern nach Paris ins Disneyland fahren, werden in der Geisterbahn entführt; den Kindern droht nicht mehr so sehr die Prostitution, sondern eher unspezifische Bedrohungen oder die Organmafia, die es auf ihre Organe ab-

130 In diesem Zusammenhang möchte ich auf eine Ausgabe der amerikanischen Zeitschrift LIFE hinweisen, die die verschiedenen Gefährdungsformen auf eine beeindruckende Weise zusammenbringt. Die 95er Juli-Ausgabe hat den Titel: How can we keep our children safe? Dann folgen die Stichwörter der Gefährdung: Sexual Abuse, Abduction, Television, Accidents, Neglect, Violence, Drugs, Vulgarity, Alienation. Der in der Titel-Geschichte enthaltene Aufruf an Eltern, nicht in Panik zu geraten, formuliert ein „Safety Program“, das wesentlich expliziter, als die Sagen-Geschichten dies formulieren, die Eltern auffordert, sich um ihre Kinder zu kümmern und ihnen vor allem Zeit zu widmen. Das Programm und die Titelgeschichte selbst enden in der Aufforderung, so oft wie möglich im Kreise der Familie zu speisen.

131 Vgl. dazu auch Kapferer 1996, der in den Themen der in Frankreich kursierenden Sagen-Geschichten und Gerüchten der 80er Jahre ebenfalls das Thema der gefährdeten Kinder herausstellt.

gesehen hat, und die Kinder dazu „ausschlachtet“[132]; Kinder werden entführt, vergiftet und getötet; sie sterben durch „Unfälle“, die von undisziplinierten und „abweichenden“ Personen-Kategorien verursacht werden.

– Gefährdet sind soziale Kategorien, die dem Genuß frönen und herkömmliche Körperdisziplinierungen in Instrumente des Vergnügens umformen: der Wochenendeinkauf im Ausland, der Luxuseinkauf, das weekend-shopping, enden mit der Entführung des Ehemannes und dem gewaltsamen Organraub; Jogging, Aerobic, Bräunungs-, Fitneß- und der gesamte neue Gesundheitskult (vgl. Bopp 1987) werden als „narzißtischer Körperkult“ (Kapferer 1996) definiert, der der Eitelkeit und dem Lustgewinn dient und nicht mehr auf Reproduktion und Disziplinierung zielt (vgl. Bourdieu 1987), der dazu noch dem Altern vorbeugen soll: Im Wald joggenden Männer krabbeln hinterher Mäuse aus den Füßen; Frauen, die sich in Solarien begeben, werden zu Tode gebräunt[133]; Frauen, die Schlankheitsmittel konsumieren, werden von Bandwürmern geplagt. Das übergeordnete Moralisierungs-Motiv ist der Vorwurf der Verantwortungslosigkeit: aus Gründen des Genusses, des Amüsements, des Vergnügens werden elementare Verantwortlichkeiten vernachlässigt. Hier geht es um klare Zurückweisungen des Konsum-Motivs. Verurteilt wird auch das Gesundheits-Motiv. Gesundheit ist selbst zur Ware geworden: die Botschaft der „fitten Körper“ bezieht sich nicht nur auf die Arbeitsfähigkeit, sondern gleichermaßen auf Genußfähigkeit. Die moderne Sage weist das entschieden zurück: Gesundheit ist überhaupt kein Wert an sich, sie wird als Körperkult abgelehnt, der unabhängig von Arbeit und Arbeitsdisziplin bedeutsam wird. (Neue) Sportarten wie das Paragliding, das Tiefseetauchen u.a.m., werden deshalb verurteilt, weil sie der Freizeit einen Eigenwert zusprechen und mit dem Vergnügen am Sport der Disziplin und der Einübung in die Anstrengung entgegenstehen. Sie symbolisieren ebenfalls die Bereitschaft, dem Sportvergnügen unabhängig von Reproduktionsanfordungen einen Eigenwert

132 Zur Gefährdung der Kinder vgl. Best 1990, Bromley 1991, Kapferer 1996.

133 Bopp (1987) sieht in der gegenwärtigen Propagierung von Gesundheit einen neuen Mythos, der verloren gegangene traditionellere Normen & Werte ablösen und einen neuen sozialen Kitt formen soll. Aus der Perspektive des Sagen-Publikums erweist sich zum einen der Gesundheitsmythos als viel ambivalenter als von Bopp angenommen, zum anderen läßt sich sagen, daß der angerührte Kitt nicht hält. Der Gesundheitskult ist dem Sagen-Publikum höchst verdächtig.

zuzuschreiben. Der Gesundheits- und Körperkult wird daher im Namen der alten Rechtschaffenheit moralisiert (vgl. auch Kapferer 1996).

- Die Fremden sind nun gefährlich, weil sie in den eigenen Raum eindringen und die eigenen, knapper werdenden Ressourcen streitig machen: Die Verurteilung der Fremden wird fortgesetzt über die Ausschließung von Migranten, von „Asylanten", und zuletzt über Geschichten, die die Einwanderer/Besucher aus dem Osten zu Schmarotzern und Dieben erklären. Das wird unterfüttert mit einer anderen Diskreditierung, dem Vorwurf der kulturellen und sozialen Inkompetenz. Gefährlich ist insbesondere die Dritte Welt, aber auch der Osten wird zu einer Bedrohung hinsichtlich des „materiellen Besitzstandes", der erreicht wurde. Alle diese Fremden arbeiten nicht, sie rauben und klauen sich ihren Teil zusammen oder leben von sozialer Unterstützung, die sie unrechtmäßig erlangen. Das Fremde wird zur Bedrohung der eigenen Lebensexistenz. Es schmuggelt sich ein, um die eigene moralische Gemeinschaft von innen heraus zu zerstören.
- Gefährlich werden aber auch die gesellschaftlichen Institutionen, die sich immer weiter vom Alltagsleben entfremden und nur mehr dem Profit dienen: die moderne Medizin heilt nicht mehr, sie betreibt Geschäfte mit der Krankheit und kennt keine moralischen Skrupel mehr ; besonders öffentliche Institutionen und Organisationen stehen unter dem Verdacht, keiner moralischen Kontrolle mehr zu unterstehen.

Das Böse wird nun auch identifiziert im eigenen moralischen Universum. Die Dämonen rücken in die unmittelbare soziale Nähe, sie sind „mitten unter uns", daher nicht leicht erkennbar. Sie sind mächtiger geworden, denn sie treiben aus den Institutionen heraus ihr Unwesen, und die Sicherheit vor ihnen ist schwer herstellbar. Die Ordnung ist ins Wanken geraten, die Experten der „modernen Gesellschaft" geraten selbst unter Verdacht. Auch die vormals klare Aufteilung in gefahrfreie und gefährliche Zonen gilt nicht mehr.

Es gibt kaum Gegenbilder zur Arbeitsdisziplin und Rechtschaffenheit. Lediglich die zu weit getriebene Diskriminierung wird kritisiert. Kritik wird möglich aus einer bürgerlichen Moralisierungsfigur, die Zensuren und ihre Wirksamkeit begrenzt: Das ist die Formel des rechten Maßes: „ein bißchen, aber nicht zuviel", „nicht übertreiben", das „rechte Maß" finden. Diese Formel kann auch umgekehrt werden gegen Übertreibungen der Angst vor Kriminalität z.B., gegen Übertreibungen des Verdachts gegen andere und der Diskriminierung von „Anderen" und „Andersartigen".

Disziplinierte Lebensweise und poetische Gerechtigkeit

Die herrschende Moral ist für das Erzählpublikum eine wichtige Ressource, um die eigene Situation der Unsicherheit und moralische Dilemmata zu bearbeiten. Doch damit hält der Sagen-Diskurs zumeist an den hegemonialen Annahmen und Selbstverständlichkeiten fest; er votiert für das Bestehende, so daß jede Veränderung der Verhältnisse als Unordnung erscheint. Diese Unordnung läßt sich als Disziplinlosigkeit, als mangelnde Selbstdisziplin, konkretisieren. Steinert hat die Disziplin gefaßt als eine „Lebensweise, die in zyklisch wiederkehrende Routinen geordnet ist" (1993, S. 249; vgl. auch Hanak/Stehr/Steinert 1989). In ihrem Mittelpunkt stehen die zeitlichen Verpflichtungen, „ ... die wir an Arbeitszeit verkauft haben, und die Zeit und Energie, die zur tagtäglichen Reproduktion dieser Arbeitskraft und zur Aufzucht der nächsten Generation von Arbeitskräften gebraucht wird" (Steinert 1993, S. 249). Die Disziplinierung des Alltags in der Form der Routinisierung des Lebens „ ... ist die Grundlage von viel Ängstlichkeit, trauriger Vermeidung von allem Neuen und Ungewöhnlichen, sie erzeugt auch viel Wut einerseits darüber, daß das alles so schlecht funktioniert, daß man sich anstrengen muß, um die Routinen einfach nur in Gang zu halten, andererseits auch über das, was einem dabei entgeht, über die versäumten Möglichkeiten des Ausbruchs aus der Routine und der Verantwortungslosigkeit. Angst und Wut verdichten sich zum Ressentiment gegenüber denen, die sich scheinbar weniger einer Routine unterwerfen oder die unsere Routinen zu stören drohen. In der Psychologie der autoritären Persönlichkeit ist das als 'intolerance of ambiquity' beschrieben worden" (Steinert 1993, S. 251).

Der Sagen-Diskurs setzt im Alltag ein, wenn Handlungsroutinen unsicher geworden sind und neue erst entwickelt werden müssen. In diesen kritischen und krisenhaften Übergangsmomenten des Alltags geben die Sagen-Geschichten konkrete Handlungsanleitungen: Sie zeigen, wie der Alltag keinesfalls organisiert werden sollte, sie zeigen – zur Befriedigung des Erzählpublikums – was denen passiert, die es falsch anpacken oder die sich den Routinen nicht unterwerfen wollen. Dabei werden die gesellschaftlich verfügbaren und stereotypisierten Bilder von Unmoral und Inkompetenz benutzt, um diese Negativ-Beispiele alltagsrelevant werden zu lassen. Wenn aber Negativ-Beispiele einen Effekt haben sollen, müssen sie auch negative Handlungskonsequenzen vorführen. Der Normbruch als Ausbruch aus der Routine und als Bereitschaft, Verpflichtungen nicht nachzukommen, wird nicht belohnt, sondern sanktioniert. Wie läßt sich dieses Sanktionieren angemessen verstehen?

Vor allem seit Durkheim (1977) gibt es die Vorstellung von Sanktion als einer kollektiven moralischen Reaktion der Gesellschaft. Die empörte kollektive Reaktion erfolgt, weil Normverletzungen als Angriff auf den Bestand der Gesellschaft definiert werden, und die Sanktion zum Mittel wird, die Gefährdung der Gesellschaft rückgängig zum machen. Das Strafrecht erfüllt Durkheim zufolge diese symbolische Funktion. In der Sanktion wird die moralische Verurteilung des Normbruchs zum Ausdruck gebracht und die Geltung der verletzten Norm bestätigt. In diesem ordnungstheoretischen Erklärungsrahmen ist das Strafrecht der staatliche Apparat, der die Normbestätigung am ehesten leisten kann[134]. Die strukturelle Analyse der Sagen-Geschichten macht dagegen deutlich, daß dem Modell einer Sanktionierung, in der sich die Gemeinschaft versammelt, um über einen Normbruch zu verhandeln und die Sanktionierung dann an einen dafür zuständigen Experten-Apparat zu delegieren, keine Relevanz zukommt. In den modernen Sagen wird weder ein informelles Sanktionierungsverfahren noch die Bestrafung durch staatliche Apparate phantasiert[135]. Unmoralisches Handeln führt vielmehr automatisch zu negativen Konsequenzen: die Unmoral bestraft sich selbst. Die Welt wird dadurch berechenbar, daß jeder Mensch die Folgen seines normbrechenden Handelns unmittelbar zu spüren bekommt. Auftretende Schäden, Verletzungen, Beeinträchtigungen, Krankheiten und auch den (vorzeitigen) Tod haben sich die Protagonisten „selbst zuzuschreiben“, d.h. sie werden als die automatische negative Konsequenz unmoralischen Handelns phantasiert.

Die Geschichten konstruieren auf unterschiedliche Weise unmittelbare negative Konsequenzen. In den meisten Fällen bedarf es nicht anderer Personen, um diese direkte „Sanktion“ auszuführen, negative Folgen stellen sich meist ganz „von alleine“ ein: die Protagonisten verunglücken, werden krank, sterben auf eine besonders grausame Weise, oder sie werden – auch als Sanktion – zum Opfer krimineller Schädigungen: sie werden bestohlen, beraubt, verstümmelt, mißbraucht.

Es gibt aber auch Geschichten-Typen, in denen die sofortige, direkte Sanktionierung durch andere Protagonisten durchgeführt wird. Im Gegensatz

134 Zur Kritik dieser Perspektive vgl. Garland 1990.

135 Staatliche Apparate kommen dagegen häufiger ins Spiel, wenn Sagen-Geschichten in die Medien gelangen und hier medial aufbereitet und bearbeitet werden.

zum Sanktionierungs-Szenario bei Durkheim ist der hier vorgeführte Gegenschlag aber keine moralische Reaktion von 'desinteressierten' Dritten, sondern eine direkte Gegenhandlung der Geschädigten[136]. Der Gegenschlag ist Teil der Konflikt-Geschichten, in denen sich Schädiger und Geschädigte gegenüberstehen, und die Geschädigten als die Sieger aus einer Auseinandersetzung hervorgehen, die den Normbrechern ihre Schädigung sofort „zurückgeben“. Phantasiert wird folglich nicht die Delegation und Bearbeitung eines Konflikts an die staatlichen Autoritäten und Instanzen, sondern die eigene, direkte Reaktion auf Schädigungen.

Klintberg (1984) interpretiert das Erzählen von „Rachegeschichten“ im Kontext der (heutigen) Tabuisierung von Rachegefühlen als eine sozial anerkannte Form der Entlastung von diesen Gefühlen (vgl. auch Brednich 1994). Bei beiden Autoren, Klintberg (1984) und Brednich (1994), werden eigentliche Rachegeschichten durcheinandergeworfen mit Gefahren-Geschichten und moralischen Geschichten, in denen keine „Rächer“ auftauchen, sondern alleine negative Handlungsfolgen vorgeführt werden. Hier gilt es den Unterschied zur Rachegeschichte deutlich zu machen. Die Rachegeschichte steht im Kontext eines sozialen Konflikts, sie entwickelt keine Szenen der Entdeckung eines Normbruchs, sondern kreist um eine konflikthafte Situation, in der eine Person oder Partei als Schädiger und die andere Person oder Partei als Geschädigte auftreten. In der Rachegeschichte geht es um eine Auseinandersetzung zwischen zwei sozialen Kategorien, von denen hinterher eine als Sieger und eine als Verlierer dasteht. In ihr wird (stellvertretend) die eigene Berechtigung und Fähigkeit zur Konfliktbearbeitung behauptet. „Rachegeschichten“ implizieren eine Kritik der Enteignung der Konflikte, wie sie durch das Recht, vor allem durch das Strafrecht, vorgenommen werden (vgl. Christie 1977). Sie verweisen auf einen entfremdeten und enteignenden Staatsapparat, der offensichtlich – auch in der Phantasie – wenig zu bieten hat, wenn die Ehre verletzt wurde und soziale Anerkennung erreicht werden soll. Der Gegen-

136 Wir haben in unserer Untersuchung über den alltäglichen Umgang mit Kriminalität (vgl. Hanak/Stehr/Steinert 1989) bereits zeigen können, daß der Gegenschlag kaum als moralische Reaktion und noch weniger als Sanktion zu werten ist, sondern eher eine instrumentelle Handlung, ein unmittelbarer Schlagabtausch, darstellt. Auch in den Konfikt- und Gegenschlagsgeschichten wird ein verletztes Interesse von Geschädigten sofort dem Schädiger „zurückgegeben“. Der Gegenschlag ist meist eine direkte Antwort auf eine Ehrverletzung, die zum Ziel hat, die verletzte Ehre wiederherzustellen.

schlag ist eine Reaktion auf Ehrverletzungen im weitesten Sinne, er stellt diese Ehre über die Gegenschädigung wieder her. Die Geschichten sind zentriert auf dieses Moment der Wiederherstellung der sozialen Anerkennung, des sozialen Status und auf die einfallsreichen Methoden, wie dies geschieht. Die Geschichten verhelfen damit Gekränkten und Gedemütigten wieder zu ihrem Recht; sie machen sie zu Siegern in gesellschaftlichen Status-Auseinandersetzungen. Das Erzählen von Sieger-Geschichten steht selbst im Kontext dieser Auseinandersetzungen. Von daher ist die Erklärung, daß in den Geschichten gesellschaftlich verbotene Rachegefühle auf legitime Weise zum Ausdruck gebracht werden können, zwar nicht falsch, aber psychologisch verengt. Die Sagen-Geschichten sind selbst Waffen in sozialen Auseinandersetzungen, sie sind Ressourcen, mittels derer tagtäglich Statuskämpfe ausgetragen werden. Rachegeschichten sind die Phantasien von gesellschaftlich zurückgedrängten, aber auch aufstrebenden Gruppen. Während die frühen Geschichten den rechtschaffenen Mann zum Helden küren, sind später auch Frauen Heldinnen, die sich nicht mehr auf den männlichen Beistand verlassen oder ihn gar ablehnen[137]. Die Rache beinhaltet nicht nur die moralische Legitimation, sondern auch die Kompetenz zum eigenen Handeln, zur eigenen Bearbeitung von Konflikten. Hier kommt der Herrschaftsaspekt des Moralisierens & Sanktionierens in positiven Bildern zum Tragen; nicht mehr als Unfähigkeit und Unmündigkeit gegenüber als unmoralisch und gefährlich bezeichneten Kategorien, sondern als eine Form der erfolgreichen Ausübung von Herrschaft, die zu diesem Zweck auch die Moral verwendet. Die Macht- und Statuspolitik gelingt aber nur, wenn sie eigenständig und direkt betrieben wird. Eine Mobilisierung staatlicher Experten ist dagegen ein Ausdruck eigener Schwäche und Inkompetenz.

Auch in einem anderen Typus von Geschichte, der allerdings nicht so verbreitet ist wie die Rachegeschichten, wird eine schädigende Handlung auf der Stelle sanktioniert; diesmal aber nicht von den Geschädigten selbst, sondern von stellvertretenden Dritten, deren Handlung zudem vom Publikum in der Geschichten-Szene unterstützt und bestätigt wird. In diesen Geschichten (vgl. das Beispiel der „antiautoritären Erziehung") wird ein moralischer Konsens

---

137 Vgl. etwa die Geschichten, in denen Frauen als Opfer von Vergewaltigungen mit List und Tücke die männlichen Täter in Situationen manövrieren, in denen sich die Frauen ihrer bemächtigen können, um sie als Rache für ihre Tat zu kastrieren. Beispiele finden sich in Brednich 1993.

der Gesellschaft, eine konsente Verurteilung des Handelns der sanktionierten Protagonisten dargestellt. Die Dritten, die hier stellvertretend den Gegenschlag praktizieren, sind meist „Ehrenmänner“, die zugunsten vermeintlich schwächerer Personengruppen intervenieren und (unter dem Beifall des Publikums) die Gegenschädigung ausführen[138].

Die staatliche Strafe wird als ein unangemessener Ersatz für die direkte negative, „natürliche“ Konsequenz einer unmoralischen Handlung deutlich. Der staatliche Strafapparat ist viel zu schwerfällig, zu langsam und zu ungenau. Zur eigenen Befriedigung des Erzählpublikums muß normverletzendes Handeln direkt und augenblicklich in die Katastrophe führen. Poetische Gerechtigkeit zeichnet sich auch dadurch aus, daß der Zusammenhang zwischen Normbruch und Katastrophe in die Abhängigkeit der handelnden Protagonisten gestellt wird. Von daher gibt es die Möglichkeit, bei Einsicht in das fehlerhafte Tun, in die herrschende Ordnung zurückzukehren und so die Katastrophe zu verhindern. Die Protagonisten kommen mit dem Schrecken davon und haben zusammen mit dem Erzählpublikum die Möglichkeit, aus Fehlern zu lernen. Werden die Protagonisten nicht rechtzeitig einsichtig und setzen ihre Grenzüberschreitung fort, dann ist die Katastrophe unausweichlich. Oft kontrastieren Geschichten beide Varianten in der selben Szene: Der eine Protagonist ist nicht umkehrbereit und muß das auf die eine oder andere Weise büßen, der andere dagegen ist einsichtig und zur Rückkehr in die sichernde Ordnung der herrschenden Verhältnisse bereit. Wenn der Normbruch automatisch in die Katastrophe führt, dann kann sich das Erzählpublikum vor Schäden und Gefahren durch Normtreue schützen. Die disziplinierte Lebensweise verunmöglicht zwar das große Abenteuer, aber sie bietet auch Kompensationen: Durch das Erzählen von Sagen-Geschichten erfährt das Publikum, wie es denjenigen geht, die sich nicht an Disziplin und Verantwortlichkeit orientieren. Und es erfährt dies dazu als „wahre Geschichte“, nicht nur als Fiktion der Medienwelt.

138 Dieses Szenario, das in der oben dargestellten Geschichte von der „anti-autoritären Erziehung“ illustriert wurde, steht in auffallendem Kontrast zu den tatsächlichen Interventionen in alltägliche Konfliktsituationen, die meist pragmatisch auf die Beendigung bzw. Deeskalation von Auseinandersetzungen aus sind (vgl. Stehr 1993).

Die Lehre der Gefahren-Geschichten: Angstbearbeitung durch Erfahrungsverzicht und Unterwerfung

Die Sagen-Geschichten geben kaum Anweisungen, auf welche Weise problematische, riskante und konflikthafte Situationen kompetenter bearbeitet werden könnten. Sie konzentrieren sich auf die Beglaubigung und Bestätigung von Gefahren. Geschaffen werden dadurch „gefährliche Räume und Orte", die es zu vermeiden gilt; geschaffen werden auch „gefährliche Personen-Kategorien", gegen die ein grundsätzliches Mißtrauen berechtigt ist und deren Meidung sich auszahlt. Vor allem die größte Kategorie der modernen Sagen, die Gefahren-Geschichte, führt die Lösung vor, daß problematische und unbestimmte Situationen nicht anders als durch Vermeidung und Verzicht auf „Extratouren" bearbeitet werden können. Moderne Sagen werden als ein Genre erkennbar, das Kompetenzzuwachs und Gewinnung von Selbstvertrauen in die eigenen Fähigkeiten nicht favorisiert und auch keine Wege dahin zugänglich macht, statt dessen aber Unterwerfung unter die bestehenden Autoritätsverhältnisse propagiert. Sichtbar wird dies an folgenden Plot-Elementen:

- Versuche der Protagonisten, ihren Weg selbst zu bestimmen, enden entweder in der Katastrophe oder in der Rückkehr in die herrschende Ordnung; Rettung und Sicherheit bieten nur die herkömmlichen, legitimen Beziehungen und die bekannten Wege und Orte; die Protagonisten sind nicht nur unmoralisch, sondern auch naiv, vertrauensselig, unerfahren und daher grundsätzlich *gefährdet*;
- Experten und legitime Autoritäten/Patriarchen sind nur funktionsfähig und wirksam, wenn die Grenzen der Ordnung nicht überschritten werden; in den fremden, unbekannten und unbestimmten Gefilden sind sie machtlos; ihre Plot-Funktion besteht darin, rechtzeitige Umkehr, d.h. die Einsicht in die eigene Gefährdung, mit Hilfe und Rettung zu belohnen;
- Sicherheitsexperten (vor allem Polizisten) wird die Funktion der Gefahrenbestätigung zugeschrieben; ihre Expertisen identifizieren die Gefahr, um unbestimmte Situationen retrospektiv als Bedrohungssituationen zu deklarieren; sie sind damit *Agenten der Umkehr*, die die Aufgabe übernehmen, den Protagonisten die Gefährlichkeit ihrer Wege vor Augen zu führen;
- Gefahren-Figuren haben die Plot-Funktion der Angstproduktion, es sind *Schreckfiguren*; das Genre ist folglich nicht am Umgang mit ihnen interes-

siert, weder an ihrer Sanktionierung und Bestrafung noch an ihrer „Behandlung".

Die „Folk Devils" (Cohen 1972) der Geschichten sind klar außerhalb der sozialen und kulturellen Ordnung gestellt. Sie sind ausschließbare und ausgeschlossene Figuren, denen jeweils das Schlimmste zuzutrauen ist. Als Schreckfiguren sind sie typisierte, unscharfe Figuren, die allerdings im Zuge der Flucht und Selbstrettung oft physisch verstümmelt werden. Dies geschieht „unabsichtlich", als Folge der Flucht- und Rettungshandlungen. Die gefährlichen Kategorien haben sich die Verstümmelung selbst zuzuschreiben. Im Gegensatz zu Klintberg (1984) interpretiere ich Verstümmelungen (abgeschlagene Hände oder Finger) nicht als Rache oder Strafe, sondern als eine Form des „Unschädlichmachens" (Strasser 1984). Dieses Unschädlichmachen stellt sich als Nebeneffekt der erfolgreichen Flucht ein. Es manifestiert sich, wie Klintberg schreibt, in „symbolischen Kastrationen", die im Plot selbst auch dazu dienen, den Verdacht und das Mißtrauen der Protagonisten im nachhinein zu bestätigen: Die abgeschlagene Hand mit dem Schlagring daran ist der Beweis für die bestandene Gefahr, sie verweist zugleich auf das Motiv der Gewalttätigkeit[139].

Das Genre der modernen Sage interessiert sich nicht für Täter. Es zielt auf die Umkehr der Protagonisten, die nicht aus dem Ordnungsgefüge ausscheren sollen. „Kriminalität" steht für die Umkehrung der gesellschaftlichen Ordnung und liefert dem Sagen-Diskurs die jeweils gegenwärtigen „gefährlichen Kategorien", die zur Angstschürung instrumentalisiert werden. Die Fragen und Themen des öffentlichen Moral-Diskurses, die nahe an den Institutionen orientiert sind – hier am Strafrecht – sind für den Sagen-Diskurs ohne Belang. Wie kommt es zu bestimmten Taten? Wie wird jemand „kriminell"? Was ist in der Entwicklung von Tätern schiefgelaufen? Alle diese Fragen und Aspekte sind hier irrelevant. Folglich bleibt auch die explizit „liberale" Kriminalitätskonzeption[140] mit ihren Normalisierungsmodellen und Kategorie-Verwischungen außen vor. Kriminalität verkörpert all das, was die Gesellschaft normativ ausschließt. Die Phantasie des Erzählpublikums ist nicht mit der

139 In den symbolisch verschlüsselten Gefahren-Geschichten wird dieses Unschädlichmachen expliziter und „vollendeter": Die gefährlichen Spinnen, Schlangen oder anderen exotischen Tiere werden als Anomalien ohne zu zögern und meist mit großem Aufwand getötet.

140 Vgl. dazu Cremer-Schäfer/Stehr 1990a, Hall u.a. 1978, Stehr 1989b.

Strafe, sondern mit der Gefahr und der Vermeidung von gefährlichen Situationen beschäftigt. Im Vordergrund stehen Szenen der Tarnung und Entdekkung, der Flucht und Rettung: Sei es über das Phantasieren von Szenen, wie das Böse und Grauenhafte in den Alltag eindringt ober über Szenen, wie das Böse im Eigenen erkannt und gemieden werden kann.

Die Lehre der Geschichten ist überdeutlich. „Extratouren", „Abstecher" und eigene Wegplanungen sind gefährlich; die Protagonisten sind nicht in der Lage, mit diesen Gefährdungen umzugehen. Sie sollen daher auf diese Erfahrungen verzichten und sich den sie beschützenden „Ordnungen" (in denen ihre Wege kontrolliert werden können) unterwerfen. Lernmöglichkeiten werden nicht zugestanden. Die Chance, ungewohnte, schwierige Situationen durch eigene Erfahrung bewältigen zu lernen und dadurch kompetenter zu werden, wird nicht geboten.

6 Vom Nutzen der herrschenden Moral

Rezeptionsarbeit und Aneignungspraktiken

Entgegen der geläufigen soziologischen Vorstellung des Funktionierens von Normen, die sie als Einstellungen, Werthaltungen oder Charakterdispositionen in der Psyche des Individuums wirken sieht, habe ich versucht, einen theoretischen Zugang zu Normen über die Konzeption von Moral als eine gesellschaftliche Veranstaltung zu gewinnen, die durch Kommunikation gekennzeichnet ist. Moral wird produziert wie andere symbolische Güter auch; die Kommunikation von Moral, das Moralisieren, verläuft analog über die Produktion, Rezeption und Zirkulation von sprachlichen Bedeutungen. Normen sind nicht im Innern von Individuen „versteckt", um einen „inneren Dialog" zu ermöglichen und Handlungen der Individuen zu motivieren. Sprache und Sprechen konstituieren umgekehrt die Normen, die gesellschaftlich als symbolische oder „Sprech-Ressourcen" zur Verfügung stehen. Mit der Benutzung von Sprache wird Moral konstituiert. Ich knüpfe hier an Volosinov (1975) an, der Ideologie nicht als Bewußtseinszustände, Vorstellungen oder Ideen begreift, sondern als sprachliche Zeichen oder sprachliches Material.

„Die *gesellschaftliche Psyche* äußert sich nicht irgendwo innen (in den 'Seelen' der kommunizierenden Individuen), sondern ganz und gar *außen*: im Wort, in der Geste, in der Tat. In ihr liegt nichts Unausgesprochenes, Inneres; alles liegt außen, alles befindet sich im Austausch, und vor allem im Material des Wortes" (Volosinov 1975, S.66).

Volosinovs Ideologie-Konzept läßt sich übertragen auf das Moralisieren.

„Die gesellschaftliche Psyche muß von zwei Seiten betrachtet werden: erstens vom Standpunkt ihres *Inhalts*, d.h. vom Standpunkt jener Themen aus, die gerade im gegebenen Moment aktuell sind, und zweitens vom Standpunkt jener Formen und Typen sprachlicher

Kommunikation, in der die Themen verwirklicht (beurteilt, ausgedrückt, erlebt, durchdacht) werden" (ebd., S. 67).

Normen & Werte sind sprachliche Formen der Bewertung und Beurteilung, die sich im Vokabular, in der Grammatik und Rhetorik befinden und auch in Bildern und Szenen ihren Niederschlag finden. Ich bin davon ausgegangen, daß gesellschaftliche Institutionen ihre Moral-Schemata, Zensur-Konzepte und Legitimationsfiguren auf dem öffentlichen „Moral-Markt" der Massenmedien anbieten, und somit das öffentliche Moralisieren strukturieren[141]. Wie ist nun die Rezeption durch das Publikum beschaffen? Auf welche Weise werden die öffentlichen Moral-Angebote benutzt? Wie lassen sich die Aneignungspraktiken verstehen? Aus den Ergebnissen der Erzählanalyse leite ich zur Beantwortung dieser Fragen drei Thesen ab.

Die *erste These* besagt: Das Publikum konsumiert Medien nicht passiv, sondern leistet eine schwierige Rezeptionsarbeit, die darin besteht, die eigene Lebenssituation mit den Medienbotschaften zu verbinden, um Möglichkeiten zu erhalten, Probleme und Dilemmata des eigenen unmittelbaren Alltags zu bearbeiten[142]. Diese Rezeptionsarbeit ist zudem schöpferisch, denn das Publikum hat für diese Zwecke ein besonderes Genre kreiert, in dem seine Arbeit einen spezifischen Rahmen und Ausdruck erhält.

Die *zweite These* besagt: Inhaltlich ist das Publikum beim Lesen der Medien auf der Suche nach moralischen Geschichten und nach (Defizit- und Negativ-) Figuren, die es ermöglichen, seine eigenen Ängste und Befürchtungen dort zu artikulieren, wo ihre direkte Thematisierung sozial problematisch wäre. Mit Hilfe anderer „Protagonisten" kann es seine eigenen Probleme, Dilemmata und Unsicherheiten indirekt zur Sprache bringen. Aus diesem Publikumsinteresse heraus verschwimmen auch die medial vorgegeben Trennungen von Programmsorten und Sparten[143]. Spielfilme und Kolportagen werden ebenso wie Informationsprogramme daraufhin überprüft, ob sie moralische Geschichten, Szenen und Figuren enthalten, die für die eigene Alltags- und Lebenssituation relevant gemacht werden können.

141 Ausführlich theoretisch hergeleitet und empirisch herausgearbeitet ist das in Steinert/Cremer-Schäfer/Hancke-Stehr/Stehr 1990.

142 Diese These hat bereits Katz (1987) in ähnlicher Weise formuliert. Sie läßt sich nun aber empirisch bestätigen; vgl. auch Hobson 1990.

143 Allerdings gibt es auch in den Medien selbst zunehmende Programmvermischungen. Am deutlichsten dürfte dies beim sogenannten „Dokudrama" sein.

Als *dritte These* läßt sich festhalten: Für die Aneignung moralischer Bedeutungen (in welcher Form auch immer) ist nicht der Kontext ihrer Kodierung entscheidend, sondern das Dekodierungsinteresse des Publikums. Ich habe an verschiedenen Themen aufgezeigt (z.B. bei Kriminalität, Krankheit und Fremdheit), daß die moralisch-ideologischen Konstrukte des öffentlichen Diskurses, die hier zumeist in institutionellen Zusammenhängen artikuliert werden und auf das Interesse der Institutionen verweisen, aus diesem Zusammenhang gelöst und in alltägliche Problem- und Konfliktsituationen gestellt werden. Der Zusammenhang ist kein willkürlicher, sondern er entsteht über die *Verwendungsmöglichkeit* von spezifischen moralischen Konzepten. Ob Normen aufgegriffen, transformiert und in Geschichten exemplarisch konkretisiert werden, hängt von der sozialen Problem- und Konfliktsituation ab, in der sich das Publikum jeweils befindet. Der ursprüngliche Verkündungszusammenhang wird damit aufgelöst: Die Probleme staatlicher Institutionen z.B. sind im Moral-Diskurs der modernen Sage eher ohne Belang und Interesse. Anders dagegen die Legitimationsfiguren, Zensuren, Etikette und Mythen, die diese Institutionen zur Verfügung stellen. Sie erhalten eine neue Bedeutung als Artikulationshilfen von ganz anderen Unsicherheiten und Ambivalenzen, mit denen sich das jeweilige Publikum konfrontiert sieht.

Mit der eigenständigen Konstruktion von Narrationen entwickelt das Publikum aus den öffentlich angeboten Normen & Werten eine weitere Moralisierungsressource, die nun im Alltag vielfältig einsetzbar ist. Nachdem es ihm gelungen ist, mediale Ereignisse in „wirkliche" Alltagserfahrungen zu transformieren, kann es nun auf diese „Alltagserfahrungen" zurückgreifen, um seine Unsicherheiten, Dilemmata und Anliegen mittels der neu geschaffenen Ressource „Sagen-Geschichte" anzugehen. Die Erzählanalyse zusammenfassend möchte ich nun die zwei wichtigsten Erzählfunktionen herausstellen und ihre Relevanz für die Soziologie von Devianz und Konformität diskutieren.

Erzählen als soziale Eingrenzung und Einschüchterung

Das herkömmliche funktionalistische Normen-Modell interpretiert das Moralisieren als Form der Normklärung und Normbestätigung[144]. Auch „Verbrechen & Strafe“ dienen ihm zufolge der Normstabilisierung und damit dem Zusammenbinden der Gesellschaft. Das Moralisieren wird als notwendiger gesellschaftlicher Kitt oder Zement definiert. Dieses ordnungstheoretische Modell findet durch die empirische Erzählanalyse keine Bestätigung. Moralisiert wird nicht, um Normen zu klären, sondern um Herrschaftsverhältnisse aufrecht zu erhalten. Normen & Werte werden alltagspraktisch auf eine Weise umgesetzt, die Angst erzeugt und einschüchtert. Durch diese Praktik können keine Normen geklärt werden, sondern es wird vor Erfahrungen gewarnt, die geeignet sind, Herrschaftsverhältnisse in Frage zu stellen und zu verändern. Normen werden instrumentell eingesetzt, um soziale Eingrenzungen vorzunehmen und dadurch bestehende „Ordnungen“ aufrechtzuerhalten. Diese „Ordnungen“ sind nicht einfach als Struktur vorgegeben, sondern werden in den alltäglichen Praktiken des Erzählens realisiert.

„Narrative can contribute to hegemony by functioning as a means of social control instructing about what is expected and warning about the consequences of nonconformity“ (Ewick/Silbey 1995, S. 222).

In Narrationen eingelassene „herrschende Moral“, als ein Konglomerat von Selbstverständlichkeiten, von breit geteilten Wirklichkeitsdefinitionen und sozialen und moralischen Wert- und Unwerturteilen, ist eine herausragende Ressource in alltäglichen Macht- und Herrschaftskonflikten, weil sie nicht als Moralpredigt oder als explizites Moralisieren geformt ist, sondern als interessante und wichtige Information über die unmittelbare Alltagsrealität.

Im Vordergrund der Einschüchterung steht die Drohung mit Gefahren. Normen & Werte werden exemplarisch umgesetzt und angewandt, um die Grenzen des Bewegungsspielraums abzustecken, der den „gefährdeten Kategorien“ zugestanden wird. Mit den hegemonialen Moralgeschichten wird davor gewarnt, sich auf Abenteuer einzulassen und unbekannte Wege und Räume zu betreten; mit ihnen werden soziale Erfahrungen abgeschnitten (besonders Erfahrungen mit anderen, noch unbekannten Personen), wird Selbstän-

---

144 Dies ist die hauptsächliche Funktion, die in der funktionalistischen Tradition auch dem Klatsch und dem Erzählen von Gerüchten zugeschrieben wird. Vgl. z.B. Sabini/Silver 1980.

digkeit hinausgeschoben und Handlungsfähigkeit verhindert bzw. gering gehalten[145]. Handlungsfähigkeit selbst ist solange akzeptiert, wie sie sich innerhalb der bestehenden Grenzen der herrschenden Ordnung realisiert. Die Grenzüberschreitungen in den Narrationen sind nicht nur moralische, sondern auch Überschreitungen von Kompetenz-Grenzen. Die gefährdeten Kategorien der Geschichten erweisen sich vor allem als unfähig, die neue Situation zu bewältigen; sie versagen nicht nur moralisch, sondern auch hinsichtlich ihrer sozialen Fähigkeiten.

Während die „gefährdeten Kategorien" (vor allem Frauen und Jugendliche) mit Narrationen eingeschüchtert und von neuen Erfahrungen abgehalten werden, besteht für sie die Möglichkeit, die Patriarchen ebenfalls über Gefahrenandrohungen an ihre Pflichten und Aufgaben (die Übernahme von Verantwortlichkeiten, Vermeidung von Risiken, Einhaltung von Tugenden) zu „erinnern" und zu ermahnen. Aber auch die patriarchale Nachkommenschaft wird über das Angstmachen auf ihre (zukünftigen) Pflichten hingewiesen. Schließlich werden auch Konkurrenzen zwischen Männern über Narrationen ausgetragen, die Grenzen von Handlungsmöglichkeiten aushandeln.

Die Verbreitung herrschender Moral in Form „sagenhafter" Narrationen hat besonders dann Hochkonjunktur, wenn die Bewegungsspielräume sozialer Kategorien durch sozio-ökonomische Entwicklungen größer werden; die Moralgeschichten dienen überwiegend dem Versuch, diese Räume einzugrenzen und zu kontrollieren. Die Herrschaftsunterworfenen, die von den Warnungen und Einschüchterungen betroffenen Kategorien, reagieren überwiegend affirmativ und tragen untereinander zur Verbreitung der Moralgeschichten bei. Dies allerdings deshalb, weil sie mit ihnen die Verhältnisse selbst auf eine Weise bearbeiten können, die ihnen Vorteile verschafft. Die Einschüchterung offeriert ja zugleich eine rettende Lösung: Mit der Bereitschaft zur Unterwerfung und zum Erfahrungsverzicht, zur Einhaltung der herrschaftlich verordneten Konformität, können sie sich selbst sichern. Sie können Lösungen erarbeiten, die ihnen sichere Wege und Bereiche nennen, in denen sie vor Gefahren ge-

---

145 Scholz (1994) kontrastiert in diesem Zusammenhang Kinderbücher, die *nicht* die Angst der Erwachsenen thematisieren, daß Kinder von ihren Reisen nicht zurückkehren könnten, und die den Kindern die Erfahrung und Bewältigung autonomer Abenteuer gestatten (wie etwa Lewis Carrolls „Alice im Wunderland"), mit Kinderbüchern, die diese Selbständigkeit nicht gestatten, und in denen die Eltern selbst die Phantasieausflüge der Kinder überwachen (wie etwa in Maurice Sendaks Bestseller „Wo die wilden Kerle wohnen").

schützt sind, und sie können „gefährliche Orte" und „gefährliche. Begegnungen" vermeiden. Andererseits sind auch Erarbeitungen von Lösungen möglich, die auf subversive Weise die gesetzten Grenzen nach außen verlagern, so daß die eigenen Interessen und Bedürfnisse einen größeren Raum einnehmen können. Durch Differenzierungsstrategien werden weiter gesteckte Grenzen formulierbar, die das eigene Handeln sozial konform und sozial kompetent werden lassen. Unanständig, unmoralisch und unfähig sind dann jeweils andere, kleinere Kategorien von Personen, die es „wirklich übertreiben" und „hoffnungslos naiv" sind. Schließlich kann sich die Erarbeitung von Lösungen auf der Seite der eingeschüchterten Personengruppen auch so gestalten, daß der moralische Charakter der Erzählungen stark oder fast vollständig zurückgedrängt wird, und die Geschichten zur Gelegenheit werden, kompetente Lösungen für die Bewältigung schwieriger Situationen zu finden. Das ist nicht zuletzt eine Frage des vorhandenen eigenen Erfahrungswissens und folglich eine Funktion der sozialen Nähe, die zu den vorgeführten Protagonisten in den Geschichten hergestellt wird.

Durch das Erzählen dieser hegemonialen Moralgeschichten werden öffentlich konstituierte Normen & Werte alltagspraktisch „zubereitet" und erneut auf der Ebene des (informellen) Alltagsdiskurses angeboten. Dieses Angebot nutzt Moral-Ressourcen zur Bewahrung und Stabilisierung von Macht- und Herrschaftsverhältnissen, wie sie sich auf der interpersonellen Ebene darstellen. Devianz wird verhindert durch Angstmachen, Einschüchterung, Risikovermeidung und Selbstbeschränkung. Konformität entsteht, indem man lustvolle, vertrauensvolle, interessante und auch schwierige Situationen meidet.

Mit diesem Befund läßt sich das herkömmliche Modell von Norm & Sanktion zurückweisen. Normen steuern nicht (über ihre Internalisierung) das Handeln, sie werden auch nicht durch Sanktionen abgestützt und zur Geltung gebracht. Konnte bereits in einer früheren Untersuchung gezeigt werden, daß die tatsächlichen Erfahrungen mit Sanktionen viel zu selten sind, als daß sie in der Lage wären, handlungssteuernd zu wirken und dadurch Konformität herzustellen (vgl. Hanak/Stehr/Steinert 1989), so tritt nun der Mechanismus zutage, der die Herstellung von Konformität ermöglicht: Normen & Werte sind Teil eines komplizierten und widersprüchlichen Herrschaftsapparates, der sie auf verschiedenen Wegen präsentiert und anbietet bis aufdrängt. Mit diesem Angebot wird auf Situationen konkretisierend alltägliches Moralisieren in verschiedenen Formen bestritten. In der hier untersuchten Variante, dem Erzählen von exemplarischen Geschichten in Form moderner Sagen, die durch ihren mittleren Abstraktionsgrad vielseitige Verwendung erlauben, wird dieses Angebot benutzt, um Erfahrungen zu verhindern, die geeignet sein könnten, die herrschenden Verhältnisse zu verändern. Angsterzeugung und Einschüchterung sind die Mittel, die eingesetzt werden, um dies zu erreichen. Sichtbar wird ein sich ein komplexer Herrschaftszusammenhang, der das Normen & Werte - Angebot mit den Interessen und Bedürfnissen des Publikums verbindet; das aber auf eine Weise, die es ihm ermöglicht, die angebotenen Motive aktiv anzueignen und umzuformen. Das Publikum beteiligt sich insofern autonom an den moralisch-ideologischen Produktionen. Konformität wird erkennbar als die Bereitschaft, sich zu unterwerfen und auf die Erfahrungen, vor denen gewarnt wird, zu verzichten. Die Meidung von Situationen läßt Konformität entstehen.

Öffentliche Unwerturteile als Ressourcen für Identitätsarbeit

Mit den öffentlichen Moral-Ressourcen wird nicht nur gewarnt und eingeschüchtert, es gibt auch eine Sub-Kategorie von Moralgeschichten, in der durch die narrative Konstruktion von sozialen und kulturellen Differenz-Kategorien Status- und Identitätsarbeit geleistet wird. Auch hier wird auf die öffentlichen Vorgaben zurückgegriffen, die im diskursiven Raum bereits zur Verfügung stehen. Das Publikum eignet sich die öffentlich vorgegebenen (Unwert-) Urteile an, um sie für seine eigenen Zwecke zu benutzen. Diese Zwekke konzentrieren sich um das Interesse, für jeweils unterschiedliche soziale Zusammenhänge auf eine *kollektive Identität* rekurrieren zu können, die soziale Sicherheit produziert. Dieses alltägliche Anliegen entsteht in den unterschiedlichsten sozialen Zusammenhängen, in denen sich das moderne Individuum in der gegenwärtigen Gesellschaft befindet. Da diese Kontexte zudem immer häufiger wechseln, stellt sich das Problem einer Selbstverortung in unterschiedlichen Situationen immer häufiger. Zur Bewältigung dieser alltäglichen Aufgabe, kollektive Identitäten und unterschiedliche „Wir-Gefühle" zu entwickeln, wird auch auf die medial konstituierten „Negativ-Identitäten" zurückgegriffen[146]. Diese Wir-Geschichten unterscheiden sich strukturell von den anderen Moralgeschichten, insofern hier aus einer Beobachterposition heraus über das negative und verurteilenswerte Handeln der jeweils „anderen" berichtet wird. Die Protagonisten sind „die anderen".

Im Kontext der Identitätsarbeit des Publikums werden öffentlich konstruierte Unwerturteile über Personen-Kategorien vor allem nach der Kriterium angeeignet, ob sie Merkmale kultureller Abweichung beinhalten. Die Grenzen der „moralischen Gemeinschaft" werden an den „Sitten und Gebräuchen" festgemacht, die in den jeweiligen Handlungsbereichen und Orten erwartet werden. „Wer wir kulturell sind, wird immer in der dialektischen Beziehung zwischen der Identitätsgemeinschaft und den Anderen bestimmt" (Hall 1989a, S. 920). Der Alltag bietet Anlässe genug, um die Frage nach kollektiven Identitäten bedeutsam werden zu lassen. Kollektive Selbstversicherungen sind ein elementarer Bestandteil des sozialen Lebens: Welchen Gruppen gehören ich an? Was macht Zugehörigkeit aus? Was führt und hält uns zusammen? Was kennzeichnet unsere Nachbarschaft, unseren Freundeskreis, unsere Kollegenschaft usw.? Es ist immer noch am leichtesten, sich über das zusammenzufinden, was ausgeschlossen werden soll; von daher sind starke Kontrastkategorien besonders gefragt.

So gibt es beispielsweise Geschichten über „Asylanten", die Hundefleisch essen, und zu diesem Zweck auch vor Geschäften angeleinte Hunde mitnehmen, während die Hundebesitzer gerade im Geschäft sind, um einzukaufen[147]. Ein 19jähriger Schlosserlehrling erzählt dazu folgendes:

> „Jetzt haben wir ja all die Ausländer hier, Asylanten und so, aus Asien und überall her. Dat sind ja ganz andere Menschen, mit anderen Sitten und Bräuchen. Da werden tolle Sachen von erzählt. Die Vietnamesen zum Beispiel ... bei uns sind da ja einige, Pappchinesen sagen sie dazu. Die schnappen sich Hunde, braten und essen die. Stell dir vor, essen Hundefleisch! In der Nachbarschaft sind plötzlich paar Hunde verschwunden. Dat haben die wohl gemacht." (Fischer 1991, S.74)

Diese Textpassage ist zwar keine Geschichte, wohl aber wird die kulturelle Kontrastierung, die in ihr vorgenommen wird, überdeutlich: „Asylanten" es-

---

146 Identitätsangebote der Medien haben Positiv- und Negativ-Charakter. Für die Aneignung positiver Identitäten vgl. Steinert 1993; durch den Sagen-Diskurs werden vor allem Negativ-Identitäten angeeignet.

147 Diese Geschichten werden nicht nur in der BRD erzählt (vgl. Fischer 1991), sie finden sich leicht variiert auch in den USA, wo der Hundediebstahl vietnamesischen Flüchtlingen zugeschrieben wird (vgl. Fine 1987).

sen Hundefleisch, „Einheimische“ dagegen nicht. In allen Geschichten, die mir vorliegen, geschieht der Hundediebstahl nicht irgendwo, sondern immer vor Lebensmittelgeschäften, in denen die Hundebesitzer gerade einkaufen. „Asylanten“ verkehren die kulturelle Ordnung, sie brechen das Tabu der Einheimischen, um ihren Sitten entsprechen zu können.

Die Figur des „Asylanten“ ist eine negative Politik- und Medienfigur und bringt ein Unwerturteil zum Ausdruck[148]. Der im Verbund von Politik und Medien im Rahmen von Verwaltungsproblemen und Einwanderungspolitik geschaffene Begriff „Asylant“ läßt sich gleichsetzen mit „Parasit im Sozialstaat“. Doch in dieser Bedeutung ist er für den hier analysierten informellen Diskurs irrelevant. Die Figur wird im Aufgreifen aus ihrem Entstehungszusammenhang herausgenommen und für die Bearbeitung alltagspraktischer Identitätsprobleme verwendet. In diesem informellen Diskurs geht es um die Erarbeitung von Minimal- oder Kern-Identitäten, um Versuche, angesichts gestiegener sozialer Heterogenität und einer immer weniger überschaubaren sozialen Zusammensetzung der eigenen Erfahrungswelt in jeweils unterschiedlichen Situationen relativ unproblematisch Gemeinsamkeiten herzustellen. Daß Haustiere nicht dazu da sind, von Menschen gegessen zu werden, darauf können sich sicher viele Gruppen einigen, mit denen der Erzähler in Kontakt steht.

Der informelle Moral-Diskurs ist folglich keine Vorurteils-Kommunikation im Sinne einer falschen Wahrnehmung, Kategorisierung oder Verallgemeinerung. Die Konzeption des (individuellen) Vorurteils wird den sozialen Mechanismen der Normkonstruktion und Normbearbeitung über Produktions-, Rezeptions- und Zirkulationsprozesse nicht gerecht[149]. Der informelle Moral-Diskurs stützt sich vielmehr auf sozial vorgegebene moralisch-ideologische Konzeptionen und Zensuren, die dann in der Rezeption (weiter-) bearbeitet werden. Die Leichtigkeit, mit der sich über die meisten der vorgegeben Unwerturteile Identitätsprobleme bearbeiten lassen, dürfte die weite Verbreitung dieser Geschichten erklären.

---

148 Zum Unwerturteil „Asylant“ und seinen Funktionen vgl. Althoff 1997, Link 1986, Steinert/Cremer-Schäfer/Hancke-Stehr/Stehr 1990, Wong 1992.

149 Zur Kritik vgl. auch Demirovic 1992, Löschper 1994.

Hegemonie und Subversion in der Normrezeption

Der informelle Moral-Diskurs der modernen Sage ist kein reines Abbild des formellen Diskurses. Er steht ihm aber auch nicht dichotom gegenüber[150]. Die informelle, private Aneignung von Moral-Angeboten stellt diese lediglich in einen anderen Kontext. Das Publikum ist aktiv und produktiv, es eignet sich „fremde Erfahrungen" an, um sie zu seinen eigenen zu machen. Strukturell entsteht dadurch eine andere Form des Diskurses, aber eine, die wenig Tendenzen bzw. Fähigkeiten zeigt, die Normen selbst zu verändern oder sich gegen sie zu stellen. Gegen die Widerstands-Euphorie von breiten Teilen der britischen Cultural Studies, die bereits auch von anderen Autoren als „cultural populism" (vgl. McGuigan 1992, During 1993) und als „over-partisan" (vgl. Harris 1992) kritisiert worden ist, läßt sich festhalten, daß im alltäglichen, privaten Moral-Diskurs eher hegemoniale als subversive Geschichten erzählt werden. Der informelle Moral-Diskurs ist karnevalesk lediglich als Rede-Genre[151]. Er verletzt die Zensuren der öffentlichen Kommunikation und breitet sich vor allem in informellen Settings aus. Inhaltlich ist der Sagen-Diskurs überwiegend affirmativ. Die Sagen-Dramen leben von den Normen, Zensuren und Etiketten, die im öffentlichen Diskurs als herrschend angeboten werden. Sie weisen sie nicht zurück, sondern greifen sie auf und erwecken sie auf der Ebene des Alltags zu neuem Leben. Die karnevalesken Vergnügungen, die etwa Fiske (1989a, b) in den Praktiken „populärer Kultur" identifiziert, finden sich auf der Ebene des „popularen" Moral-Diskurses nur in sehr eingeschränktem Maße wieder. Zudem sind karnevaleske Inversionen überwiegend dem Ressentiment gegenüber denjenigen geschuldet, die gegen den disziplinierten Alltag verstoßen (vgl. auch Stallybrass/White 1986). Sie richten sich gegen „oben" und „unten" gleichermaßen, gegen die vermeintlich müßigen und unproduktiven Kategorien, die entweder („oben" als Ausbeuter, „unten" als gefährliche Gewalttäter) dämonisiert oder zum „schuldigen Opfer" defi-

150 Eine Reihe von Konzeptionen haben hier Dichotomisierungen vorgenommen. Gramsci und Lombardi-Satriani (1974) haben die „Folklore" der „offiziellen Kultur" gegenübergestellt, und in ihr eine Kultur des Widerstandes gesehen. Bachtin (1995) hat die „Volkskultur" als Gegenkultur beschrieben. Kapferer gesteht dem Gerücht im Verhältnis zu „offiziellen Quellen" die Qualität der „oppositionellen Wortmeldung" zu. In der Volkskunde gab und gibt es die problematische Gegenüberstellung von „Massenkultur" und „Volkskultur" (zur Kritik vgl. Kaschuba 1988).

151 Zum Unterschied vom offiziellen und privaten Reden vgl. Dahlgren 1992.

niert werden. Die Sagen-Geschichten folgen eher den Disziplinierungsstrategien nach, wie sie historisch als gegen das „populäre" Vergnügen gerichtet Malcolmson (1982) beschrieben hat. Das Vergnügen, der Exzeß, die Überschreitung körperlicher und anderer Grenzen, werden zwar vorgeführt und ausgemalt, aber nur, um ihr „böses Ende" herauszustellen. Die Geschichten sind eher Mythen im Sinne von Barthes (1976), sie naturalisieren bestehende Herrschaftsverhältnisse und machen sie nicht der Reflexion zugänglich.

Im Anschluß an Ewick/Silbey (1995) lassen sich die Sagen-Geschichten als *hegemoniale Geschichten* bezeichnen, da sie auf das Selbstverständliche, das Unhinterfragte und das „Natürliche" der Gesellschaft und Kultur bezug nehmen und es damit weitertransportieren. Sie verbergen nicht nur die soziale Organisation ihrer Entstehung im Selbstverständlichen, sondern sie sind dazu in eine Form gegossen, die die (abstraktere) herrschende Moral in scheinspezifische Anlaßpersonen umsetzt, womit das Konventionelle gleichsam zum Schlüssel des Verstehens der Geschichten wird. Die Ordnung des Bestehenden bildet den „unsichtbar" gewordenen Erzählstandpunkt (vgl. Stewart 1982, Bruner 1991, Ewick/Silbey 1995). Das Genre gewinnt seine Plausibilität durch die sozialen und kulturellen Selbstverständlichkeiten, die mit ihm transportiert werden. Da es nicht persönliche Erfahrungen vermittelt, nicht eigene Erlebnisse narrativ rekonstruiert, sondern das Stereotyp, das Etikett, die öffentliche Zensur zum Ausgangspunkt nimmt, fehlen die Möglichkeiten für das Einführen von Besonderheiten, für die Darstellung von Ausnahmen und für die Ambivalenz des Persönlichen[152]. Diese „Defizite" lassen moderne Sagen (und die in ihnen enthaltene herrschende Moral) selbst zu einer Ressource für die Bearbeitung von Ordnungskrisen werden.

Als *moralische Geschichten* schreiben sie individuelle Verantwortlichkeiten zu, personalisieren und entpolitisieren sie soziale Konflikte. Das Erzählen dieser Geschichten ist interpretierbar als *Rituale der Ordnungsherstellung und Ordnungsbestätigung,* durch die das Erzählpublikum in Zeiten des Zweifels und der Skepsis Eindeutigkeit und Sicherheit erlangen kann. Das geschieht nicht widerspruchsfrei und impliziert auch Kritik an gesellschaftlichen Vorgängen und institutionellen Veränderungen. Doch diese Kritik artikuliert sich nicht durch die Problematisierung von gesellschaftlichen Strukturen, sondern sucht nach den „wahren Übeltätern", die sich überall verstecken

152 Diese Elemente nennen Ewick/Silbey (1995) als Kriterien für die Möglichkeit der Konstruktion subversiver Geschichten.

können, und gegenwärtig immer schwerer zu enttarnen sind. Dabei geht weniger um ihre „Dingfestmachung" als um die Erlangung des Wissens, welche Orte und Bereiche von ihnen „bewohnt" und daher zu meiden sind. Das Erzählpublikum will sich selbst orientieren und sich selbst retten. Die narrativen Konstruktionen binärer Kategorien, von Gut/Böse, Eigenem/Fremdem, Reinheit/Unreinheit, Natur/Kultur, verantwortungsvoll/verantwortungslos, diszipliniert/undiszipliniert u.a.m., dienen der Bewältigung von Ambivalenz und der Herstellung von Sicherheit.

Die im öffentlichen Moral-Diskurs angebotene „herrschende Moral" wird aktiv und produktiv bearbeitet, so daß sie für die Bewältigung eigener moralischer Dilemmata und Alltagsprobleme benutzbar wird. Dies läßt sich gegen Horkheimer/Adorno (1969) festhalten, die das Publikum als eine Masse passiver, sozial isolierter Zuschauer beschrieben haben. In dieser Aneignung wird Isolation gerade überbrückt und bearbeitet durch die Erzeugung neuer Kommunikationssituationen, die wiederum kommunikative Aneignungen und (Weiter-) Bearbeitungen von Normen & Werten ermöglichen. Allerdings ist auch die Vorstellung zurückzuweisen, daß der informelle Diskurs eo ipso ein widerständiger, herrschaftsresistenter ist. Zwar unterscheiden sich die Narrationen des informellen Diskurses von den moralischen Narrationen des formellen Diskurses in Bezug auf die Form der Thematisierung von Inhalten (vgl. de Certeau 1988, Silverstone 1989), aber die in ihnen enthaltenen moralischen Bedeutungen und Bewertungen entsprechen überwiegend den hegemonialen „Einspeisungen" des öffentlichen Moral-Diskurses. Der „taktische Konsument" (de Certeau) verändert keine symbolischen Formen, er de- und rekontextualisiert diese aber, so daß sie für ihn selbst relevant werden können. Die öffentlichen Moral-Angebote werden vom Publikum auf Brauchbarkeit und Benutzbarkeit überprüft, und finden immer wieder eine produktive Verwendung in Geschichten über andere, in Geschichten über Ereignisse, die anderen passiert sind, oder die andere veranlaßt haben, so daß eine fremde (mediale) Erfahrungswelt für die eigene Lebenssituation Relevanz gewinnt.

Subversive Normbearbeitungen finden sich hauptsächlich in der Form der Aushandlung von Grenzen, die in der Bestätigung der herrschenden Moral von einem bestimmten Erzählpublikum immer wieder mal vorsichtig nach außen verschoben werden. Wo denn nun die Grenze genau markiert wird, an welchem Ort und durch welche Handlung die „Übertreibung" und Überschreitung beginnt, darüber verständigt sich das jeweilige Publikum in den betreffenden Situationen immer wieder von neuem.

Der Sagen-Diskurs ist ein Beispiel für einen informellen Diskurs, der sich gerade nicht durch eine „culture of contestation" (Lombardi-Satriani 1974) auszeichnet, sondern durch eine hegemoniale Lese- und Benutzungspraktik. Daher läßt sich Lull (1995) zustimmen, der gegen die optimistische und euphorische Widerstandsrhetorik der britischen Cultural Studies folgendes eingewendet hat:

„In the midst of celebrating human initiative, resistance, creativity, and transcendence, (...) let us not lose perspective. We have discussed (...) for instance how young people actively construct their cultural worlds by smartly using symbolic resources at their disposal. But youth rarely resist authority at a consious ideological level; rather they use media resources to pass time, solve personal problems, impress their friends, declare independence form their parents and other authority figures, form and maintain personal group identities, and so on. (...) Routine assimilation of media message content into everyday interpersonal discourse often introduces, reinforces, and extends the dominant ideological and cultural biases contained with them. Because audience members can only select from the range of media content made available to them, they can only receive, interpret, extend, and reformulate the same images, themes, and ideas. (...) Ironically, the personal, social and cultural uses of media hardware and content by audiences can be at the same time some of media's most profound effects." (Lull 1995, S. 168)

Der Sagen-Diskurs ist zwar kreativ und erfinderisch, er läßt dabei auch Phantasien zu, die öffentlich nur schwer zugänglich sind, aber inhaltlich wird ein „Triumph der Ordnung" gefeiert. Die Normbearbeitung bleibt überwiegend im hegemonialen Rahmen.

„Geschichten werden erzählt, die die Ausübung von Macht durch die zu rechtfertigen suchen, die sie besitzen, und die hilft, andere mit der Tatsache zu versöhnen, daß sie keine besitzen. Romane, Zeitungsartikel und Filme sind als Erzählungen konstruiert, die soziale Beziehungen schildern und die Folgen bestimmter Handlungen entfalten auf eine Art und Weise, die bestehende Machtbeziehungen unterstützen können. In den Geschichten und Späßen, die so sehr unseren Alltag füllen, sind wir dauernd damit beschäftigt, noch einmal zu erzählen, wie die Welt erscheint und die scheinbare Ordnung der Dinge durch Lachen zu verstärken, das auf Kosten anderer geht." (Thompson 1988, S. 29)

Dem läßt sich nun noch hinzufügen: Auch und vor allem durch Angstmachen wird Macht ausgeübt, durch Warnungen davor, den Pfad der Eigenständigkeit zu gehen, und durch das Aufzeigen, was denjenigen passiert, die das versuchen.

Während der persönliche Klatsch, bei dem auch Beispielgeschichten erzählt werden, ambivalent ist, weil persönlich bekannte Personen nicht immer nur verurteilt, sondern auch immer mal gelobt und anerkannt werden, mithin bekannte Personen moralisch bilanziert werden, konstruiert die moderne Sage Eindeutigkeiten und Typisierungen, die nicht mehr auf Besonderes, Konkretes und Spezifisches zurückverweisen. Das Erzählen moderner Sagen wird zum Einfallstor der Stereotype und Zensuren des ideologischen Diskurses, die eindeutige Verurteilungen da zur Selbstverständlichkeit erheben, wo konkrete, persönliche Erfahrungen das Bild vermutlich anders, ambivalenter und vielleicht insgesamt bunter und positiver zeichnen würden.

Der Prozeß der Rezeption von Normen & Werten ist ein paradoxer Prozeß, insofern die soziale Verbreitung hegemonialer moralischen Bedeutungen gerade darüber ermöglicht wird, daß sie in andere Kontexte gestellt werden (können), und daß sie vom Publikum für eigene, ganz andere als die vorgesehenen Zwecke benutzt werden. Der ideologische Effekt herrschender Moral stellt sich folglich erst dadurch ein, daß der private Moral-Diskurs zum öffentlichen ein instrumentelles Verhältnis eingeht.

7 Ausblick: Die Verbreitung hegemonialer Moralgeschichten

Meine Untersuchung der privaten Aneignung herrschender Moral hat sich auf einen Ausschnitt des alltäglichen Moral-Diskurses bezogen, der bislang von der soziologischen Forschung kaum berührt worden ist. Das Genre der modernen Sage, d.h. das Erzählen von Geschichten, die über Erlebnisse von Dritten berichten, die nicht real existieren, sondern schein-spezifisch gehalten werden, tatsächlich aber typisiert und unbekannt sind, verweist auf einen grundsätzlichen Mechanismus der Normverbreitung über Geschichten in der alltäglichen Kommunikation. Die hier untersuchten kommunikativen Versatzstücke konnten als hegemoniale Geschichten identifiziert werden, die in sehr verschiedenen Situationen einsetzbar sind und damit zur Ideologisierung des Alltags beitragen. In ihnen sind Grundszenen enthalten, die die herrschende Moral im Impliziten lassen, die sie im Selbstverständlichen verstecken, und die keine Reflexion über die gesellschaftliche Organisation der Wirklichkeit anregen, sondern nach *Auflösung* verlangen, die sich über die Bestätigung der Ordnung erreichen läßt. Diese paleosymbolischen Szenen werden nicht alleine über das Genre der modernen Sage verbreitet, wohl aber läßt sich davon ausgehen, daß in dieser Untersuchung einige Grundszenen herausgearbeitet werden konnten, die sich gesellschaftlich über viele kommunikative Gattungen und Formen – mit unterschiedlichen Effekten – weiterverbreiten. Dies ist möglich über andere „Kleinformen" der Alltagskommunikation, aber auch durch die „größeren" Genres, die mehrere Szenen verbinden und sozusagen Fortsetzungen bzw. Auflösungen anbieten, wo die Sagen-Geschichten bereits beendet sind. Weitere Forschung könnte sich den moralisch relevanten Bildern/Szenen, Symbolen und Metaphern, die im sozialen Raum produziert und rezipiert werden, im Prozeß ihrer Zirkulation widmen. Es eröffnet sich hier ein weites Forschungsfeld, das ich zum Abschluß eher stichwortartig umreißen möchte.

Zunächst läßt sich vom Genre der modernen Sage selbst ausgehen, um hier die weiteren Verbreitungs- und Normbearbeitungs-Prozesse zu untersuchen. Moderne Sagen verbleiben nicht im informellen, „inoffiziellen" Moral-Diskurs, sie werden in den verschiedenen Medien und Gattungen aufgegriffen und erfahren über diese weitere Verbreitung im sozialen Raum. Sagen-Geschichten finden Eingang in die Massenmedien (und ihre verschiedenen Sub-Gattungen), in die Literatur, in das Schulbuch, in den Film, in Ratgeber, in „Gebrauchsanweisungen" aller Art, in die Wissenschaft, in den Polizeibericht usw. Sie wirken damit wieder auf die öffentliche Realität zurück und werden hier zu Ressourcen für Moral-Paniken, Unsicherheits- und Ausschlußkampagnen. Besonders eignen sie sich für die Verwendung als „Horrorgeschichten", mit denen für ausgerufene soziale Probleme „schlimmste Fälle" vorgeführt werden können. Mit jeder neuen Kontextualisierung wird herrschende Moral weiterverbreitet und weiterbearbeitet. Es wäre besonders interessant herauszuarbeiten, auf welche Weise an die Grundszenen der Sagen-Geschichten jeweils angeschlossen wird.

Vor allem aber eröffnet sich das Forschungsfeld auf die größeren Gattungen, die die herausgearbeiteten Grundszenen nach „vorne" und nach „hinten" anreichern. Beispielhaft läßt sich hier darauf verweisen, daß in den Sagen-Geschichten die gefährlichen Kategorien in der Regel unbehelligt und unerkannt weiterwirken. Die Sage ist an der Gefahren-Wahrnehmung und an der Rettung interessiert und nicht so sehr an der Bekämpfung der Gefahr. Diese Bekämpfung zeichnet weite Bereiche der „großen" Genres der Kulturindustrie aus. Zu fragen ist jeweils, welche anderen Benutzungskontexte sich ergeben, und in welcher Weise und vor welchem Interessenhintergrund die moralischen Bedeutungen weiterbearbeitet werden. Wie verhält sich etwa der Polizeibericht über den „sexuellen Mißbrauch" zur letzten Hollywood-Produktion zu diesem Thema oder zu den Romanen eines auf das Thema abonnierten New Yorker Anwalts? Der Prozeß der Aneignung von Medienbotschaften ist ein fortwährender Prozeß, in dem moralische Bedeutungen ständig de- und rekontextualisiert und damit diskursiv weiterbearbeitet werden. Damit gibt es Rückwirkungen auf den Produktionsprozeß, die wiederum auch auf der Rezeptionsebene zum Tragen kommen. Moralische Bedeutungen werden kommunikativ ausgehandelt; sie sind damit zwar grundsätzlich „offen", faktisch aber höchst eingeengt durch eine geringe Anzahl von gesellschaftlich produzierten und verfügbaren Bildern, in denen sie aufgehoben und transportiert werden. *Der Moral-Verbreitungsprozeß wäre vor allem dahingehend zu untersuchen, wie in einem Prozeß der räumlichen Ausdehnung gleichzeitig ein Prozeß der Blickverengung auf wenige Bilder stattfindet.*

In der „natürlichen" Erzählsituation bilden die Sagen-Geschichten nur in Ausnahmefällen eine eigenständige Unterhaltung. Im Regelfall fließen diese Versatzstücke in Unterhaltungen ein, die sich aus einer wilden Mixtur von Gattungen zusammensetzen. Wie Untersuchungen zeigen (vor allem Wachs 1988), wechseln sich hier Erzählungen über eigene Erlebnisse mit modernen Sagen und Mediennacherzählungen ab, personalisierter Klatsch mit nichtpersonalisierten Gerüchten, werden „Meinungen" und „Einstellungen" vorgetragen, die über sehr verschiedene selbst erlebte und nicht selbst erlebte Erfahrungen verdeutlicht und belegt werden, wechseln Gespräche auch von lustigen zu ernsten Themen usw. Hier besteht noch ein großer Forschungsbedarf vor allem im Hinblick darauf, wie in der alltäglicher Erzählsituation die verschiedenen Gattungen zueinander gestellt werden, in welchem Verhältnis sie sozial konstituiert werden. Wenn moderne Sagen vor allem hegemoniale Moralgeschichten darstellen, die zur Einschüchterung und zur Warnung erzählt werden und die öffentliche Unwerturteile bestätigen, dann gilt es besonders nach den Bedingungen zu suchen, die aus dem Genre hinausweisen. Zu fragen wäre dabei nach den Beschaffenheit der Situationen, in denen es möglich wird, daß nicht hegemoniale Geschichten wirklichkeitsbestimmend werden, sondern eigene Alltagserfahrungen. Es gibt beide Möglichkeiten: Die eigene Alltagserfahrung kann den Horrorszenarien untergeordnet oder „angehängt" werden, sie kann aber auch zur Ressource werden, um Horrorgeschichten abzuwehren und anzuzweifeln und die Realität auf der Grundlage des eigenen Erfahrungswissens zu bestimmen. Die Suche nach den Bedingungen für die Befreiung aus dem Genre könnte von Bachtin angeleitet sein: Welche Kriterien erlauben und ermöglichen das Auslachen der Angst? Welche Möglichkeiten gibt es für hybride Situationsdefinitionen, die binäre Kategorisierungen verwischen? Wo und wie kann Ambivalenz produktiv bearbeitet werden? Zu fragen wäre nach den Möglichkeiten und Situationen, durch die und in denen das Erzählpublikum aus den Selbstverständlichkeiten ausbrechen und die „Zwischenräumlichkeiten" zum Ausgangspunkt für die Entdeckung des Ungewöhnlichen, Unangepaßten und Nicht-Selbstverständlichen machen kann.

Was Clements (1991) als kulturelle Vision entwickelt, wäre im Hinblick auf die Bedingungen der Herstellung entsprechender sozialer Situationen empirisch näher zu bestimmen:

„Contaminants, ogres and other violators of the culture order may stretch the imagination to allow inclusion of materials that do not conform to the conventional, the established, the ordered. The legend-teller and audience may participate in basic creativity by demonstrating to go beyond the system as innovative narrators and interested hearers and to explore unfamiliar – and maybe socially unapproved – concepts." (ebd. S. 89/90)

Quellenverzeichnis

Verzeichnis der Quellen des Geschichtensample

Brednich, Rolf Wilhelm, Die Spinne in der Yucca-Palme. Sagenhafte Geschichten von heute, München 1990.

Brednich, Rolf Wilhelm, Die Maus im Jumbo-Jet. Neue sagenhafte Geschichten von heute, München 1991.

Brednich, Rolf Wilhelm, Das Huhn mit dem Gipsbein. Allerneueste sagenhafte Geschichten von heute, München 1993.

Fischer, Helmut, Der Rattenhund. Das Beispiel einer „neuen" Sage, in: Rheinisches Jahrbuch für Volkskunde 26, 1985/86, S. 177-195.

Fischer, Helmut, Der entmythologisierte Dämon. Beispiele aus dem gegenwärtigen Erzählgut, in: Petzoldt, Leander/de Rachewiltz (Hg.), Der Dämon und sein Bild, Frankfurt/Bern/New York/Paris 1989, S. 27-41.

Fischer, Helmut, Ethnische Stereotypen in der gegenwärtigen Volkserzählung, in: Fabula 31, 1990, S. 262-271.

Fischer, Helmut, Der Rattenhund. Sagen der Gegenwart, Köln/Bonn 1991.

Knierim, Volker, Auto, Fremde, Tod. Automobile und Reisen in zeitgenössischen deutschsprachigen Sensationserzählungen, in: Fabula 26, 1985, S. 230-244.

Lauf, Edmund, Gerücht und Klatsch. Die Diffusion der „abgerissenen Hand", Berlin 1990.

Wehse, Rainer, Die „moderne" Sage in Deutschland, in: Zeitschrift für Volkskunde 86, 1990, S. 67-79.

Verzeichnis weiterer Quellen mit umfangreichem Geschichtenmaterial

Brednich, Rolf Wilhelm, Die Ratte am Strohhalm. Allerneueste Sagenhafte Geschichten von heute, München 1996.

Brunvand, Jan Harold, The Vanishing Hitchhiker. American Urban Legends and Their Meanings, New York/London 1981.

Brunvand, Jan Harold, The Choking Doberman and Other „New" Urban Legends, New York/London 1984.

Brunvand, Jan Harold, The Mexican Pet. More „New" Urban Legends and Some Old Favorites, New York/London 1986.

Brunvand, Jan Harold, Curses! Broiled! Again! The Hottest Urban Legends Going, New York/London 1989.

Brunvand, Jan Harold, The Baby Train & Other Lusty Urban Legends, New York/London 1993.

Fine, Gary Alan, Manufacturing Tales. Sex and Money in Contemporary Legends, Knoxville 1992.

Klintberg, Bengt af, Die Ratte in der Pizza. Und andere moderne Sagen und Großstadtmythen, Kiel 1990.

Smith, Paul, The Book of Nasty Legends, London/Boston/Melbourne 1983.

Smith, Paul, The Book of Nastier Legends, London/Boston/Melbourne 1986.

Turner, Patricia A., I Heard It Through The Grapevine. Rumor in African-American Culture, Berkeley/Los Angeles/London 1993.

Verzeichnis von länder- und themenzentrierten Sammlungen

Barnes, Daniel R., Some Functional Horror Stories on the Kansas University Campus, in: Southern Folklore Quarterly 30, 1966, S. 305-321.

Boskovic-Stulli, Maja, Zeitungen, Fernsehen, mündliches Erzählen in der Stadt Zagreb, in: Fabula 20, 1979, S. 8-17.

Buchan, David, The Modern Legend, in: Green, A.E./Widdowson, J.D.A. (eds.), Language, Culture And Tradition, Leeds/Sheffield 1981, S. 1-15.

Campion-Vincent, Véronique, Contemporary Legends about Animal-releases in Rural France, in: Fabula 31, 1990, S. 242-253.

Campion-Vincent, Véronique, Demonologies in Contemporary Legends and Panics, in: Fabula 34, 1993, S. 238-251.

Cord, Xenia E., Department Store Snakes, in: Indiana Folklore 2, 1969, S. 110-114.

Dégh, Linda, Neue Sagenerscheinungen in der industriellen Umwelt der USA, in: Röhrich, Lutz (Hg.), Probleme der Sagenforschung, Freiburg/Br. 1973, S. 34-51.

Dorson, Richard M., American Folklore, Chicago/London 1959.

Dorson, Richard M., Land of the Millrats, Cambridge 1981.

Fix, Ulla, Moderne Sagen in der DDR, in: Fabula 35, 1994, S. 94-109.

Klintberg, Bengt af, Legends and Rumours about Spiders and Snakes, in: Fabula 26, 1985, S. 274-287.

Samuelson, Sue, European and American Adolescent Legends, in: ARV, Scandinavian Yearbook of Folklore 37, 1981, S. 133-139.

Sanderson, Stewart F., The Folklore of the Motor-Car, in: Folklore 80, 1969, S.241-252.

Schneider, Ingo, Geschichten über Aids. Zum Verhältnis von Sage und Wirklichkeit, in: Österreichische Zeitschrift für Volkskunde 46, 1992, S. 1-27.

Shenhar, Aliza, Legendary rumors as social control in the Israeli Kibbutz, in: Fabula 30, 1989, S. 63-82.

Shorrocks, Graham, Further aspects of restaurant stories, in: Lore & Language, 1980, S. 71-74.

Roth, Klaus, Erzählen im sozialistischen Alltag: Beobachtungen zu Strategien der Lebensbewältigung in Südosteuropa, in: Zeitschrift für Volkskunde 87, 1991, S.181-195.

Simonides, Dorota, Moderne Sagenbildung im polnischen Großstadtmilieu, in: Fabula 28, 1987, S. 269-278.

Simonides, Dorota, Contemporary Urban Legends in Poland, in: Röhrich, Lutz/ Wienker-Piepho, Sabine (eds.), Storytelling in Contemporary Societies, Tübingen 1990, S.45-50.

Top, Stefaan, Modern Legends in the Belgian Oral Tradition, in: Fabula 31, 1987, S.272-278.

Literatur

Abercrombie, Nicholas, Popular culture and ideological effects, in: Abercrombie, Nicholas/ Hill, Stephen/ Turner, Bryan S. (eds.), Dominant Ideologies, London/New York 1992, S. 199-228.

Abercrombie, Nicholas/Hill, Stephen/Turner, Bryan S., The Dominant Ideology Thesis, London 1980.

Adorno, Theodor W., Studien zum autoritären Charakter, Frankfurt/Main 1973.

Allport, Gordon W./Postman, Leo, The Psychology of Rumor, New York 1947.

Althoff, Martina, Die Herstellung von rassistischen Bildern in den Medien. Der 'ideale' Asylbewerber, in: Frehsee, Detlev/Löschper, Gabi/Smaus, Gerlinda (Hg.), Konstruktion der Wirklichkeit durch Kriminalität und Strafe, Baden-Baden 1997, S. 392-403.

Althusser, Louis, Ideologie und ideologische Staatsapparate, Hamburg 1976.

Apitzsch, Ursula, Gramsci und die Diskussion um Multikulturalismus, in: Das Argument, 191, 1992, S. 53-62.

Apitzsch, Ursula, Migration und Traditionsbildung. Biographien Jugendlicher ausländischer Herkunft, in: Karpf, Ernst/Kiesel, Doron (Hg.), Politische Bildung und politische Kultur ausländischer Jugendlicher (Arnoldshainer Texte), 1996 (im Druck).

Attebery's, Louie W., It was a Desoto, in: Journal of American Folklore 83, 1970, S.452-457.

Babcock, Barbara A. (ed.), The Reversible World. Symbolic Inversion in Art and Society, Ithaca/London 1978.

Babcock-Abrahams, Barbara, „A Tolerated Margin of Mess“: The Trickster and his Tales Reconsidered, in: Journal of Folklore Institute 11, 1975, S. 147-186.

Bachtin, Michel, Rabelais und seine Welt. Volkskultur als Gegenkultur, Frankfurt/Main 1995.

Badinter, Elisabeth, Die Mutterliebe. Geschichte eines Gefühls vom 17. Jahrhundert bis heute, München 1981.

Ball, Donald W., The Problematics of Respectability, in: Douglas, Jack D. (ed.), New York/ London 1970.

Bahrdt, Hans Paul, Schlüsselbegriffe der Soziologie, München 1994.

Baker, Ronald L., The Influence of Mass Culture on Modern Legends, in: Southern Folklore Quarterly 40, 1976, S. 367-376.

Barnes, Daniel R., Some Functional Horror Stories on the Kansas University Campus, in: Southern Folklore Quarterly 30, 1966, S. 305-321.

Barnes, Daniel R., Interpreting urban legends, in: ARV. Scandinavian Yearbook of Folklore 40, 1984, S. 67-87.

Barthes, Roland, Mythen des Alltags, Frankfurt/Main 1976.

Bauman, Richard, Story, Performance and Event. Contextual Studies of Oral Narrative, Cambridge 1986.

Bauman, Richard (ed.), Folklore, Cultural Performances and Popular Entertainments. A Communications-centered Handbook, New York/Oxford 1992.

Bauman, Richard/Briggs, Charles L., Poetics and Performance as Critical Perspectives in Language and Social Life, in: Annual Review of Anthropology 19, 1990, S.59-88.

Bauman, Zygmunt, Moderne und Ambivalenz. Das Ende der Eindeutigkeit, Hamburg 1992.

Bausinger, Hermann, Strukturen des alltäglichen Erzählens, in: Fabula 1, 1958, S.239-251.

Bausinger, Herrmann, Zum Beispiel, in: Harkort, Fritz u.a. (Hg.) Volksüberlieferung, Festschrift für K. Ranke, Göttingen 1968, S. 9-18.

Bausinger, Hermann, Alltägliches Erzählen, in: Enzyklopädie des Märchens, Berlin/New York, Bd. 1, 1977, Spalte 323-330.

Bausinger, Herrmann, On Contexts, in: Burlakoff, Nikolai/Lindahl, Carl (eds.), Folklore on Two Continents. Essays in Honor of Linda Dégh, Bloomington 1980, S.273-309.

Beck, Ulrich, Risikogesellschaft. Auf dem Weg in eine andere Moderne, Frankfurt/ Main 1986.

Ben-Amos, Dan, Analytical Categories and Ethnic Genres, in: Ben-Amos, Dan (ed.), Folklore Genres, Austin/London 1976, S. 215-242.

Ben-Amos, Dan, Toward a Definition of Folklore in Context, in: Brunvand, Jan Harold (ed.), Readings in Folklore, New York 1979, S. 427-443.

Bennett, Gillian, What's „Modern“ about the Modern Legend?, in: Fabula 26, 1985, S.219-229.

Bennett, Gillian, Problems in Collecting and Classifying Urban Legends. A personal Experience, in: Bennett, Gillian/Smith, Paul (eds.), Sheffield 1987.

Bennett, Gillian, Legend: Performance and Truth, in: Bennett, Gillian/Smith, Paul 1988, S. 13-36.

Bennett, Gillian/Smith, Paul/Widdowson, J.D.A. (eds.), Perspectives on Contemporary Legend, Volume II, Sheffield 1987.

Bennett, Gillian/Smith, Paul (eds.), Monsters with Iron Teeth, Perspectives on Contemporary Legend, Volume III, Sheffield 1988.

Bennett, Gillian/Smith, Paul (eds.), The Questing Beast, Perspectives on Contemporary Legend, Volume IV, Sheffield 1989.

Bennett, Gillian/Smith, Paul (eds.), A Nest of Vipers, Perspectives on Contemporary Legend, Volume V, Sheffield 1990.

Bergmann, Jörg R., Klatsch. Zur Sozialform der diskreten Indiskretion, Berlin/New York 1987.

Best, Joel, Threatened Children. Rhetoric and Concern about Child-Victims, Chicago/ London 1990.

Best, Joel, Bad Guys and random violence: folklore and media constructions of contemporary deviance, in: Contemporary Legend 1, 1991a, S. 107-121.

Best, Joel, „Road Warriors“ on „Hair-Trigger Highways“: Cultural Resources and the Media's Construction of the 1987 Freeway Shootings Problem, in: Sociological Inquiry 61, 1991b, 327-345.

Best, Joel/Horiuchi, Gerald T., The Razor Blade in the Apple: The Social Construction of Urban Legends, in: Social Problems, Vol. 32, 1985, S. 488-499.

Blum, Alan F./Mc Hugh, Peter, Die gesellschaftliche Zuschreibung von Motiven, in: Lüderssen, Klaus/Sack, Fritz (Hg.), Seminar: Abweichendes Verhalten II, Frankfurt/Main 1975.

Bonß, Wolfgang, Unsicherheit und Gesellschaft – Argumente für eine soziologische Risikoforschung, in: Soziale Welt 42, 1991, S. 258-277.

Bopp, Jörg, Die Tyrannei des Körpers, in: Kursbuch 88, 1987, S. 49-66.

Boskovic-Stulli, Maja, Zeitungen, Fernsehen, mündliches Erzählen in der Stadt Zagreb, in: Fabula 20, 1979, S.8-17.

Bourdieu, Pierre, Die feinen Unterschiede. Kritik der gesellschaftlichen Urteilskraft, Frankfurt/Main 1987.

Brednich, Rolf Wilhelm, Die Spinne in der Yucca-Palme. Sagenhafte Geschichten von heute, München 1990.

Brednich, Rolf Wilhelm, Die Maus im Jumbo-Jet. Neue sagenhafte Geschichten von heute, München 1991.

Brednich, Rolf Wilhelm, Das Huhn mit dem Gipsbein. Neueste sagenhafte Geschichten von heute, München 1993.

Brednich, Rolf Wilhelm, Sagenhafte Geschichten von heute, München 1994.

Brednich, Rolf Wilhelm, Die Ratte am Strohhalm. Allerneueste sagenhafte Geschichten von heute, München 1996.

Bromley, David G., The Satanic Cult Scare, in: Society, 1991, S. 55-66.

Brown, Mary Ellen (ed.), Television and Women's Culture. The Politics of the Popular, London/Newbury Park/New Delhi 1990.

Bruner, Jerome, Acts of Meaning, Cambridge/London 1990.

Bruner, Jerome, The Narrative Construction of Reality, in: Critical Inquiry 18, 1991, S.1-21.

Brunvand, Jan Harold, The Vanishing Hitchhiker. American Urban Legends and Their Meanings, New York/London 1981.

Brunvand, Jan Harold, The Choking Doberman and Other „New“ Urban Legends, New York/London 1984.

Brunvand, Jan Harold, The Mexican Pet. More „New“ Urban Legends and Some Old Favorites, New York/London 1986.

Brunvand, Jan Harold, Curses! Broiled Again! The Hottest Urban Legends Going, New York/London 1989.

Brunvand, Jan Harold, The Baby Train & Other Lusty Urban Legends, New York/London 1993.

Buchan, David, The Modern Legend, in: Green, A.E./Widdowson, J.D.A (eds.), Language, Culture And Tradition, Leeds/Sheffield 1981, S. 1-15.

Bude, Heinz, Die soziologische Erzählung, in: Jung, Thomas/Müller-Doohm (Hg.), „Wirklichkeit“ im Deutungsprozeß: Verstehen und Methoden in den Kultur- und Sozialwissenschaften, Frankfurt/Main 1993, S. 409-429.

Bürger, Christa, Die soziale Funktion volkstümlicher Erzählformen – Sage und Märchen, in: Ide, Heinz (Hg.), Projekt Deutschunterricht. Kritisches Lesen – Märchen – Sage – Fabel – Volksbuch, Stuttgart 1971, S. 26-56.

Burger, Rudolf, An der Legitimations-Börse. Mediale Sittlichkeit oder die neue Lust auf Tugend, in: Frankfurter Rundschau, 15. Juli 1989.

Burke, Kenneth, A Grammar of Motives, New York 1945.

Burke, Kenneth, On Symbols and Society, Chicago/London 1989.

Campion-Vincent, Véronique, Contemporary Legends about Animal-releases in Rural France , in: Fabula 31, 1990, S. 242-253.

Campion-Vincent, Véronique, Preaching Tolerance?, in: Folklore, Vol. 106, 1995, S.21-30.

Campion-Vincent, Véronique, Demonologies in Contemporary Legends and Panics, in: Fabula 34, 1993, S. 238-251.

Carroll, Michael P., 'The Castrated Boy': Another Contribution to the Psychoanalytic Study of Urban Legends, in: Folklore, Vol. 98, 1987, S. 216-225.

Cassirer, Ernst, Philosophie der symbolischen Formen, 2. Teil: Das mythische Denken, Oxford 1954.

De Certeau, Michel, Die Kunst des Handels, Berlin 1988.

Christie, Nils, Conflicts as Property, in: British Journal of Criminology 17, 1977, S.1-15.

Clements, William M., Mythography and the Modern Legend: Interpreting „The Hook“, in: Journal of Popular Culture 19, 1986, S. 39-46.

Clements, William M., Interstitiality in contemporary legends, in: Contemporary Legend 1, 1991, S. 81-91.

Cohen, Stanley, Folk Devils and Moral Panics: The Creation of the Mods and Rockers, London 1972.

Cohen, Stanley/Young, Jock (eds.), The Manufacture of News, London 1981.

Comaroff, Jean/Comaroff, John, Of Revelation and Revolution, Chicago/London 1991.

Cord, Xenia E., Further Notes on „The Assailant in the Back Seat“, in: Indiana Folklore 2, 1969, S. 47-54.

Cord, Xenia E., Department Store Snakes, in: Indiana Folklore 2, 1969, S. 110-114.

Crane, Beverly, The Structure of Value in 'The Roommate's Death': A Methodology for Interpretive Analysis of Folk Legends, in: Journal of the Folklore Institute 14, 1977, S. 133-149.

Cremer-Schäfer, Helga, Was sichert Sicherheitspolitik? Über den politischen Nutzen steigender Kriminalität und ausufernder Gewalt, in: Kampmeyer, Eva/Neumeyer Jürgen (Hg.), Innere Unsicherheit. Eine kritische Bestandsaufnahme, München 1993.

Cremer-Schäfer, Helga/Stehr, Johannes, Der Normen-&-Werte-Verbund. Strafrecht, Medien und herrschende Moral, in: Kriminologisches Journal, 1990a, S. 82-104.

Cremer-Schäfer, Helga/Stehr, Johannes, Das Moralisieren und Skandalisieren von Problemen, in: Kriminalsoziologische Bibliografie, 1990b, S. 21-42.

Cremer-Schäfer, Helga/Steinert, Heinz, Herrschaftsverhältnisse, Politik mit der Moral und moralisch legitimierter Ausschluß, in: Kriminologisches Journal 23, 1991, S.173-188.

Dahlgren, Peter, What's the meaning of this? Viewers' plural sensemaking of TV News, in: Scannell, Paddy u.a. (eds.), London/Newbury Park/New Delhi 1992, S.201-217.

Dégh, Linda, The Roommate's Death and related Dormitory Stories in Formation, in: Indiana Folklore 2, 1969, S. 55-74.

Dégh, Linda, The 'Belief Legend' in Modern Society: Form, Function, and Relationship to Other Genres, in: Hand, Wayland D (ed.), American Folk Legend. A Symposium, Berkeley/Los Angeles/London 1971, S, 55-68.

Dégh, Linda, Neue Sagenerscheinungen in der industriellen Umwelt der USA, in: Röhrich, Lutz (Hg.), Probleme der Sagenforschung, Freiburg/Br. 1973, S. 34-51.

Dégh, Linda, Stadt-Land-Unterschiede in den USA, dargelegt am Beispiel moderner Sagenbildung, in: Kaufmann, Gerhard (Hg.), Stadt-Land-Beziehungen. Verhandlungen des 19. Deutschen Volkskundekongresses in Hamburg 1973, Göttingen 1975, S.93-106.

Dégh, Linda, What is the Legend after all?, in: Contemporary Legend 1. 1991, S.11-38.

Dégh, Linda, Narratives in Society: A Performer-Centered Study of Narration, Helsinki 1995a.

Dégh, Linda, Eine außergewöhnliche Variante der Sage von der „gestohlenen Großmutter", in: Lipp, Carola (Hg.), Medien popularer Kultur. Erzählung, Bild und Objekt in der volkskundlichen Forschung, Frankfurt/New York 1995, S. 35-47.

Demirovic, Alex, Vom Vorurteil zum Neorassismus. Das Objekt „Rassismus" in Ideologiekritik und Ideologietheorie, in: Institut für Sozialforschung (Hg.), Aspekte der Fremdenfeindlichkeit. Beiträge zur aktuellen Diskussion, Frankfurt/New York 1992, S. 21-54.

Diamond, Stanley, Kritik der Zivilisation. Anthropologie und die Wiederentdeckung des Primitiven, Frankfurt/New York 1976.

Dijk, Teun A. van, Communicating Racism. Ethnic Prejudice in Thought and Talk, Newbury Park 1987.

Dijk, Teun A. van, Rassismus heute: Der Diskurs der Elite und seine Funktion für die Reproduktion des Rassismus, DISS-Texte Nr. 14, Duisburg 1991.

Dornheim, Jutta, Kranksein im dörflichen Alltag. Soziokulturelle Aspekte des Umgangs mit Krebs, Tübingen 1983.

Dorson, Richard M., American Folklore, Chicago/London 1959.

Dorson, Richard M., Land of the Millrats, Cambridge 1981.

Douglas, Jack D., Deviance and Respectability: The Social Construction of Moral Meanings, in: Douglas, Jack D. (ed.), Deviance & Respectability. The Social Construction of Moral Meanings, New York/London 1970, S. 3-30.

Douglas, Mary, Purity and Danger, London 1966. Deutsch: Reinheit und Gefährdung. Eine Studie zu Vorstellungen von Verunreinigung und Tabu, Berlin 1985.

Douglas, Mary, Ritual, Tabu und Körpersymbolik, Frankfurt/Main 1974.

Douglas, Mary, Implicit Meanings. Essays in anthropology, London/Boston 1975.

Dundes, Alan, On the Psychology of Legend, in: Hand, Wayland D (ed.), American Folk Legend. A Symposium, Berkeley/Los Angeles/London 1971, S. 21-36.

During, Simon, Introduction, in: During, Simon (ed.), The Cultural Studies Reader, London/New York 1993, S. 1-25.

Durkheim, Emile, Über die Teilung der sozialen Arbeit, Frankfurt/Main 1977.

Duve, Tamara, Hexenjagd in Deutschland. Anmerkungen zum Fall 'Montessori', in: Rutschky, Katharina/Wolff, Reinhart (Hg.), Handbuch Sexueller Mißbrauch, Hamburg 1994, S. 233-241.

Eagleton, Terry, Ideologie. Eine Einführung, Stuttgart/Weimar 1993.

Eco, Umberto, Für eine semiologische Guerilla, in: Eco, Umberto, Über Gott und die Welt, München 1985, S. 146-156.

Edelman, Murray, Politik als Ritual. Die symbolische Funktion staatlicher Institutionen und politischen Handelns, Frankfurt/Main/New York 1976.

Eder, Klaus, Die Vergesellschaftung der Natur. Studien zur sozialen Evolution der praktischen Vernunft, Frankfurt/Main 1988.

Ehlich, Konrad, (Hg.), Erzählen im Alltag, Frankfurt/Main 1980.

Ehrenreich, Barbara, Angst vor dem Absturz. Das Dilemma der Mittelklasse, Reinbek 1994.

Eirmbter, Willy H./Hahn, Alois/Jacob, Rüdiger, AIDS und die gesellschaftlichen Folgen, Frankfurt/New York 1993.

Ellis, Bill, Why Are Verbatim Transcripts of Legends Necessary?, in: Bennett, Gillian/ Smith, Paul (eds.), Sheffield 1987, S. 31-60.

Erikson, Kai T., Die widerspenstigen Puritaner. Zur Soziologie abweichenden Verhaltens, Stuttgart 1978.

Ernst, Heiko, Das Gerücht von Orléans. Eine klassische Fallgeschichte, in: Psychologie Heute, Mai 1989, S. 25-27.

Ewick, Patricia/Silbey, Susan S., Subversive Stories and Hegemonic Tales: Toward a Sociology of Narrative, in: Law & Society Review, Vol. 29, 1995, S. 197-226.

Fine, Gary Alan, Rumors and Gossiping, in: Handbook of Discourse Analysis, Vol. 3, 1985, S. 223-237.

Fine, Gary Alan, The City As a Folklore Generator: Legends In The Metropolis, in: Urban Resources, Vol. 4, 1987, S. 3-6, 61.

Fine, Gary Alan, The Third Force in American Folklore: Folk Narratives and Social Structures, in: Fabula 29, 1988, S. 342-353.

Fine, Gary Alan, Manufacturing Tales. Sex and Money in Contemporary Legends, Knoxville 1992.

Finkelstein, Joanne, Fashion, Taste and Eating Out, in: The Polity Reader in Cultural Theory, Cambridge 1994, S. 277-283.

Fischer, Helmut, Der Rattenhund. Das Beispiel einer „neuen" Sage, in: Rheinisches Jahrbuch für Volkskunde 26, 1985/86, S. 177-195.

Fischer, Helmut, Der entmythologisierte Dämon. Beispiele aus dem gegenwärtigen Erzählgut, in: Petzoldt, Leander/de Rachewiltz (Hg.), Der Dämon und sein Bild, Frankfurt/Bern/New York/Paris 1989.

Fischer, Helmut, Ethnische Stereotypen in der gegenwärtigen Volkserzählung, in: Fabula 31, 1990, S. 262-271.

Fischer, Helmut, Der Rattenhund. Sagen der Gegenwart, Köln/Bonn 1991.

Fishman, Mark, Crime waves as ideology, in: Social Problems 25, 1978, S. 531-543.

Fiske, John, Understanding Popular Culture, Boston 1989a.

Fiske, John, Reading the Popular, Boston 1989b.

Fix, Ulla, Moderne Sagen in der DDR, in: Fabula 35, 1994, S. 94-109.

Foucault, Michel, Überwachen und Strafen, Frankfurt/Main 1976.

Gamson, William A., Talking Politics, Cambridge 1992.

Gamson, William A./Croteau, David/Hoynes, William/Sasson, Theodore, Media Images and the Social Construction of Reality, in: Annual Review of Sociology 18, 1992, S. 373-393.

Garland, David, Punishment and Modern Society, Oxford 1990.

Georges, Robert A., Toward an Understanding of Storytelling Events, in: Journal of American Folklore, 1969, S. 313-329.

Gennep, Arnold van, The Rites of Passage, London 1960.

Gerndt, Helge, Gedanken zur heutigen Sagenforschung, in: Bayrisches Jahrbuch für Volkskunde 1991, S. 137-145.

Gerth, Hans/Mills, C. Wright, Motivvokabulare, in: Steinert, Heinz (Hg.), Symbolische Interaktion, Stuttgart 1973, S. 156-161.

Giddens, Anthony, The Constitution of Society, Cambridge 1984.

Glazer, Mark, The Cultural Adaptation of a Rumour Legend: The Boyfriends Death in South Texas, in: Bennett, Gillian/Smith, Paul (eds.), Sheffield 1987, S. 93-108.

Gluckman, Max, Custom and Conflict in Africa, Oxford 1956.

Gluckman, Max, Gossip and Scandal, in: Current Anthropology, Vol. 4, 1963, S.307-316, deutsch: Klatsch und Skandal, in: Ebbighausen, Rolf/Neckel, Sighard (Hg.), Anatomie des politischen Skandals, Frankfurt/Main 1989, S. 17-35.

Goffman, Erving, Rahmen-Analyse. Ein Versuch über die Organisation von Alltagserfahrungen, Frankfurt/Main 1980.

Goldstein, Diane E., Welcome to the mainland, welcome to the world of AIDS: cultural viability, localization and contemporary legend, in: Contemporary Legend 2, 1992, S. 23-40.

Goode, Erich/Ben-Yehuda, Nachman, Moral Panics. The Social Construction of Deviance, Oxford/Cambridge 1994.

Gouldner, Alvin W., The Dialectic of Ideology and Technology. The Origins, Grammar and Future of Ideology, London 1976.

Gramsci, Antonio, Marxismus und Kultur, Hamburg 1983.

Grider, Sylvia, Dormitory Legend-Telling in Progress: Fall, 1971 – Winter, 1973, in: Indiana Folklore 6, 1973, S. 1-32.

Gubrium, Jaber F., For a Cautious Naturalism, in: Miller, Gale/Holstein, James A. (eds.), New York1993, S. 55-68.

Günthner, Susanne/Knoblauch, Hubert, „Forms are the Food of Faith". Gattungen als Muster kommunikativen Handelns, in: Kölner Zeitschrift für Soziologie und Sozialpsychologie 46, 1994, S. 693-723.

Gusfield, Joseph R., Symbolic Crusade. Status Politics and the American Temperance Movement, Chicago/London 1963.

Gusfield, Joseph, R. Moral Passage: The Symbolic Process in Public Designations of Deviance, in: Social Problems 15, 1968, S. 175-188.

Gusfield, Joseph R., The Culture of Public Problems. Drinking-Driving and the Symbolic Order, Chicago/London 1981.

Gusfield, Joseph R., Introduction, in: Burke, Kenneth, On Symbols and Society, Chicago/London 1989a, S. 1-49.

Gusfield, Joseph R., Constructing the Ownership of Social Problems: Fun and Profit in the Welfare State, in: Social Problems 36, 1989b, S. 431-441.

Gusfield, Joseph R., Nature's Body and the Metaphers of Food, in: Lamont, Michèle/ Fournier, Marcel (ed.), Cultivating Differences. Symbolic Boundaries and the Making of Inequality, Chicago/London 1992, S. 75-103.

Habermas, Jürgen, Faktizität und Geltung. Beiträge zur Diskurstheorie des Rechts, Frankfurt/Main 1992.

Hahn, Alois/Jacob, Rüdiger, Der Körper als soziales Bedeutungssystem, in: Fuchs, Peter/ Göbel, Andreas (Hg.), Der Mensch – das Medium der Gesellschaft?, Frankfurt/Main 1994, S. 146-188.

Hall, Stuart, Rassismus als ideologischer Diskurs, in: Das Argument 178, 1989a, S. 913-921.

Hall, Stuart, Ideology and Communication Theory, in: Dervin, Brenda u.a. (eds.) Rethinking Communication, Vol. 1, Newbury Park/London/New Delhi 1989b, S.40-52.

Hall, Stuart, Encoding/decoding, in: Hall, Stuart u.a. (eds.), Culture, Media, Language, London 1980.

Hall, Stuart/Critcher, Chas/Jefferson, Tony/Clarke, John/Roberts, Brian, Policing the Crisis. Mugging, the State, and Law and Order, Basingstoke/London 1978.

Hammerschick, Walter/Karazman-Morawetz, Inge/Stangl, Wolfgang (Hg.), Die sichere Stadt. Prävention und kommunale Sicherheitspolitik, Jahrbuch für Rechts- und Kriminalsoziologie 1995, Baden-Baden 1996.

Hanak, Gerhard/Stehr, Johannes/Steinert, Heinz, Ärgernisse und Lebenskatastrophen. Über den alltäglichen Umgang mit Kriminalität, Bielefeld 1989.

Harris, David, From Class Struggle to the Politics of Pleasure, London/New York 1992.

Herrnstein Smith, Barbara, Narrative Versions, Narrative Theories, in: Critical Inquiry 1980, S. 213-236.

Hess, Henner, Kriminalität als Alltagsmythos. Ein Plädoyer dafür, Kriminologie als Ideologiekritik zu betreiben, in: Kritische Kriminologie heute, 1. Beiheft des Kriminologischen Journals 1986, S. 24-44.

Hess, Henner/Stehr, Johannes, Die ursprüngliche Erfindung des Verbrechens, in: Kriminologie und Geschichte, 2. Beiheft des Kriminologischen Journals, 1987, S.18-56.

Higgins, Christine, Naturalising 'Horror' Stories: Australian Crime News as Popular Culture, in: Craven, Ian (ed.), Australian Popular Culture, Cambridge 1994, S.135-148.

Hobson, Dorothy, Women Audiences and the Workplace, in: Brown, Mary Ellen (ed.), Television and Women's Culture. The Politics of the Popular, London/Newbury Park/New Delhi, 1990, S. 61-72.

Holly, Werner/Püschel, Ulrich (Hg.), Medienrezeption als Aneignung. Methoden und Perspektiven qualitativer Medienforschung, Opladen 1993.

Horkheimer, Max/Adorno, Theodor W., Dialektik der Aufklärung, Frankfurt/Main 1969.

Ibarra, Peter R./Kitsuse, John I., Vernacular Constituents of Moral Discourse: An Interactionist Proposal for the Study of Social Problems, in: Miller, Gale/Holstein, James A. (eds.), New York 1993.

Jäger, Siegfried, BrandSätze. Rassismus im Alltag, DISS-Studien, Duisburg 1992.

Jansen, William Hugh, The Surpriser Surprised, in: Brunvand, Jan Harold (ed.), Readings in American Folklore, New York 1979, S. 65-90.

Jensen, Klaus Bruhn, The politics of polysemy: television news, everyday consiousness and political action, in: Scannell, Paddy u.a. (eds.) London/Newbury Park/New Delhi 1992, S. 218-238.

Jewett, Robert/Lawrence, John Shelton, Norm Demolition Derbies: Rites of Reversal in Popular Culture, in: Journal of Popular Culture 9, 1976, S. 976-982.

Kapferer, Jean-Noel, Rumors. Uses, Interpretation, and Images, New Brunswick/London 1990. Deutsch: Gerüchte. Das älteste Massenmedium der Welt, Leipzig 1996.

Kaschuba, Wolfgang, Volkskultur zwischen feudaler und bürgerlicher Gesellschaft, Frankfurt/New York 1988.

Katz, Jack, What makes crime 'news'?, in: Media, Culture and Society, 1987, S. 47-75.

Kellner, Doug, Fernsehen, Ideologie und emanzipatorische Massenkultur, in: Dollars & Träume. Studien zu Politik, Ökonomie, Kultur der USA, Band 3, 1981, S. 43-61.

Kellner, Douglas, Kulturindustrie und Massenkommunikation. Die Kritische Theorie und ihre Folgen, in: Bonß, Wolfgang/Honneth, Axel (Hg.), Sozialforschung als Kritik. Zum sozialwissenschaftlichen Potential der Kritischen Theorie, Frankfurt/Main 1982, S. 482-515.

Keppler, Angela, Der Verlauf von Klatschgesprächen, in: Zeitschrift für Soziologie 16, 1987, S. 288-302.

Keppler, Angela, Beispiele in Gesprächen. Zu Form und Funktion exemplarischer Geschichten, in: Zeitschrift für Volkskunde, 1988, S. 39-57.

Keppler, Angela, Fernsehunterhaltung aus Zuschauersicht, in: Holly, Werner/Püschel, Ulrich (Hg.), Opladen 1993, S. 103-113.

Keppler, Angela, Tischgespräche. Über Formen kommunikativer Vergemeinschaftung am Beispiel der Konversation in Familien, Frankfurt/Main 1994.

Kersten, Joachim, Kriminalität, Kriminalitätsangst und Männlichkeitskultur, in: Kriminalsoziologische Bibliografie 18, 1991, S. 41-64.

Klintberg, Bengt af, Why are there so many Modern Legends about Revenge?, in: Smith, Paul (ed.), Sheffield 1984, S. 141-146.

Klintberg, Bengt af, Legends and Rumours about Spiders and Snakes, in: Fabula 26, 1985, S. 274-287.

Klintberg, Bengt af, Die Ratte in der Pizza. Und andere moderne Sagen und Großstadtmythen, Kiel 1990a.

Klintberg, Bengt af, Do the Legends of Today and Yesterday belong to the same Genre?, in: Röhrich, Lutz/Wienker-Piepho, Sabine (Hg.), Storytelling in Contemporary Societies, Tübingen 1990, S.113-123.

Knierim, Volker, Auto, Fremde, Tod. Automobile und Reisen in zeitgenössischen deutschsprachigen Sensationserzählungen, in: Fabula 26, 1985, S. 230-244.

Koepping, Klaus-Peter, Trickster, Schelm, Pikaro: Sozialanthropologische Ansätze zur Problematik der Zweideutigkeit von Symbolsystemen, in: Müller, Ernst Wilhelm/König, René/Koepping, Klaus-Peter/Drechsel, Paul (Hg.), Ethnologie als Sozialwissenschaft, Sonderheft der Kölner Zeitschrift für Soziologie und Sozialpsychologie Nr. 26, Opladen 1984, S. 195-215.

Köstlin, Konrad, Das fremde Essen – das Fremde essen. Anmerkungen zur Rede von der Einverleibung des Fremden, in: Müller/Otto/Otto (Hg.), Opladen 1995.

Labisch, Alfons, Hygiene ist Moral – Moral ist Hygiene – Soziale Disziplinierung durch Ärzte und Medizin, in: Sachße, Christoph/Tennstedt, Florian (Hg.), Soziale Sicherheit und soziale Disziplinierung, Frankfurt/Main 1986, S. 265-285.

Labov, William/Waletzky, Joshua, Erzählanalyse: Mündliche Versionen persönlicher Erfahrungen, in: Ihwe, J. (Hg.), Literaturwissenschaft und Linguistik, Frankfurt/Main 1973, S. 78-126.

Ladd, John, The Structure of a Moral Code. A Philosophical Analysis of Ethical Discourse Applied To The Ethics Of The Navaho Indians, Cambridge 1957.

Lamott, Franziska, Alltagsmythen und Politik, in: Albrecht, Peter-Alexis u.a. (Hg.), Festschrift für Horst Schüler-Springorum, Köln/Berlin/Bonn/München o. J., S.123-136.

Langer, Marie, Das gebratene Kind und andere Mythen. Die Macht unbewußter Phantasien, Freiburg 1987.

Langlois, Janet, „Hold the Mayo": purity and danger in an AIDS legend, in: Contemporary Legend 1, 1991, S. 153-172.

Lauf, Edmund, Gerücht und Klatsch. Die Diffusion der „abgerissenen Hand", Berlin 1990.

Lehmann, Albrecht, Das Leben in einem Arbeiterdorf. Eine empirische Untersuchung über die Lebensverhältnisse von Arbeitern, Stuttgart 1976.

Lehmann, Albrecht, Erzählen eigener Erlebnisse im Alltag. Tatbestände, Situationen, Funktionen, in: Zeitschrift für Volkskunde 74, 1978, S. 198-215.

Lehmann, Albrecht, Rechtfertigungsgeschichten. Über eine Funktion des Erzählens eigener Erlebnisse im Alltag, in: Fabula 21, 1980, S. 56-69.

Lehmann, Albrecht, Zur Typisierung alltäglichen Erzählens, in: Jung, Thomas/Müller-Doohm, Stefan (Hg.), „Wirklichkeit" im Deutungsprozeß: Verstehen und Methoden in den Kultur- und Sozialwissenschaften, Frankfurt/Main 1993, S. 430-437.

Lehne, Werner, Politik Innerer Sicherheit. Die entpolitisierende Konstruktion gesellschaftlicher Risiken als Kriminalitätsprobleme, in: Kampmeyer, Eva/Neumeyer, Jürgen (Hg.), Innere Unsicherheit. Eine kritische Bestandsaufnahme, München 1993, S. 51-70.

Lenzen, Dieter, Krankheit als Erfindung. Medizinische Eingriffe in die Kultur, Frankfurt/Main 1991.

Lévi-Strauss, Claude, Das wilde Denken, Frankfurt/Main 1973.

Lidz, Charles W./Walker, Andrew L, Heroin, Deviance and Morality, Beverly Hills/London 1980.

Lindahl, Carl, Psychic Ambiquity at the Legend Core, in: Journal of Folklore Research 23, 1986, S. 1-21.

Link, Jürgen, Asylanten – ein Schimpfwort, in: Kauffmann, Heiko (Hg.), Kein Asyl bei den Deutschen, Hamburg 1986, S. 55-59.

Löschper, Gabi, „Rasse" als Vorurteil vs. Diskursanalyse des Rassismus, in: Kriminologisches Journal 26, 1994, S. 170-190.

Löschper, Gabi, Bausteine für eine psychologische Theorie richterlichen Urteilens, unveröffentlichtes Manuskript, Hamburg 1996.

Lombardi-Satriani, Luigi, Folklore as Culture of Contestation, in: Journal of Folklore Institute 1974, S. 99-121.

Loseke, Donileen R., Constructing Conditions, People, Morality, and Emotion: Expanding the Agenda of Constructionism, in: Miller, Gale/Holstein, James A. (eds.), New York 1993, S. 207-216.

Luckmann, Thomas, Grundformen der gesellschaftlichen Vermittlung des Wissens: Kommunikative Gattungen, in: Neidhart, F. u.a. (Hg.), Kultur und Gesellschaft, Opladen 1986, S. 191-211.

Luckmann, Thomas, Kultur und Kommunikation, in: Haller, Max/Hoffman-Nowotny/Zapf, Wolfgang (Hg.), Kultur und Gesellschaft, Frankfurt/New York 1989, S. 39-45.

Luhmann, Niklas, Ökologische Kommunikation, Opladen 1986.

Luhmann, Niklas, Die Wirtschaft der Gesellschaft, Frankfurt/Main 1988.

Luhmann, Niklas, Gesellschaftsstruktur und Semantik. Studien zur Wissenssoziologie der modernen Gesellschaft Band 3, Frankfurt/Main 1989.

Luhmann, Niklas, Die Realität der Massenmedien, Opladen 1996.

Lull, James, Media, Communication, Culture. A Global Approach, Cambridge 1995.

Magliocco, Sabina, Eels, Bananas and Cucumbers. A Sexual Legend and Changing Women's Values in Rural Sardinia, in: Fabula 34, 1993, S. 66-77.

Malcolmson, Robert, Popular Recreations Under Attack, in: Waites, Bernhard/Bennett, Tony/Martin, Graham (eds.), Popular Culture: Past and Present, London 1982, S.20-46.

Matza, David/Sykes, Gresham M., Juvenile Delinquency and Subterranean Values, in: American Sociological Review 26, 1961, S. 712-719.

Mc Guigan, Jim, Cultural Populism, London 1992.

Mechling, Jay, Children's Folklore, in: Oring, Elliot (ed.), Folk Groups and Folklore Genres: An Introduction, Logan 1986, S. 91-120.

Merton, Robert K., Social Theory and Social Structure, New York 1968.

Michel, Gabriele, Biographisches Erzählen – zwischen individuellem Erlebnis und kollektiver Geschichtentradition, Tübingen 1985.

Miller, Gale/Holstein, James A. (eds.), Constructionist Controversies. Issues in Social Problems Theory, New York 1993.

Moores, Shaun, Texts, readers and contexts of reading, in: Scannell, Paddy/Schlesinger, Philip/Sparks, Colin (eds.), London/Newbury Park/New Delhi 1992, S. 137-157.

Morin, Edgar, La Rumeur d' Orléans, Paris 1969.

Morley, David, Cultural Transformations: the politics of resistance, in: Davis, Howard/ Walton, Paul (eds.), Language, Image, Media, Oxford 1983.

Müller, Siegfried/Otto, Hans-Uwe/Otto, Ulrich (Hg.), Fremde und Andere in Deutschland. Nachdenken über das Einverleiben, Einebnen, Ausgrenzen , Opladen 1995.

Münch, Richard, Dynamik der Kommunikationsgesellschaft, Frankfurt/Main 1995.

Mullen, P.B., Modern Legend and Rumor Theory, in: Journal of the Folklore Institute 9, 1972, S. 95-109.

Nicolaisen, Wilhelm F. H., Perspectives on Contemporary Legend, in: Fabula 26, 1985, S. 213-218.

Nicolaisen, Wilhelm F. H., The Linguistic Structure of Legends, in: Bennett, Gillian/ Smith, Paul (eds.), Sheffield 1987, S. 61-76.

Oring, Elliott, Legend, Truth and News, in: Southern Folklore 47, 1990, S. 163-177.

Parsons, T./Shils, E. A. (eds.), Toward a General Theory of Action, Cambridge 1951.

Petzoldt, Leander, Märchen, Mythos, Sage. Beiträge zur Literatur und Volksdichtung, Marburg 1989.

Polanyi, Livia, So What's The Point?, in: Semiotica, Vol. 25, 1979, S. 207-241.

Polanyi, Livia, Linguistic and social constraints on storytelling, in: Journal of Pragmatics 6, 1982, S. 509-524.

Pomerantz, Anita M., Giving a Source or Basis: The Practice in Conversation of Telling „How I know", in: Journal of Pragmatics 8, 1984, S. 607-625.

Quam, Michael D., The Sick Role, Stigma, and Pollution: The Case of AIDS, in: Feldman, Douglas A. (ed.), Culture and AIDS, Westport/London 1990, S. 29-44.

Radner, Joan N./Lanser, Susan S., The Feminist Voice: Strategies of Coding in Folklore and Literature, in: Journal of American Folklore 100, 1987, S. 412-425.

Radway, Janice A., Reading the Romance: Women, Patriarchy, and Popular Literature, Chapel Hill 1984/1987.

Ranulf, Sven, Moral Indignation and Middle Class Psychology, New York 1964.

Ray, Laurence J., AIDS as a moral metaphor, in: Arch. Europ. Sociol. 30, 1989, S.243-273.

Resch, Christine, Zur Rezeptionsästhetik, unveröffentlichtes Manuskript, Frankfurt 1995.

Ricoeur, Paul, The narrative function, in: Thompson, John B. (ed.), Ricoeur, Paul: Hermeneutics and the human sciences, Cambridge 1981, S. 274-296.

Rieken, Bernd, Die Spinne als Symbol in Volksdichtung und Literatur, in: Fabula 36, 1995, S. 187-204.

Robinson, John A., Personal Narratives Reconsidered, in: Journal of American Folklore, Vol. 94, 1981, S. 58-85.

Röhrich, Lutz, Erzählforschung, in: Brednich, Rolf Wilhelm (Hg.), Grundriß der Volkskunde, Berlin 1988, S. 353-379.
Roller, Franziska, Die Nützlichkeit der Furcht. Sicherheitsdiskurs, Kriminalitätsfurcht und Frauenpolitik, in: links 28, Heft 3/4, 1996, S. 10-12.
Rosenberg, Bruce A., Folklore and Literature. Rival Siblings, Knoxville 1991.
Rosenthal, Marilynn, Where Rumor Raged, in: Trans-Action 8, 1971, S. 34-43.
Rosnow, Ralph L., Die Macht des Gerüchts, in: Psychologie Heute, Mai 1989, S.20-24.
Rosnow, Ralph L./Fine, Gary Alan, Rumor and Gossip: The Social Psychology of Hearsay, New York 1976.
Rutschky, Katharina, Sexueller Mißbrauch als Metapher. Über Krisen der Intimität in modernen Gesellschaften oder vom Umschlag der Aufklärung in Mythologie, in: Rutschky, Katharina/Wolff, Reinhart (Hg.), Handbuch Sexueller Mißbrauch, Hamburg 1994, S. 13-31.
Sabean, David, Die Produktion von Sinn beim Konsum der Dinge, in: Ruppert, Wolfgang (Hg.), Fahrrad, Auto, Fernsehschrank. Zur Kulturgeschichte der Alltagsdinge, Frankfurt/Main 1993, S. 37-51.
Sabini, John/Silver, Maury, Moralities of Everyday Life, Oxford/ New York/ Toronto/ Melbourne 1982.
Samuelson, Sue, European and American Adolescent Legends, in: ARV, Scandinavian Yearbook of Folklore 37, 1981, S. 133-139.
Sanderson, Stewart F., The Folklore of the Motor-Car, in: Folklore 80, 1969, S.241-252.
Sasson, Theodore, Crime Talk: How Citizens Construct a Social Problem, New York 1995.
Scannell, Paddy/Schlesinger, Philip/Sparks, Colin (eds.), Culture and Power. A Media, Culture & Society Reader, London/Newbury Park/New Delhi 1992.
Schechter, Harold, The Bosom Serpent: Folklore and Popular Art, Iowa City 1988.
Scheerer, Sebastian, Drogendealer sind megaout, in: Diskus 40, Heft 4, 1991, S. 22-23.
Schenda, Rudolf, Von Mund zu Ohr. Bausteine zu einer Kulturgeschichte volkstümlichen Erzählens in Europa, Göttingen 1993.
Schetsche, Michael, Das „sexuell gefährdete Kind". Kontinuität und Wandel eines sozialen Problems, Pfaffenweiler 1993.
Schetsche, Michael, Die Karriere sozialer Probleme. Soziologische Einführung, München/ Wien 1996.
Schneider, Ingo, Geschichten über Aids. Zum Verhältnis von Sage und Wirklichkeit, in: Österreichische Zeitschrift für Volkskunde 46, 1992, S. 1-27.
Scholz, Gerold, Die Konstruktion des Kindes. Über Kinder und Kindheit, Opladen 1994.
Schütz, Alfred, Gesammelte Aufsätze, Band 1, Den Haag, 1971.
Schütze, Fritz, Zur soziologischen und linguistischen Analyse von Erzählungen, in: Internationales Jahrbuch für Wissens- und Religionssoziologie, Bd. 19, 1975, S.7-39.
Sekoni, Ropo, Folk Poetics. A Sociosemiotic Study of Yoruba Trickster Tales, Westport/ London 1994.
Shenhar, Aliza, Legendary rumors as social control in the Israeli Kibbutz, in: Fabula 30, 1989, S. 63-82.

Sherzer, Joel, Ethnography of Speaking, in: Bauman, Richard (ed.), Folklore, Cultural Performances, and Popular Entertainments. A Communications-centered Handbook, New York/Oxford 1992, S. 76-80.

Shorrocks, Graham, Further aspects of restaurant stories, in: Lore & Language, 1980, S. 71-74.

Shibutani, Tamotsu, Improvised News. A Sociological Study of Rumor, Indianapolis/New York 1966.

Shojaei Kawan, Christine, Contemporary Legend Research in German-Speaking Countries, in: Folklore, Vol. 106, 1995, S. 103-110.

Silverstone, Roger, The Message of Television: Myth and Narrative in Contemporary Culture, London 1981.

Silverstone, Roger, Let us then Return to the Murmuring of Everyday Practices: A Note on Michel de Certeau, Television and Everyday Life, in: Theory, Culture & Society 6, 1989, S. 77-94.

Simonides, Dorota, Moderne Sagenbildung im polnischen Großstadtmilieu, in: Fabula 28, 1987, S. 269-278.

Simonides, Dorota, Contemporary Urban Legends in Poland, in: Röhrich, Lutz/Wienker-Piepho, Sabine (eds.), Storytelling in Contemporary Societies, Tübingen 1990, S.45-50.

Smith, Georgina, Urban Legend, Personal Experience Narrative and Oral History. Literal and Social Truth in Peformance, in: ARV, Scandinavian Yearbook of Folklore 37, 1981, S. 167-173.

Smith, Paul, The Book of Nasty Legends, London/Boston/Melbourne 1983.

Smith, Paul (ed.), Perspectives on Contemporary Legend, Sheffield 1984.

Smith, Paul, On the Receiving End: When Legend becomes Rumour, in: Smith, Paul (ed.), Sheffield 1984, S. 197-215.

Smith, Paul, Contemporary Legend: A Legendary Genre?, in: Bennett, Gillian/Smith, Paul (eds.), Sheffield 1989, S. 91-101.

Smith, Paul, „Aids – Don't die of Ignorance“: Exploring the Cultural Complex, in: Bennett, Gillian/Smith, Paul (ed.), Sheffield 1990, S. 113-141.

Smith-Rosenberg, Carroll, Sex as symbol in Victorian purity, in: Alexander, Jeffrey C. Seidman, Steven (eds.), Culture and Society. Contemporary debates, Cambridge 1990, S. 160-170.

Sontag, Susan, Aids und seine Metaphern, München/Wien 1989.

Sparks, Richard, Television and the Drama of Crime. Moral Tales and the Place of Crime in Public Life, Buckingham/Philadelphia 1992.

Stallybrass, Peter/White, Allon, The Politics and Poetics of Transgression, London 1986.

Stangl, Wolfgang, „Wien – Sichere Stadt“: Ein bewohnerzentriertes Präventionsprojekt, in: Kriminologisches Journal 28, 1996, S. 48-68.

Stehr, Johannes, Konfliktverarbeitung im Alltag. Zu den Formen, Strategien und Ressourcen des informellen Konfliktmanagements, in: Kriminologisches Journal, 1988, S. 213-227.

Stehr, Johannes, Verhandeln und Mobilisierung von Privatrecht im Rahmen alltäglicher Konfliktverarbeitung. Zur Theorie und Empirie der Norm-Benutzung, in: Kriminalsoziologische Bibliografie 16, 1989a, S. 32-49.

Stehr, Johannes, Strafe, Moral und Medien. Über die Logik der massenmedialen Inszenierung von „Kriminalität", in: Neue Kriminalpolitik, Heft 3, 1989b, S. 30-33.

Stehr, Johannes, Konfliktregelung ohne Strafe. Weshalb Strafe in Alltagskonflikten keine Funktionen hat und warum Gesellschaft nicht zusammenbricht, wenn staatliches Strafen verschwindet, in: Peters, Helge (Hg.), Muß Strafe sein? Zur Analyse und Kritik strafrechtlicher Praxis, Opladen 1993, S. 115-134.

Stehr, Johannes, Soziale Ausschließung als Abwehr von Herrschaft, in: Kriminologisches Journal 26, 1994, S. 273-295.

Steinert, Heinz, Phantasiekriminalität und Alltagskriminalität, in: Kriminologisches Journal, 1978, S. 215-223.

Steinert, Heinz, Etikettierung im Alltag, in: Psychologie des 20. Jahrhunderts, Sozialpsychologie Band 1, Weinheim/Basel 1979.

Steinert, Heinz, Kleine Ermutigung für den kritischen Strafrechtler, sich vom „Strafbedürfnis der Bevölkerung" (und seinen Produzenten) nicht einschüchtern zu lassen, in: Lüderssen, Klaus/Sack, Fritz (Hg.), Seminar: Abweichendes Verhalten Band IV, Frankfurt/Main 1980, S. 302-357.

Steinert, Heinz, Das Ende der Rechtschaffenheit. Eine kriminalpolitische Utopie, in: Kriminalsoziologische Bibliografie 9, 1982, S. 243-286.

Steinert, Heinz, Sozialstrukturelle Bedingungen des „linken Terrorismus" der 70er Jahre. Aufgrund eines Vergleichs der Entwicklungen in der Bundesrepublik Deutschland, in Italien, Frankreich und den Niederlanden, in: Sack, Fritz/Steinert, Heinz, Protest und Reaktion, Analysen zum Terrorismus 4/2. Opladen 1984.

Steinert, Heinz, Aneignen und fremd machen. Über Einheimische und Fremde in einer Gesellschaft ohne Zentrum, in: Pilgram, Arno (Hg.), Grenzöffnung, Migration, Kriminalität, Jahrbuch für Rechts- und Kriminalsoziologie, Baden-Baden 1993a, S. 75-100.

Steinert, Heinz, Die Widersprüche von Disziplin und Strafe, in: Frehsee, Detlev/Löschper, Gabi/Schumann, Karl F. (Hg.), Strafrecht, soziale Kontrolle, soziale Disziplinierung, Jahrbuch für Rechtssoziologie und Rechtstheorie Band 15, Opladen 1993, S. 238-256.

Steinert, Heinz, Schwache Patriarchen – gewalttätige Krieger. Über Männlichkeit und ihre Probleme zwischen Warenförmigkeit, Disziplin, Patriarchat und Brüderhorde. Zugleich eine Analyse von „Dirty Harry" und anderen Clint Eastwood Filmen, in: Kersten, Joachim/Steinert, Heinz (Hg.), Starke Typen. Iron Mike, Dirty Harry, Crocodile Dundee und der Alltag von Männlichkeit, Jahrbuch für Rechts- und Kriminalsoziologie 1996, Baden-Baden 1997, S. 121-157.

Steinert, Heinz, Kunst & Kommerz. Kulturindustrie nach der „Ästhetischen Theorie", Studientexte zur Sozialwissenschaft 10, Frankfurt/Main o. J.

Steinert, Heinz/Cremer-Schäfer, Helga/Stehr, Johannes/Hancke-Stehr, Roswitha, Sanktionieren als Moralisieren. Formen und Funktionen der öffentlichen und privaten moralischen Verurteilung, DFG-Forschungsbericht, Frankfurt/Main 1990.

Stewart, Susan, Nonsense. Aspects of Intertextuality in Folklore and Literature, Baltimore/London 1978.

Stewart, Susan, The Epistemology of the Horror Story, in: Journal of American Folklore 95, 1982, S. 33-50.

Strasser, Peter, Verbrechermenschen. Zur kriminalwissenschaftlichen Erzeugung des Bösen, Frankfurt/New York 1984.

Sumner, Colin, Das Konzept der Devianz neu überdacht: Zu einer Soziologie der „censures“, in: Kriminologisches Journal 23, 1991, S. 242-271.

Tester, Keith, Media, Culture and Morality, London/New York 1994.

Tetzlaff, David, Popular Culture and social control in late capitalism, in: Scannell, Paddy u.a. (eds.), London/Newbury Park/New Delhi 1992, S. 48-72.

Thompson, John B., Studies in the Theory of Ideology, Berkeley/Los Angeles 1984.

Thompson, John B., Sprache und Ideologie, in: kultuRRevolution, H. 17/18,1988, S.25-32.

Thompson, John B., Ideology and Modern Culture. Critical Social Theory in the Era of Mass Communication, Oxford 1990.

Thompson, Kenneth, Folklore and Sociology, in: Sociological Review 28, 1980, S.249-257.

Thompson, Kenneth, Beliefs and Ideology, Chincester/London/New York 1986.

Top, Stefaan, Modern Legends in the Belgian Oral Tradition, in: Fabula 31, 1987, S.272-278.

Turner, Bryan S., Conclusion: peroration on ideology, in: Abercrombie, Nicholas/Hill, Stephen/Turner, Bryan S.(eds.), Dominant Ideologies, London/New York 1992, S. 229-256.

Turner, Patricia A., Church's Fried Chicken and the Klan: A Rhetorical Analysis of Rumor in the Black Community, in: Western Folklore 46, 1987, S. 294-306.

Turner, Patricia A., I Heard It Through The Grapevine. Rumor in African-American Culture, Berkeley/Los Angeles/London 1993.

Turner, Victor, From Ritual to Theatre. The Human Seriousness of Play, New York 1982, deutsch: Vom Ritual zum Theater. Der Ernst des menschlichen Spiels, Frankfurt/Main 1995.

Turner, Victor, Das Ritual. Struktur und Anti-Struktur, Frankfurt/New York 1989.

Ulmer, Bernd/Bergmann, Jörg, Medienrekonstruktionen als kommunikative Gattungen?, in: Holly, Werner/Püschel, Ulrich (Hg.), Opladen 1993, S. 81-102.

Veblen, Thorstein, The Theory of the Leisure Class. An Economic Study of Institutions, London 1970, deutsch: Theorie der feinen Leute, Köln/Berlin o. J.

Volosinov, Valentin N., Marxismus und Sprachphilosophie, Frankfurt/Main 1975.

Wachs, Eleanor, Crime-Victim Stories. New York City's Urban Folklore, Bloomington/Indianapolis 1988.

Wachs, Eleanor, The Mutilated Shopper at the Mall: A Legend of Urban Violence, in: Bennett, Gillian/Smith, Paul (ed.), Sheffield 1990, S. 143-160.

Weber, Wolfgang/Weber, Ingeborg, Auf den Spuren des göttlichen Schelms. Bauformen des nordamerikanischen Indianermärchens und des europäischen Volksmärchens, Stuttgart 1983.

Wehse, Rainer, Die „moderne“ Sage in Deutschland, in: Zeitschrift für Volkskunde 86, 1990, S. 67-79.

White, Hayden, The Content of the Form. Narrative Discourse and Historical Representation, Baltimore/London 1987.

Williams, Noel, Problems in Defining Contemporary Legends, in: Smith, Paul (ed.), Sheffield 1984, S. 216-228.

Winick, Stephen, Batman in the closet: a New York Legend, in: Contemporary Legend, S. 1-21.

Winter, Rainer, Der produktive Zuschauer. Medienaneignung als kultureller und ästhetischer Prozeß, Trier 1993.

Wolf-Knuts, Ulrika, Modern urban legends seen as migratory legends, in: ARV, Scandinavian Yearbook of Folklore 43, 1987, S. 167-179.

Wong, Diana, Fremdheitsfiguren im gesellschaftlichen Diskurs. Am Beispiel der Asylzuwanderung nach Deutschland, in: Soziale Welt, Sonderband 8, 1992, S.405-419.

Wrong, Dennis H., The Oversocialized Conception of Man in Modern Sociology, in: American Sociological Review 26, 1961, S. 183-193, deutsch in: Steinert, Heinz (Hg.), Symbolische Interaktion. Arbeiten zu einer reflexiven Soziologie, Stuttgart 1973, S. 227-242.

Young, Jock, The myth of drug takers in the mass media, in: Cohen, Stanley/Young, Jock (eds.), London 1981, S. 326-334.

Young, Katharine Galloway, Taleworlds and Storyrealms. The Phenomenology of Narrative, Dortrecht/Boston/Lancester 1987.

Campus Sachbuch

John R. Saul
Der Markt frißt seine Kinder
Wider die Ökonomisierung der Gesellschaft
1997. 219 Seiten
ISBN 3-593-35824-7

Als Saul in Australien herumreiste, um dort sein Buch bekannt zu machen, wurde er fast über Nacht zum Medienliebling. Politiker der ersten Garnitur erklärten sich öffentlich zu seinen Bewunderern. Warum wird so auf das gehört, was er zu sagen hat? – Weil er seine ebenso vernichtende wie anregende Kritik an allen unseren heiligen Kühen mit dem Florett vorträgt. Weil er die Hoffnung begründet, daß mit den entfesselten Märkten eben nicht das Ende der Geschichte gekommen ist. Weil er an uns alle appelliert, unsere Geschicke wieder in die eignen Hände zu nehmen. Und das alles in einer eleganten Schreibe. Mit entwaffnendem Witz. Mit Selbstironie. Wer also ist John R. Saul? Ein wirklich gefährlicher Mann.

»Seine Absicht ist es, unhinterfragte Gewißheiten zu erschüttern. Ich fordere Sie nachdrücklich auf, John R. Saul zu lesen. Aber erwarten Sie nicht, danach noch derselbe zu sein.« *The Canberra Times*

»Dieses Buch ist eine Art letzter intellektueller Chance ... Ich war selten so sicher wie bei diesem Buch: Man muß es lesen.« *Globe and Mail*

Campus Verlag · Frankfurt/New York